MAKRAMEE
einfach schön

INGE WALZ

MAKRAMEE
einfach schön

Selbst geknüpft:
20 EINZELSTÜCKE
FÜR IHR ZUHAUSE

INHALT

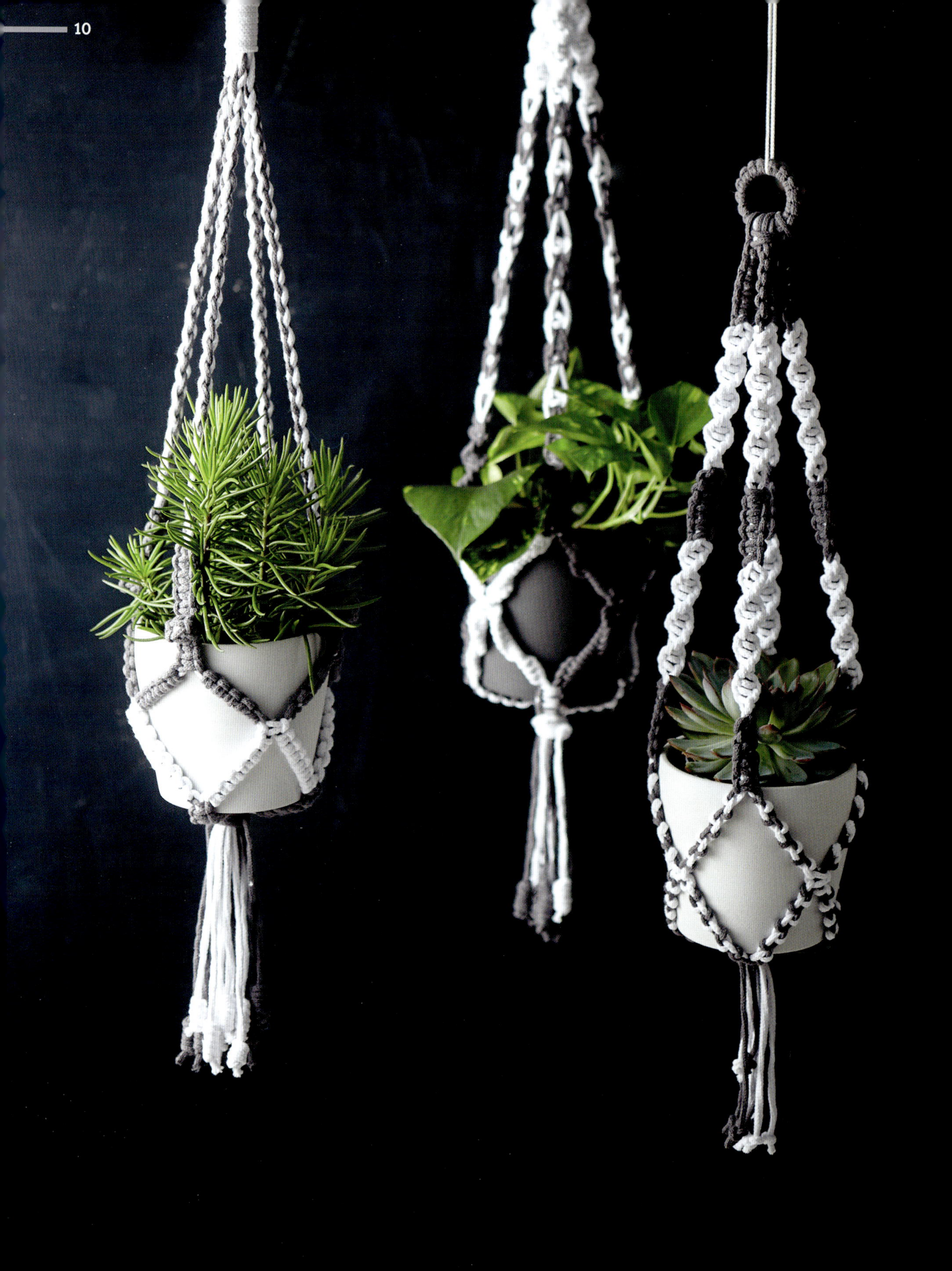

VORWORT

Mit diesem Buch möchte ich bei Ihnen die Freude am Knüpfen erwecken, ob Sie die Knoten neu erlernen, oder das alte Hobby wieder zum Leben erwachen lassen, auf jeden Fall wünsche ich mir, dass Sie viel Freude beim Knüpfen Ihrer Makramee-Kreationen haben werden.

Die Knoten sind nach Zeichnung und Knotenmuster schnell gelernt und Sie werden sehen, das Knüpfen hat eine beruhigende und zugleich befriedigende Wirkung. Sie können die Modelle nach Ihren Wohnverhältnissen verlängern, verbreitern oder auch verkürzen. Ob in Naturoptik oder farbig – knüpfen Sie sich Ihr ganz individuelles Schmuckstück, an dem Sie sicher lange Freude haben werden.

Ich wünsche mir, dass Sie sich ein wenig vom Makrameefieber anstecken lassen und dass Sie ganz viel Spaß bei diesem faszinierenden Hobby haben.

Inge Walz

WICHTIGE *Hilfsmittel*

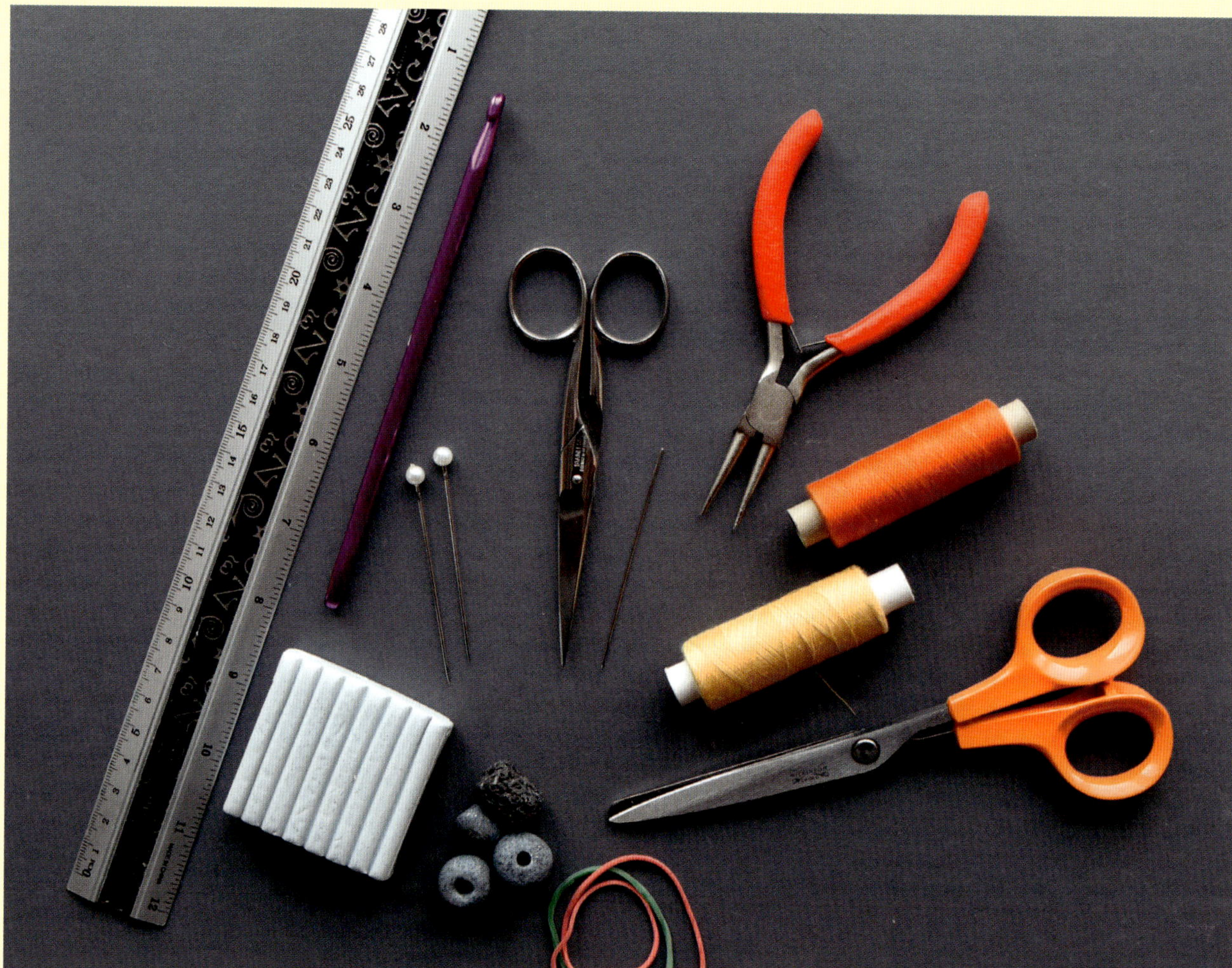

- Eine Handarbeitsschere wird grundsätzlich bei jeder Arbeit benötigt und wird nicht immer extra aufgeführt. Wichtig ist, dass sie gut schneidet.
- Evtl. eine alte Schere zum Vergrößern der Löcher in den Holzperlen. Meistens sind die Fäden zu dick für die kleinen Löcher in den Perlen, hier kann mit einer Schere nachgeholfen werden.
- Makramee-Nadeln oder stabile Stecknadeln mit großem Kopf zum Fixieren der Arbeit.
- Evtl. Klebstoff zum Sichern der abgeschnittenen Fadenenden.
- Holzperlen in verschiedenen Größen.

- Metall- und Holzringe, evtl. auch Schlüsselringe.
- Verschiedene Treibhölzer oder schöne Äste bzw. Holzstäbe.
- Maßband, Meterstab oder Lineal.
- Häkelnadel zum Einziehen der Fadenenden oder Verbinden von Anfang und Ende bei umknüpften Metallringen.
- Zange als Hilfe beim Durchziehen der Fäden durch die Perlen.
- Nadel und Faden zum Vernähen von Fadenenden z. B. in den Serviettenringen oder Aufhängen der Styroporkugeln.
- Styroporkugeln und farblich abgestimmte Fäden.
- Fimo zum selbst Herstellen von Perlen.
- Knüpfbrett aus Karton oder Kork (altes Stoffbrett oder Korkplatte).
- Gummi zum Binden der langen Knüpffäden.

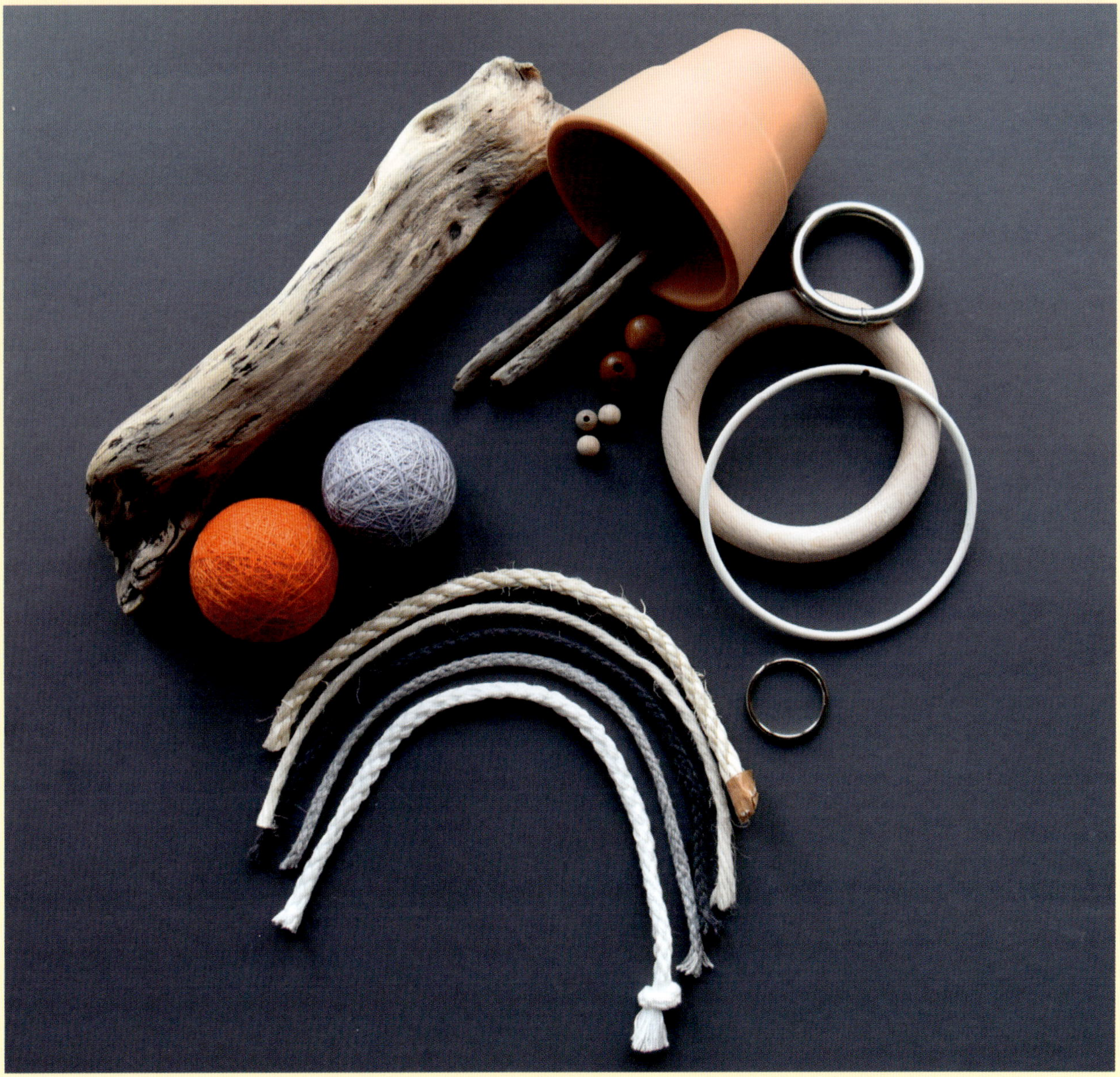

GRUNDKNOTEN

Einhängen der Fäden

Einhängen der Fäden

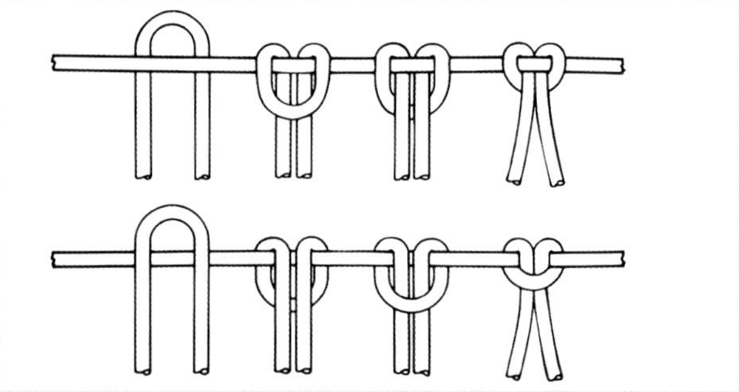

Eingehängt werden kann an Ringen, Stäben, Natur- oder Treibholzstücken oder auch nur an einem Stück Makrameegarn (Leitfaden, Ring oder Träger).

Meistens wird der Faden dazu gemittelt, d. h. beiden Fadenenden sind nach dem Einhängen gleich lang. Es ist aber auch möglich, dass bei manchen Knüpfarbeiten ungleiche Fadenlängen benötigt werden, so kann auch ein Fadenende kürzer bzw. das andere dafür etwas länger sein. Dies erfordert aber sehr genaue Kenntnis welche Fäden ganz exakt mehr Verbrauch haben.

Es gibt zwei Möglichkeiten: Entweder wird die Einhängeschlinge **auf** oder **unter** den Trägerfaden gelegt.

Variation a) Den Faden doppelt legen (mitteln) und die so entstandene Schlinge **unter** den Trägerfaden, Ring etc. legen, die Schlinge nach vorne über den Faden schieben und beide Fadenenden durch diese Schlinge ziehen.

Variation b): Faden doppelt legen, die Schlinge **auf** den Trägerfaden legen und hinter dem Trägerfaden die Fadenenden durch diese Schlinge ziehen.

Doppelt einhängen

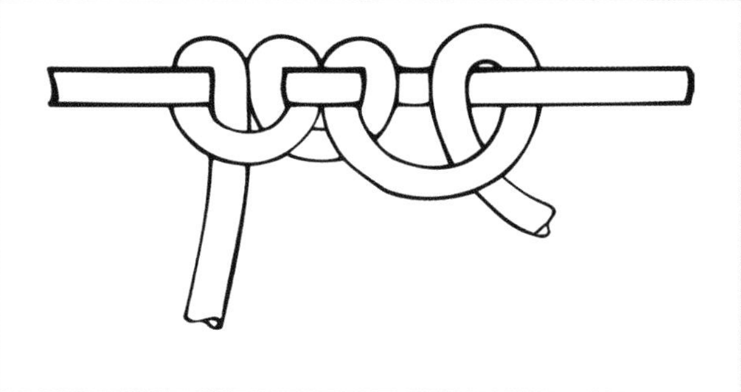

Wird nach Einhängen der Fäden beidseitig je ein Fadenende zu einer Schlinge auf bzw. unter den Trägerfaden gelegt und das Fadenende durch die so entstandene Schlinge geführt, entsteht ein anderes Knotenbild. Wird die Schlinge hinter den Trägerfaden und die 2. Schlinge auf den Faden gelegt, so ist kein Knoten sichtbar.

Überhandknoten

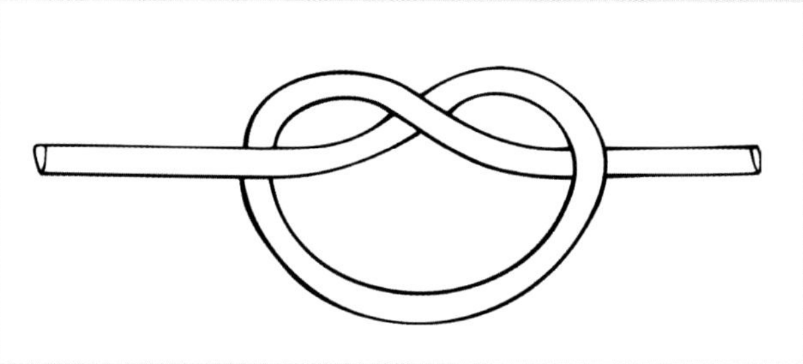

Mit dem Fadenende eine Schlinge legen und das kurze Fadenende durch die Schlinge ziehen. Dieser Knoten kann vor dem Festziehen noch gut an die richtige Stelle verschoben werden.

Dies ist der einfachste Knoten, den jeder unbewusst, immer wieder anwendet. Er wird daher auch sehr oft geknüpft, ob mit einem oder mehreren Fäden.

Wird aus zwei oder mehreren Fäden ein Überhandknoten gelegt, ist es sehr wichtig, dass die Fäden während des Legens nicht verdreht werden, damit der Knoten an der Vorderseite gleichmäßig aussieht. Am besten die Fäden für die Schlinge über mehrere Finger legen, so können die Fäden parallel nebeneinander liegen.

Zu Beginn einer Knüpfarbeit können die Fadenenden mit diesem Knoten (manchmal auch nur vorübergehend) versehen werden, damit die Enden nicht ausfransen.

Schlingenknoten

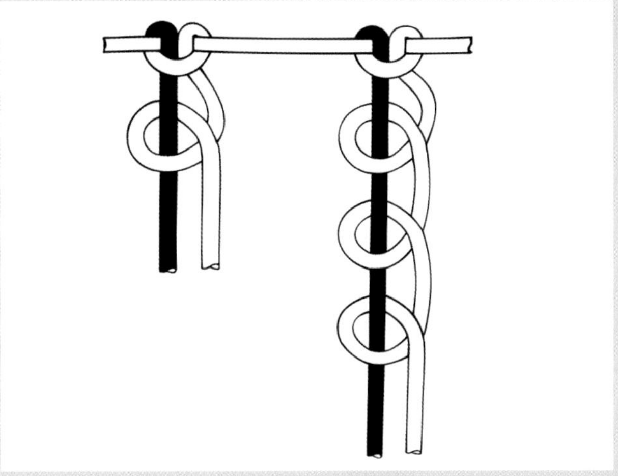

Dieser Knoten wird mit je einem Knüpf- und Leitfaden gearbeitet.
Den Leitfaden spannen – er muss immer gespannt bleiben. Den Knüpffaden auf den Leit- anschließend hinter dem Leitfaden durchziehen, sodass er wieder an der Ausgangsstelle liegt.
Beim Anziehen des Knotens mit einer Hand den Leitfaden nach unten ziehen und den Knüpffaden nach oben. Mit dem Knüpffaden immer die gleichen Schlingen legen.

Ist der linke Faden der Leitfaden und ist gespannt, wird mit dem rechten Faden geknüpft, so dreht sich die Spirale nach links. Nach einigen Knoten den Strang einmal drehen, sodass wieder an der gleichen Stelle weiter geknüpft werden kann. Die Knoten immer wieder mit den Fingern gleichmäßig formen.

Die gleichen Spiralen können auch gegengleich geknüpft werden. D. h. der rechte Faden ist der Leitfaden und wird gespannt, dann werden mit dem linken Faden die Schlingen gelegt und die Spirale dreht sich nach rechts.

Die Schlingenknoten können natürlich auch über mehrere Leitfäden geknüpft werden. Wird der Knoten jedoch mit 2 oder mehreren Knüpffäden gefertigt, sieht er nicht mehr schön aus.

Schlingenknoten gegenseitig

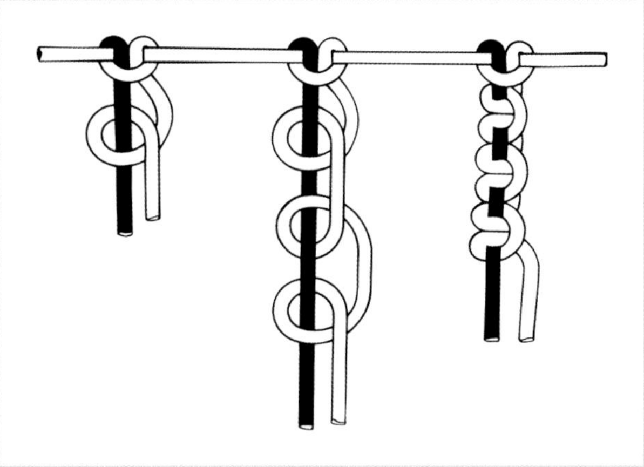

Dieser Knoten wird aus je einem Knüpf- und Leitfaden gearbeitet.
Der erste Teil des Knotens wird wie der einfache Schlingenknoten geknüpft.
Der Schlingenknoten gegenseitig wird aus 2 Schlingen geknotet.
Den Leitfaden straff spannen, mit dem danebenliegenden Faden eine Schlinge auf den Leitfaden legen und hinter dem Leitfaden zurück führen. Die 2. Schlinge wird unter den Leitfaden gelegt und über dem Leitfaden zurück geführt.
Der Schlingenknoten kann genauso von links geknüpft werden, dann ist der rechte Faden der Leit- und der linke Faden der Knüpffaden.

Kreuzknoten

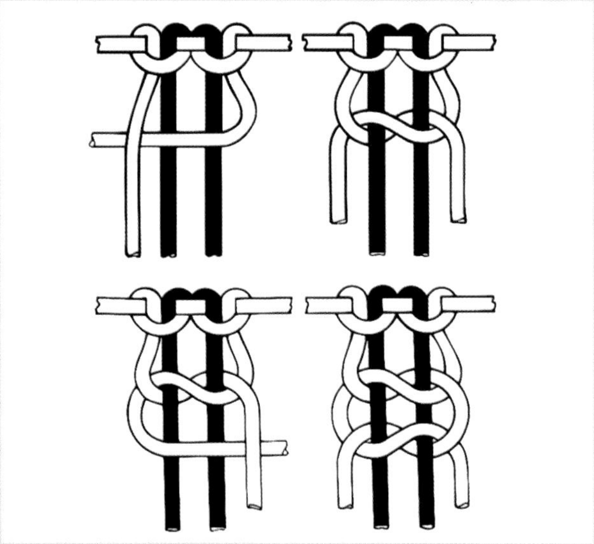

Die mittleren Fäden sind die Leitfäden, die äußeren die Knüpffäden.
Die Leitfäden sind immer straff gespannt.
Es muss mindestens ein Leitfaden in der Mitte geführt werden. Meistens wird mit zwei Leitfäden geknüpft. Es können auch beliebig viele Leitfäden in der Knotenmitte sein, z. B. beim Abschluss von Blumenampeln. Die Knüpffäden können ebenfalls doppelt oder mehrfach gelegt werden.
Den rechten Knüpffaden in einem Bogen waagrecht über die Leitfäden, den linken Knüpffaden senkrecht darüber legen. Den linken Knüpffaden hinter den Leitfäden durch die rechte Schlinge ziehen. Beide Knüpffäden waagrecht zur Seite anziehen – Leitfäden straff spannen.

Nun das gleiche von der anderen Seite beginnen: Mit dem linken Faden die Schlinge waagrecht über die Leitfäden und den rechten Knüpffaden senkrecht darauf legen. Mit dem rechten Knüpffaden unter den Leitfäden durch die Schlinge nach links ziehen. Leitfäden straff spannen. Knüpffäden zur Seite hin anspannen.

Ein Kreuzknoten besteht immer aus zwei Knotenteilen, einmal von rechts und einmal von links.

Tipp:
Damit Sie immer wissen, wie weitergeknüpft wird, grundsätzlich unbedingt an der gleichen Seite mit knüpfen beginnen: Wird der Kreuzknoten mit dem rechten Faden begonnen, werden die Knoten an den kleinen senkrechten Ösen, die sich am Rand bilden, auch rechts gezählt. Ist der Knoten fertig, d.h. einmal von der rechten, einmal von der linken Seite gelegt, ist die Schlinge sichtbar. Dann wird wieder mit dem Knüpffaden, der auf dieser Seite liegt, weiter geknüpft. Das gleiche gilt von links.

Versetzte Kreuzknoten

Es werden mehrere Fäden nebeneinander eingehängt. Meistens wird mit 4 bzw. durch eine durch 4 teilbare Fadenanzahl geknüpft. Versetzen geht aber auch schon ab 6 Fäden.
Beim Versetzen wird zuerst eine waagrechte Reihe Kreuzknoten aus 4 Fäden gefertigt.
Bei der 2. Reihe werden jeweils die beiden äußeren Fäden hängen gelassen und aus den nächsten 4 Fäden je 1 Kreuzknoten geknüpft. Beispielsweise: Die 3. Reihe wird wieder wie die 1. Reihe gearbeitet usw.
Zwischen den einzelnen Knoten etwas Abstand lassen, so sieht die Knüpfarbeit etwas luftiger aus. Jedoch die Knoten immer gleichmäßig straff anziehen und die Leitfäden spannen.
Bei einem „V Muster" wird die erste Reihe durchgängig aus Kreuzknoten geknüpft, bei den nächsten Reihen jeweils am Rand 2 Fäden hängen lassen. Solange weiter knüpfen bis in der Mitte nur noch ein Kreuzknoten aus 4 Fäden gearbeitet werden kann. Bei einer Raute werden in der nächsten Reihe jeweils 2 Fäden vom Rand wieder mit eingeknüpft.
→ 2 Kreuzknoten, in der 3. Reihe wieder jeweils 2 Fäden vom Rand dazu knüpfen. Dabei darauf achten, dass die Fäden am Rand beim Anknüpfen gleichmäßig angespannt werden usw.

Rundkordel aus 4 Fäden

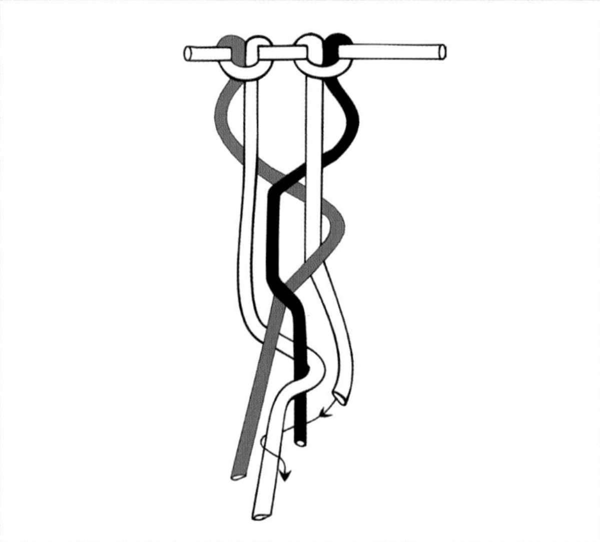

1. Alle Fäden parallel nebeneinander legen,
2. den linken Faden hinter zwei Fäden nach rechts und wieder über einen Faden nach links führen,
3. den rechten Faden hinter zwei Fäden und wieder über einen Faden nach rechts führen,
4. den linken Faden hinter zwei Fäden und wieder über einen Faden nach links, usw.

Wiederholen bis die Kordel die gewünschte Länge hat.

Unterbrechungen während des Flechtens sind schwierig, weil dann meistens nicht mehr an der richtigen Stelle weitergearbeitet wird, bzw. die Kordel sich verdreht.
Nun habe ich einen Trick, wenn ich kurz aufhören möchte: Die Kordel zwischen Daumen und Zeigefinger festhalten und so aufhören, dass mit dem rechten Faden (nach links unter 2 Fäden durch....) weitergeflochten wird. So kann ich verhindern, dass ich bei einer Störung von vorne beginnen muss. Nur nicht weglegen und loslassen.
Beim Knüpfen denke ich immer leise: unter 2 durch, über 1 zurück – von rechts: unter 2 durch, über 1 zurück usw.
Knüpfen Sie die Kordel mehrfarbig, ergeben sich durch die Anordnung verschiedene Muster.
Legen Sie 2 Fäden der gleichen Farbe nebeneinander, ergibt dies das Muster aus der Blumenampel (grau weiß).
Am besten mehrere Varianten versuchen.

Rippenknoten

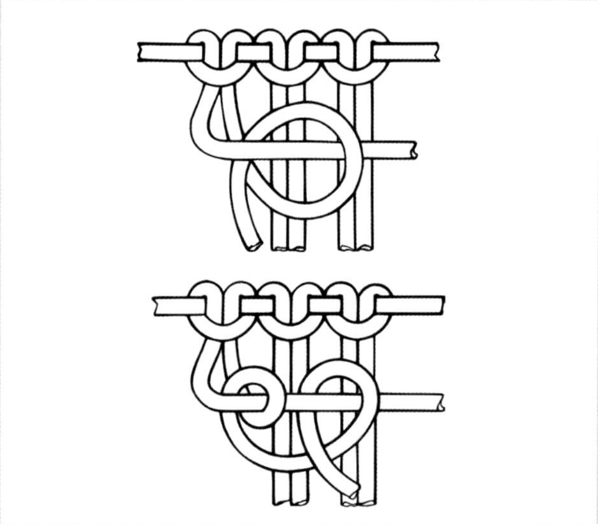

Der Rippenknoten wird immer aus 2 Fäden, einem Leit- und einem Knüpffaden, gearbeitet.
Der Leitfaden muss immer straff gespannt sein. Als Leitfaden können auch mehrere Fäden, parallel nebeneinander gelegt, verwendet werden.
Der Rippenknoten kann waagrecht, senkrecht, diagonal, von der Mitte nach außen oder von außen zur Mitte, von rechts nach links oder von links nach rechts geknüpft werden.

Jeder Knoten besteht aus 2 Schlingen (beim Anknüpfen eines Knotenstranges von einer Blumenampel kann ausnahmsweise auch dreimal geschlungen werden). Der Leitfaden bestimmt die Form des Rippenknotenbandes.
Den Leitfaden immer auf die Knüpfschnüre legen, mit einer Hand straff halten und mit der anderen Hand den Knüpffaden zweimal um den Leitfaden schlingen.
Wird eine waagrechte Rippenknotenreihe geknüpft, den Leitfaden nicht waagrecht sondern leicht nach oben halten.

Kettknoten

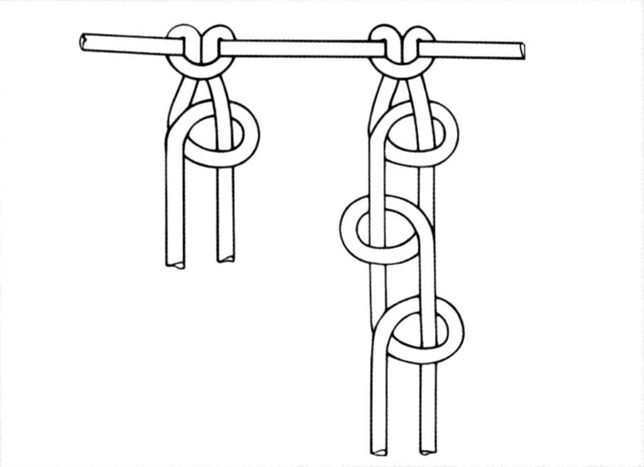

Dieser Knoten wird aus 2 Knüpffäden geknüpft.
Der rechte Faden ist der Leitfaden, dieser muss unbedingt straff gespannt sein. Den linken Faden als Knüpffaden darauf legen und hinter dem Leitfaden durchziehen (= ein halber Knoten – der Kettknoten besteht immer aus einem rechten und linken Knotenteil = 1 Knoten). Es ist unerheblich, ob mit rechts oder links begonnen wird. Es ist jedoch ratsam, wie bei den anderen Knoten auch, sich immer auf eine Seite, mit der begonnen wird, festzulegen. Es wird bei jeder Schlinge zwischen Leit- und Knüpffaden gewechselt.
Das gleiche nun zur anderen Seite knüpfen, jetzt ist der linke Faden der Leitfaden und mit dem rechten Faden wird die Schlinge gelegt.
Die Kettknoten vorsichtig anspannen, nicht zu fest, am besten das Knötchen mit dem Finger zur Seite streichen. Den Leitfaden spannen, dann legt sich der Knoten fast von selbst.
So im Wechsel fortfahren, bis die gewünschte Länge bzw. Knotenanzahl erreicht ist.

Wellenknoten

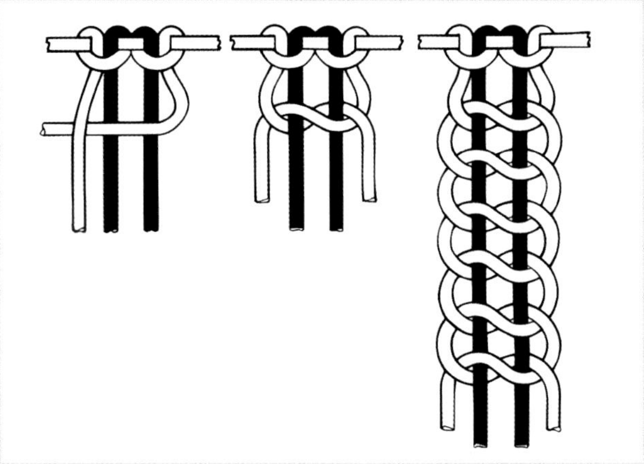

Der Wellenknoten wird wie der 1. Teil des Kreuzknotens gelegt, jedoch wird immer an der gleichen Seite begonnen. Der Wellenknoten bekommt nach 4 bis 5 Knoten einen Drang nach links. Dann den Wellenknotenstrang einmal nach links drehen und genauso wie davor weiter knüpfen. Immer wieder drehen lassen und von der gleichen Seite weiterknüpfen. Beim Fäden anziehen wird der rechte Faden leicht schräg nach oben gezogen. Wird dies nicht beachtet, entstehen rechts größere Abstände zwischen den Knoten als links. Leitfäden immer straff spannen.

Wird von links begonnen, darauf achten, dass immer mit dem linken Knüpffaden geknüpft wird. Hier dreht sich der Strang nach rechts.

Erbsknoten

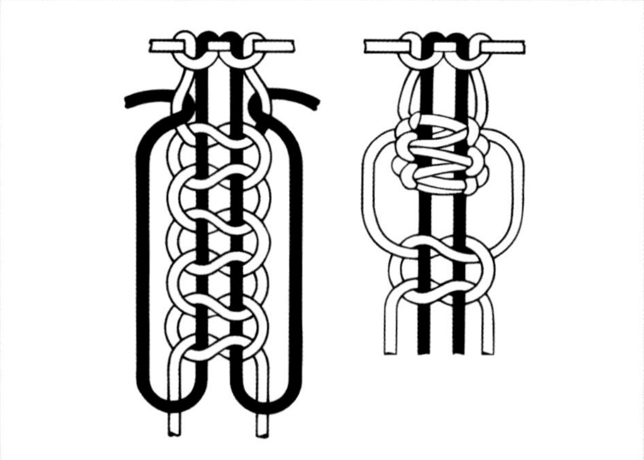

Der Erbsknoten kann als Verzierung von Wandbehängen und Blumenampeln oder als Aufhängung verwendet werden. Die Anzahl der Kreuzknoten bestimmt die Größe der „Erbse" oder Schlinge. Bei Verzierungen werden zwischen 3 und 5 Kreuzknoten geknüpft, als Aufhängung sind der Knotenanzahl nach oben keine Grenzen gesetzt.

Der Erbsknoten besteht immer aus einem Kreuzknotenband und einem abschließenden Kreuzknoten, um den Erbsknoten zu sichern.
Vor dem Knüpfen des Kreuzknotenbandes alle Fäden ca. 1 cm Fäden spannen. Die gewünschte Anzahl Kreuzknoten knüpfen. Die Leitfäden nach oben führen und durch die zuvor gespannten Fäden führen, evtl. eine Häkelnadel verwenden. Die Leitfäden wieder straff nach unten ziehen, so rollt sich das Kreuzknotenband nach oben und die „Erbse" entsteht. Leitfäden spannen und aus den bisherigen Knüpffäden einen festen Kreuzknoten knüpfen.

Feigenknoten

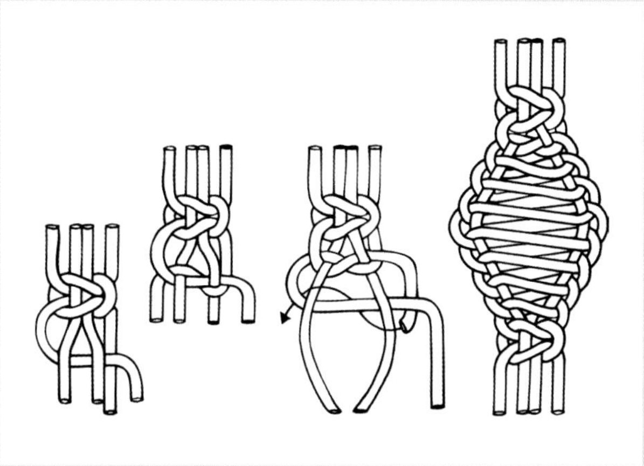

Der Feigenknoten beginnt und endet mit einem Kreuzknoten und benötigt 4 Fäden.
Dazwischen werden zwischen 3 und 9 Flechtknoten in wechselnder Breite ausgeführt.
Flechtknoten: Die beiden mittleren Leitfäden spannen, den linken Knüpffaden waagrecht darunter legen.
Den rechten Knüpffaden:
→ unter den waagrechten
→ über den ersten Leitfaden
→ unter dem waagrechten Knüpffaden → über den linken Leitfaden → und unter dem linken Knüpffaden durchflechten.

Vorsichtig die Fäden spannen: Die Leitschnüre nicht senkrecht nach unten, sondern zusammen mit den Knüpffäden – beim breiter werdenden Knotenteil leicht nach außen anziehen. Nach dem mittleren Knoten die Leitschnüre wieder zur Mitte ziehen so dass sich der Knoten wieder etwas verengt. Wichtig: Leitschnüre immer gespannt halten.

Dieser Knoten benötigt etwas Fingerspitzengefühl, wichtig ist, dass die Knüpffäden nicht zu straff angezogen werden, die Leitfäden jedoch immer gespannt sind.

Türkischer Bund

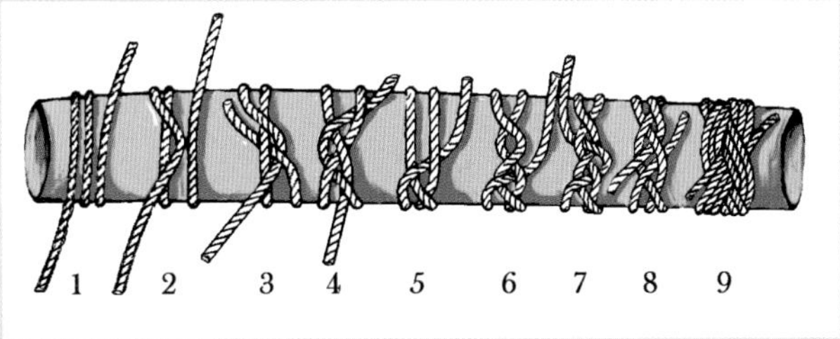

Den Faden um ein Holz oder die Finger legen. Während dem Durchweben das Holz bzw. die Hand immer wieder leicht zum Körper hin drehen.

1. Das linke Fadenende ist ca. 15 cm lang, mit dem rechten dreimal locker um das Holz schlingen.
2. Mit dem linken, kurzen Fadenende eine Schlinge nach rechts auf den mittleren Faden legen.
3. Den rechten Faden auf die Schlinge und unter dem linken Faden durchziehen.
4. Mit dem linken Faden auf den mittleren und unter dem rechten Faden durchweben.
5. Leicht drehen, die beiden linken Fäden liegen parallel.
6. Mit dem linken Faden eine kleine Schlinge auf den mittleren Faden legen.
7. Mit dem rechten Faden über die Schlinge und unter dem linken Faden durchweben.
8. Noch einmal über den nächsten Faden nach rechts weben, so liegen Anfangs- und Endfaden parallel nebeneinander.
9. Der Knoten kann nun verdoppelt oder verdreifacht werden indem der Knüpffaden parallel neben dem Anfangsfaden geführt wird.

Kreuzknotenschlaufe als Aufhängeöse

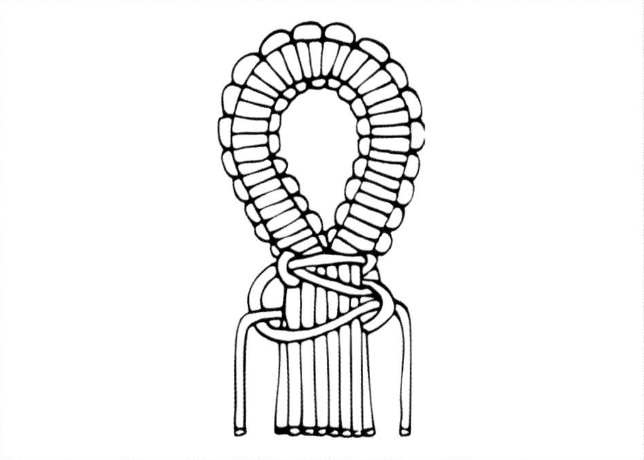

Eine Aufhängeöse kann entweder aus einem Perlknoten oder einem Kreuzknotenband mit abschließendem Kreuzknoten geknüpft werden. Die Anzahl der Kreuzknoten richtet sich nach der Größe der gewünschten Öse.

Kreuzknoten aus 2 Fäden

(festes verbinden von 2 Fäden oder Seilen)

Dieser Knoten wird oft in der Seefahrt angewendet. Wird der Knoten richtig ausgeführt, entsteht eine Verbindung die sich nicht von selbst lösen kann.

2 Fäden überkreuzen: rechten Faden über den linken und den oberen Faden hinter dem unteren Faden wieder nach vorne ziehen.
Fäden wieder überkreuzen, sodass der linke Faden oben liegt, nun diesen hinter dem unteren Faden durchziehen. Der Knoten ist richtig, wenn er aus sieht wie der Kreuzkosten mit Leitfäden. Er muss eine kleine senkrechte Öse an einem Rand haben, nur so ist er richtig bzw. stabil.

Sieht der Knoten aus wie 2 Wellenknoten ist er falsch und geht auf.
Diesen Knoten so fest wie möglich anziehen.

Faden mit Kreuzknoten anknüpfen

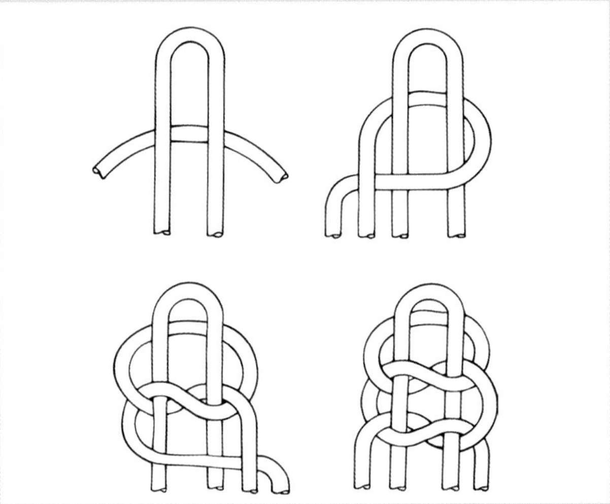

Den neuen Knüpffaden mitteln, unter einen bestehenden Leitfaden legen und mit einem Weber- oder Wellenknoten anknüpfen. Dabei ist der Faden an den angeknüpft wird der Leitfaden. Der neue Faden der Knüpffaden.

Anknüpfen der Fäden mit Rippenknoten

(Fransen)

Den Leitfaden waagrecht und die Knüpffäden senkrecht legen. Den Leitfaden gut feststecken bzw. festbinden. Am besten wird jedes Fadenende nach dem Anknoten mit einer Makrameenadel oder langen Stecknadel auf einem flachen Untergrund festgesteckt.

Den Knüpffaden so hinter den Leitfaden legen, dass oben nur die Fransen, plus 10 cm, überstehen und der lange Teil nach unten hängt. Den kurzen Faden einmal nach links um den Leitfaden und wieder nach oben legen. Die zweite Schlinge wieder mit dem kurzen Faden nach rechts auf den Leitfaden und durch die so entstandene Schlinge wieder nach oben führen. Die Knoten gleichmäßig anziehen – immer wieder den Leitfaden straff spannen. Die restlichen Fäden genauso anknüpfen. Die Knüpffäden nicht zu fest anspannen, mit den Fingern die Knoten gleichmäßig formen.

Austauschen der Fäden oder Wechsel der Farben

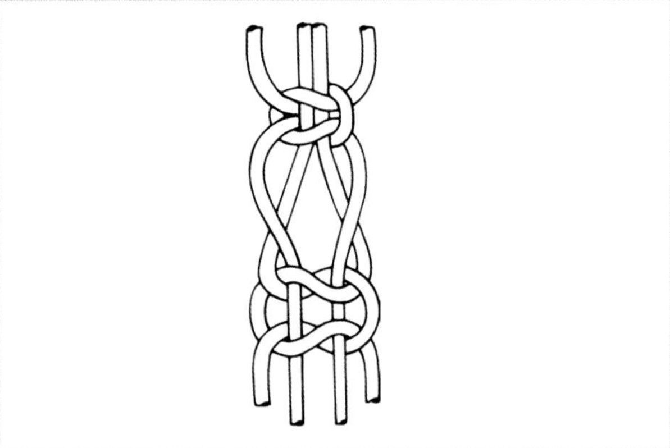

Das Austauschen bzw. Wechseln der Fäden von Knüpf- zu Leitfäden geht einfach mit einem Kreuzknoten. Bei manchen Arbeiten wird der Knüpffaden rasch sehr kurz und die Leitfäden sind noch lang, dann bietet sich der Wechsel von Knüpf- und Leitfäden an.
Die bisherigen Knüpffäden nach innen zwischen die Leitfäden führen und mit den bisherigen Leitfäden einen Kreuzknoten (Wellenknoten) knüpfen.

Der Austausch der Fäden kann auch als Zierelement mit etwas Abstand zwischen den Knoten in die Knüpfarbeit, z. B. bei Blumenampeln, eingearbeitet werden. Soll der Fadentausch nicht auffallen, kann er gut nach einem Knotenwechsel erfolgen. Der Fadentausch ist hier kaum ersichtlich. Evtl. mehrmals ausprobieren wie es am besten aussieht.

Einknüpfen des Rings

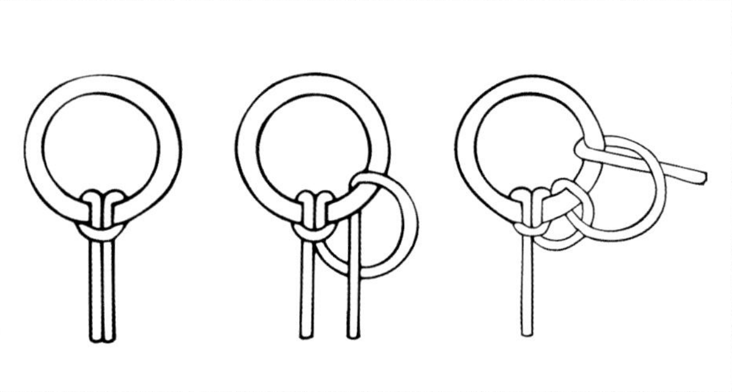

Den Faden am Ring einhängen und mit Schlingenknoten gegenseitig einknüpfen. Es kann entweder nur zu einer Seite hin oder zu beiden Seiten geknüpft werden.

Der Knoten besteht aus 2 Schlingen: Den Knüpffaden auf den Ring legen, hinter dem Ring durchführen. Den Knüpffaden unter den Ring legen und über den Ring schlingen. Zur anderen Seite hin genauso knüpfen.

Beide Fadenenden entweder mit einem Kreuzknoten aus 2 Fäden verbinden, oder einfach nach ca.
3 cm abschneiden und im nächsten Knotenstrang zusammen mit den Leitfäden weiterführen.

Abbinden

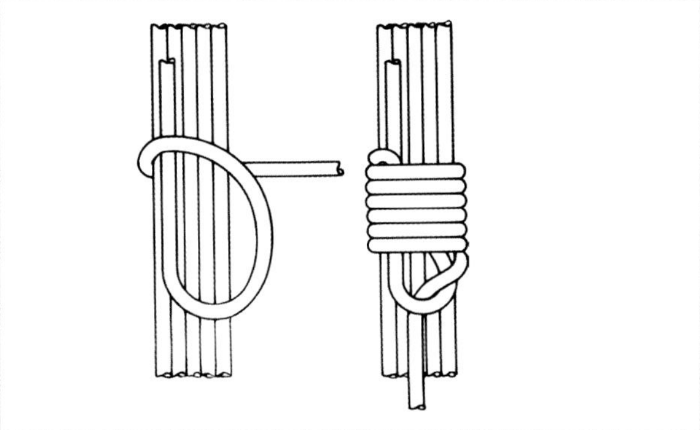

Der Wickelknoten bildet meistens den Anfang oder Abschluss einer Knüpfarbeit.
Bei diesem Knoten wird, oft mit dem längsten Faden, eine Schlinge neben dem Fadenbündel (Leitfäden) angelegt. Von oben mit diesem Knüpffaden das Fadenbündel straff und gleichmäßig umwickeln. Kurz vor der Schlinge enden und das Fadenende durch diese Schlinge ziehen.

Es ist auch möglich mit einem extra Faden abzubinden. Hier müssen die Fadenenden dann sorgfältig in die Knüpfarbeit mit einer Häkelnadel eingezogen werden. Wird bei einem Abschluss ein neuer Faden zum Umwickeln verwendet, z. B. wenn alle anderen Fäden zu kurz geworden sind, so kann nur das obere Fadenendstück in die Knüpfarbeit eingezogen werden. Das untere Fadenende kann sich parallel zu den restlichen Leitfäden legen.

Kapuzinerknoten

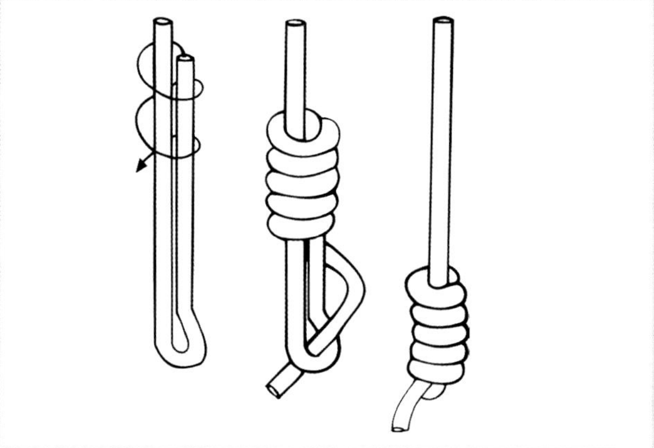

Dieser Knoten ist ein schöner Abschluss von Blumenampeln oder Wandbehängen.
Der Kapuzinerknoten wird immer nur mit einem Faden gefertigt. Das Fadenende nach oben zu einer Schlinge legen und von oben die Schlinge mit dem Faden mehrmals straff umwickeln, das Fadenende durch die Schlinge ziehen.
Nun den ganzen Knoten nach unten schieben bis die Schlinge im Knoten verschwunden ist.
Fadenende nach ca. 1 cm abschneiden.

TIPPS

Lange Fäden aufwickeln

Das Fadenende sorgfältig um Daumen und Zeigefinger über Kreuz spannen und anschließend mit einem Gummi fixieren. Beim Knüpfen immer langsam ein kleines Stück Faden vorsichtig herausziehen.

Ausfransen vermeiden

Bei manchen Makrameegarnen ist es sinnvoll, nach dem Zuschneiden die Enden mit einem Überhandknoten zu versehen, so franst das Garn während des Knüpfens nicht aus. Die Enden können auch mit Klebeband umklebt werden.

Größenvariationen

Nahezu alle Modelle lassen sich in Form und Größe abwandeln. Ein kleines Musterband fertigen, z. B. die am meisten verwendeten Knoten mehrmals untereinander knüpfen, ausrechnen wie viel Material verbraucht wurde und für das komplette Modell hochrechnen. Verdoppeln nicht vergessen, da meistens das Garn mittig eingehängt wird.

Ein **Musterband** empfiehlt sich auch bei Verwendung anderer Garnstärken oder Materialien.

Das allerwichtigste ist das **Spannen der Leitfäden**. Beim Kreuz- und Wellenknoten zuerst die Leitfäden bzw. den Leitfaden zwischen Zeige- und Mittelfinger spannen – dann erst mit den Knüpffäden den Knoten legen. Auch beim Wechseln von rechts nach links ist der Leitfaden immer zwischen meinen Fingern gespannt. Beim Kett- oder Schlingenknoten Leitfaden zwischen Daumen und Zeigefinger halten und mit der anderen Hand die Schlinge legen. Leitfaden nie locker lassen.

Fäden tauschen

Werden Knüpffäden zu kurz, können ohne Problem die Knüpf- mit den Leitfäden getauscht werden. Manchmal ist es jedoch notwendig einen neuen Faden einzulegen: Die bisherigen zu kurzen Knüpffäden zu den Leitfäden in die Mitte legen und mit einem Kreuz- oder Wellenknoten einen neuen Faden mittig dahinter legen. Die bisherigen Knüpffäden parallel mit den Leitfäden weiterführen. So brauchen sie nicht extra vernäht zu werden.

Gießen möglich

Bei Blumenampeln ende ich mit meinem Strang immer am Topf- oder Korbrand, anschließend den Strang teilen und den Topf- bzw. Korb einknüpfen. So können die Blumen gut gegossen und auch leicht wieder aus der Ampel geholt werden. Den Topf- bzw. Korb straff einspannen, evtl. Knotenanzahl variieren. Das Einpassen der Blumentöpfe nicht über Steinfliesen vornehmen, Teppich drunter legen, oder jemanden zum Festhalten bitten.

Abschlussvariationen

Bei den Blumenampeln kann der Abschluss ohne Probleme variiert werden, je nach restlicher Fadenlänge und Wunsch. Ob die Ampel mit dem längsten Faden umwickelt bzw. abgebunden wird, ob einer oder mehrere Wellen- bzw. Kreuzknoten geknüpft werden, dies kann jeder für sich selbst entscheiden. Immer mit den längsten Fäden als Knüpffäden abschließen.

Die **Fadenenden** können einfach auf gleiche bzw. unterschiedliche Längen abgeschnitten, mit einem Überhandknoten versehen oder auch ausgefranst werden. Bei längeren Fadenenden sehen Kapuzinerknoten oder auch mehrere Kapuzinerknoten untereinander sehr schön aus. Hier sind der Phantasie keine Grenzen gesetzt – einfach ausprobieren.

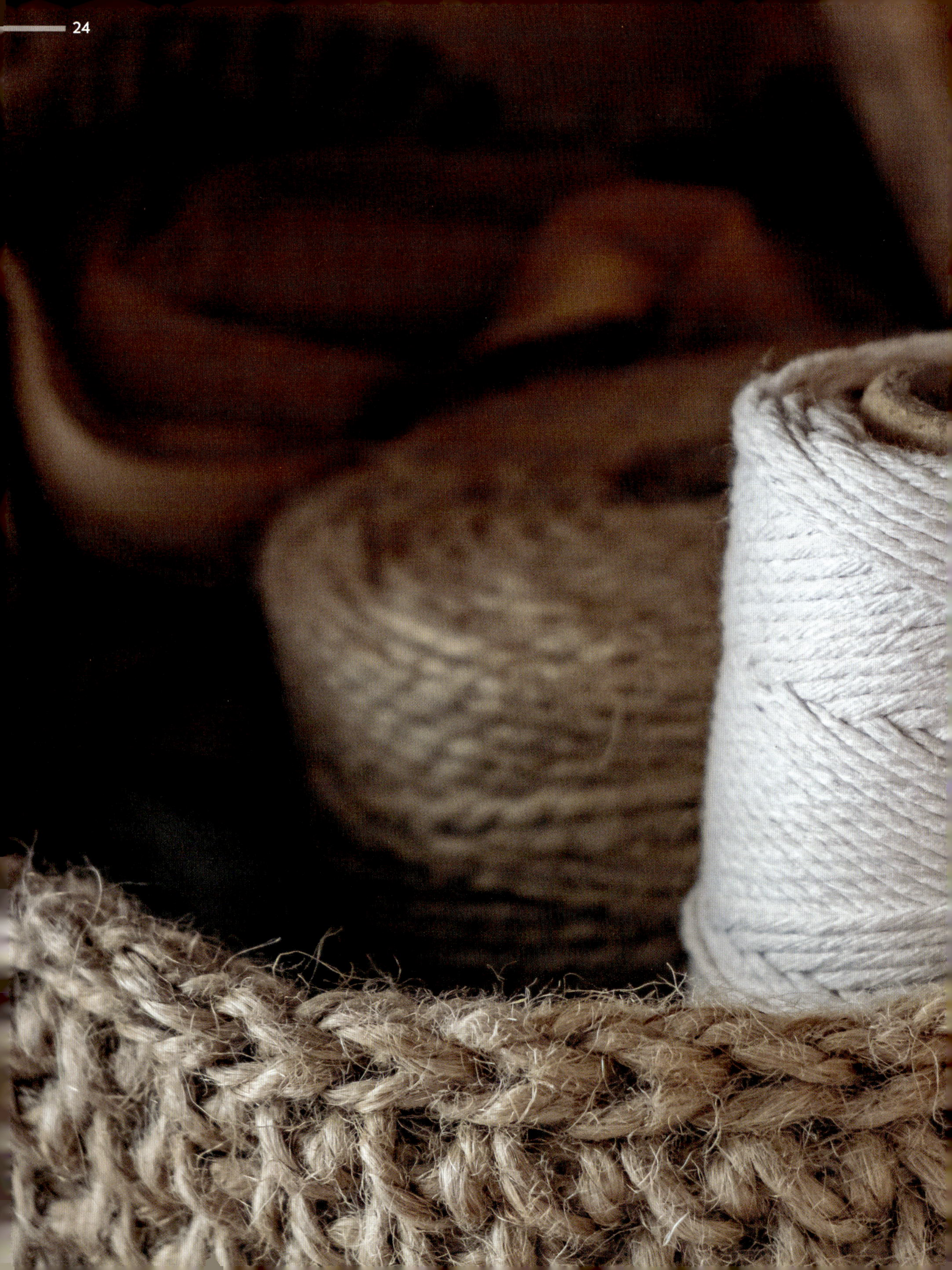

PROJEKTE

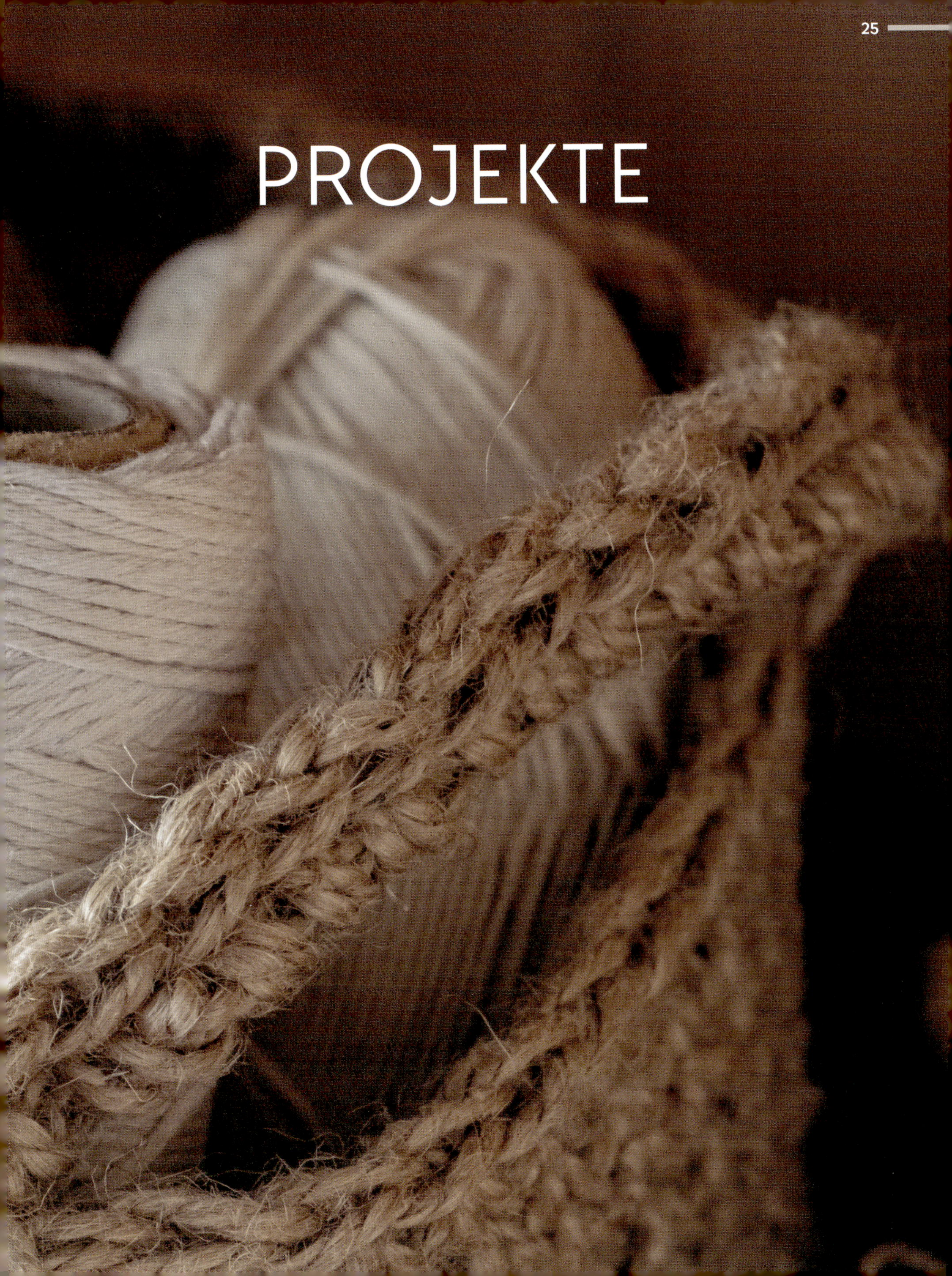

ZARTES *Windlicht*

MATERIAL

1 Glas, ø 9 cm, ca. 10 cm hoch
Baumwollgarn in Weiß, geflochten, ø 2 mm
39 Fäden, 90 cm lang
1 Faden, 1,4 m lang

GRÖSSE

ca. 10 cm hoch, ø 9 cm

VERWENDETE KNOTEN

Doppelt einhängen
Kreuzknoten
Versetzte Kreuzknoten
Rippenknoten
Überhandknoten
Kreuzknoten aus 2 Fäden

1 Den 1,4 m langen Faden an einer Seite so festbinden oder feststecken, dass das festgesteckte Fadenende noch ca. 50 cm lang ist. Daneben alle 90 cm langen Fäden mitteln und doppelt einhängen.

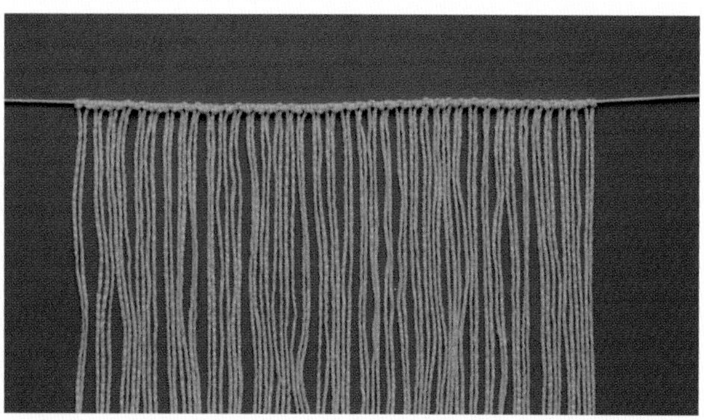

2 Das Band um das Windlicht legen und beide Fadenenden des Anknüpffadens mit einem straffen Kreuzknoten aus 2 Fäden verbinden. Hierbei ist es ratsam, das Teelicht zwischen die Knie spannen. Es ist übrigens unerheblich, ob die Vorder- oder Rückseite nach vorne zeigt, bzw. die Knötchen vom doppelten Einhängen sichtbar sind oder die Seite ohne Knoten vorne ist.

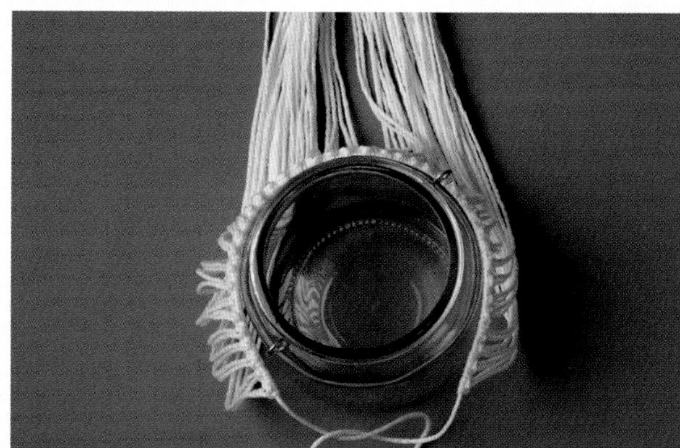

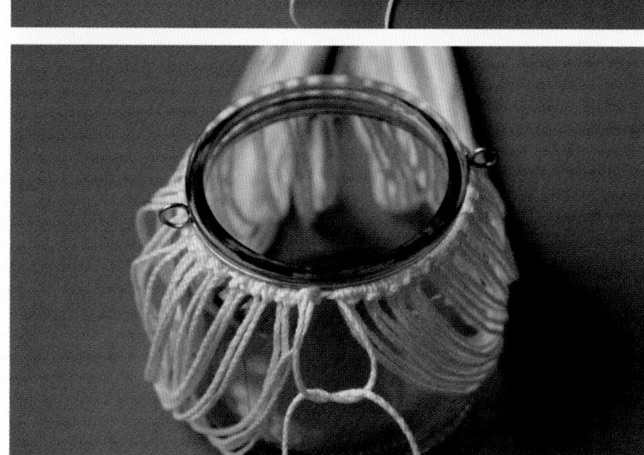

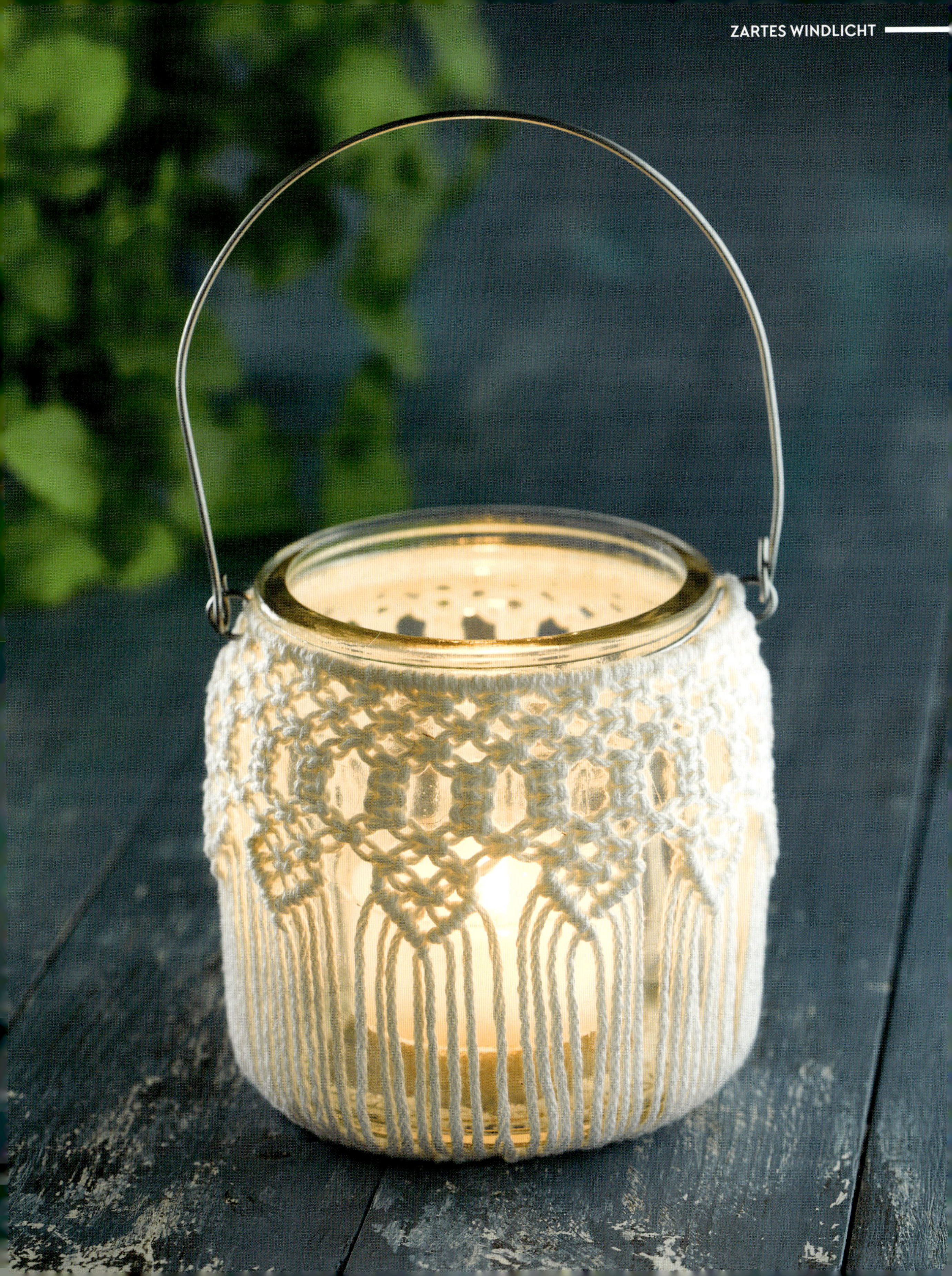

3 Aus je 4 Fäden eine Runde Kreuzknoten knüpfen. Versetzt darunter 2 weitere Runden arbeiten, dabei jeweils den Abstand zwischen den Knoten und Knotenreihen dem Glas anpassen.

4 Versetzt darunter aus je 4 Fäden 3 Kreuzknoten untereinander knüpfen.

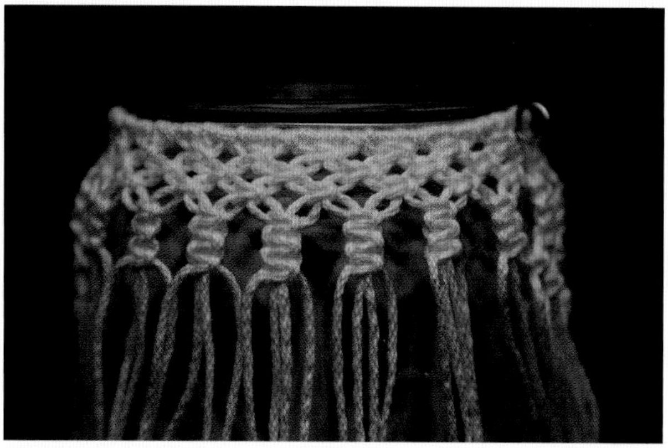

5 Zwei weitere Runden versetzte Kreuzknoten fertigen. Ebenfalls mit Abstand dazwischen.

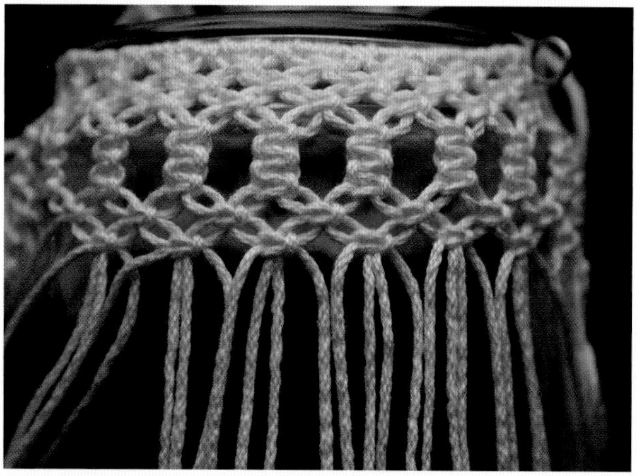

6 Versetzt darunter eine Runde Kreuzknoten aus je 4 Fäden arbeiten, dabei jedoch nur jeden 2. Knoten knüpfen, d. h. 1 Kreuzknoten, 4 Fäden hängen lassen, 1 Kreuzknoten, 4 Fäden hängen lassen etc.

7 V-Muster aus je 6 Fäden: Jedes V besteht aus dem bereits geknüpften Kreuzknoten und beidseitig je zwei Fäden. Der jeweils äußere (also der 1. und 8.) Faden ist der Leitfaden für je 3 Rippenknoten schräg zur Mitte. D. h. den linken, 1. Faden auf die drei Knüpffäden schräg zur Mitte legen und aus diesen 3 Fäden je einen Rippenknoten knüpfen. Den rechten, 8. Faden, schräg zur Mitte legen und 4 Rippenknoten knüpfen. Dabei wird der Leitfaden der rechten Reihe als 4. Knoten mit angeknüpft.

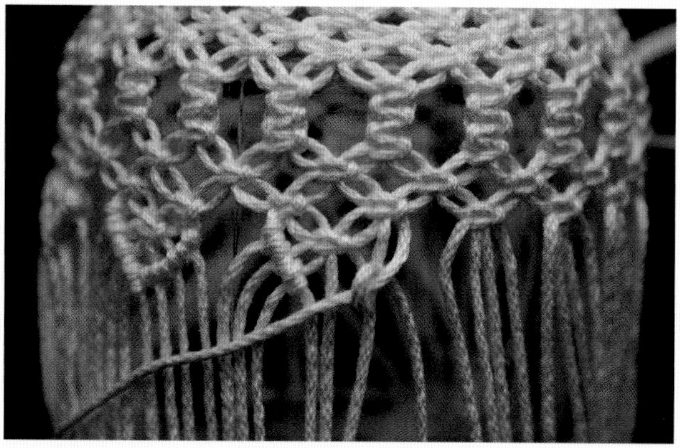

8 Das Glas umdrehen und mit dem längsten Faden als Leitfaden ca. 1 cm vom Glasrand entfernt 2 Runden feste Rippenknoten knüpfen. Hier ist es sehr wichtig, dass die Knüpf- und Leitfäden sehr straff angespannt werden. Den Leitfaden mit einem Überhandknoten versehen und die restlichen Fadenenden nach ca. 0,5 cm abschneiden.

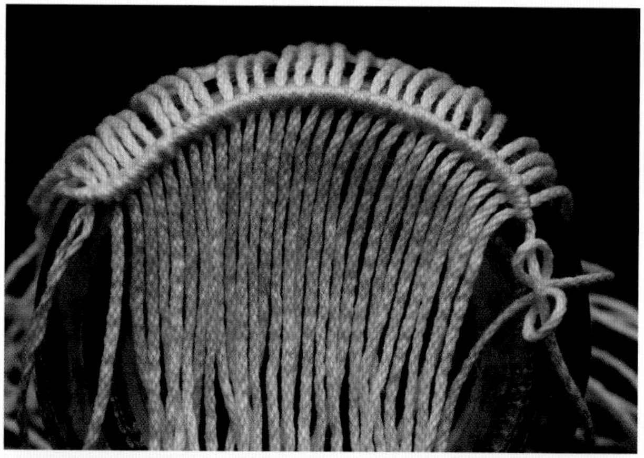

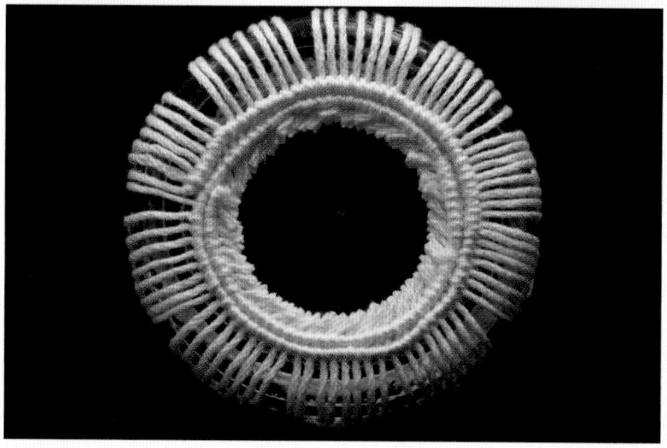

UMKNÜPFTE *Vase*

MATERIAL

Baumwollgarn in Weiß, geflochten, ⌀ 2 mm
17 Fäden, 1,1 m lang
1 Faden, 1,5 m lang
9 Fäden, 0,8 cm lang
1 Flasche, ca. 19 cm hoch
9 Rohholzperlen, ⌀ 8 mm

GRÖSSE

ca. 19 cm hoch, ⌀ 3,5 cm (oben) – ⌀ 6,5 cm (unten)

VERWENDETE KNOTEN

Doppelt einhängen
Kreuzknoten
Kreuzknoten aus 2 Fäden
Versetzte Kreuzknoten
Wellenknoten
Überhandknoten

1 Am 1,5 m langen Faden, ca. 50 cm von einem Fadenende entfernt, die 1,1 m langen Fäden mitteln und doppelt einhängen. Das Knotenband um den Vasenhals legen und die Fadenenden des 1,5 m langen Fadens mit einem Kreuzknoten aus 2 Fäden straff zusammenknoten. **Tipp:** Halten Sie die Vase dazu zwischen den Knien fest.

2 Aus je 4 Fäden 3 Kreuzknoten untereinander knüpfen (so entstehen insgesamt 9 Kreuzknotenbänder).

3 10 Reihen versetzte Kreuzknoten fertigen, dabei bei jeder Runde den Abstand zwischen den einzelnen Knoten etwas vergrößern (und so der Vasenform anpassen).

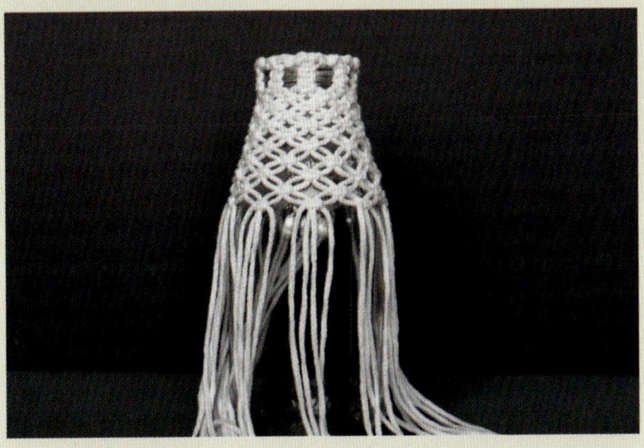

4 Jeweils 2 nebeneinanderliegende Arbeitsfäden durch eine Holzperle ziehen. Die Perle 2 cm nach unten schieben. Später genau zwischen 2 Bändern (auf gleichlange Fäden achten) mit einem straffen Überhandknoten fixieren. Fadenenden kürzen.

Tipp

Ist die Perlenöffnung zu klein, mit einer alten Schere vergrößern. Dazu die Schere öffnen und mit der Klinge in der Perlenöffnung drehen. Manchmal reicht es auch schon, die Fadenenden mit etwas Klebstoff zu einer Spitze formen.

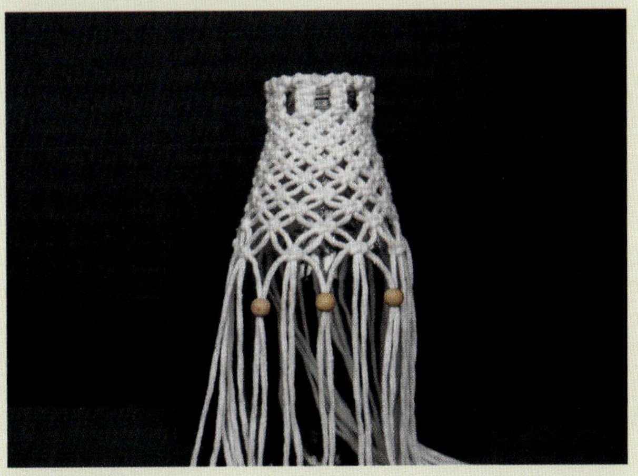

5 Hinter die beiden Leitfäden je einen 0,8 m langen Faden legen und mittig mit einem Kreuzknoten anknüpfen.

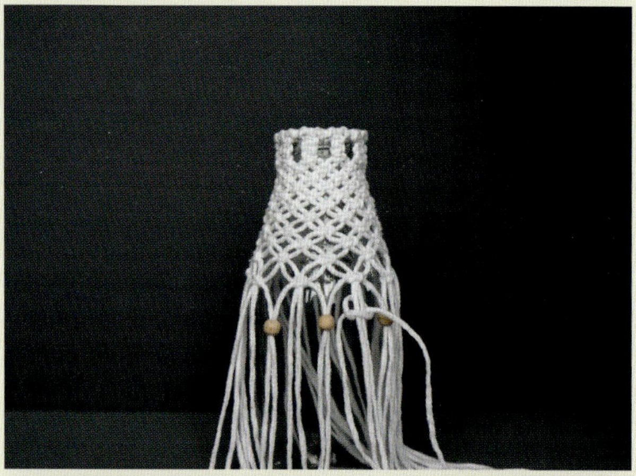

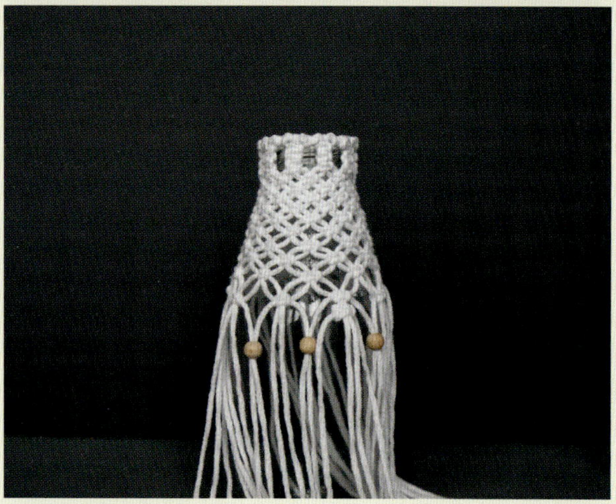

6 Darunter 7 Wellen- und 2 Kreuzknoten anschließen.

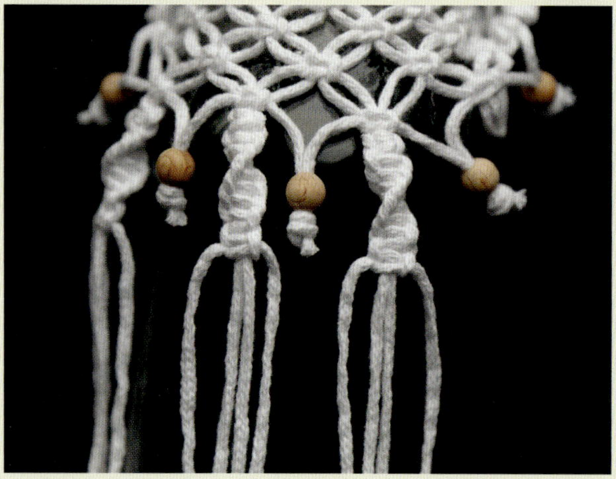

7 2 Reihen versetzte Kreuzknoten knüpfen, dabei zwischen den einzelnen Knoten wieder etwas Abstand lassen (und so der Vase anpassen.)
Nach Belieben können auch mehrere Reihen versetzte Kreuzknoten geknüpft werden.

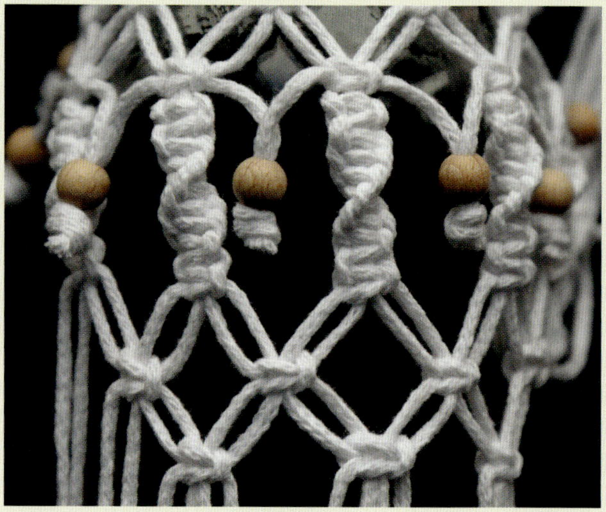

8 Die beiden Leitfäden direkt unter dem letzten Kreuzknoten mit einem Überhandknoten versehen.

9 Jeweils 2 nebeneinander liegende Knüpffäden nach ca. 2,5 cm ebenfalls mit einem festen Überhandknoten fixieren.

10 Fadenenden abschneiden.

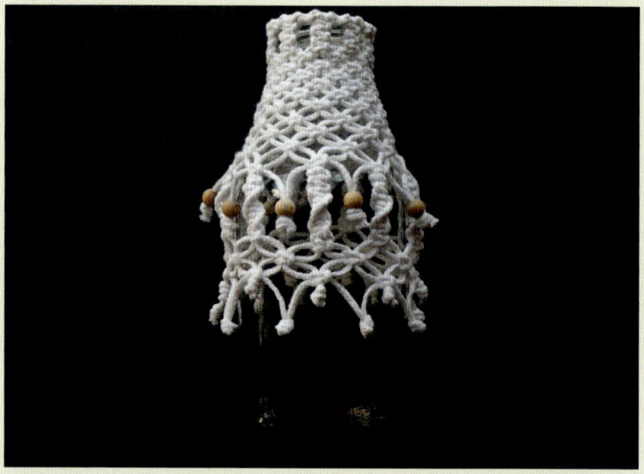

Die Makramee-Verzierung kann zum Spülen der Vase abgenommen werden.

Bei größeren Flaschen, die Fadenlänge anpassen und mehrere Runden mit versetzten Kreuzknoten zusätzlich knüpfen.

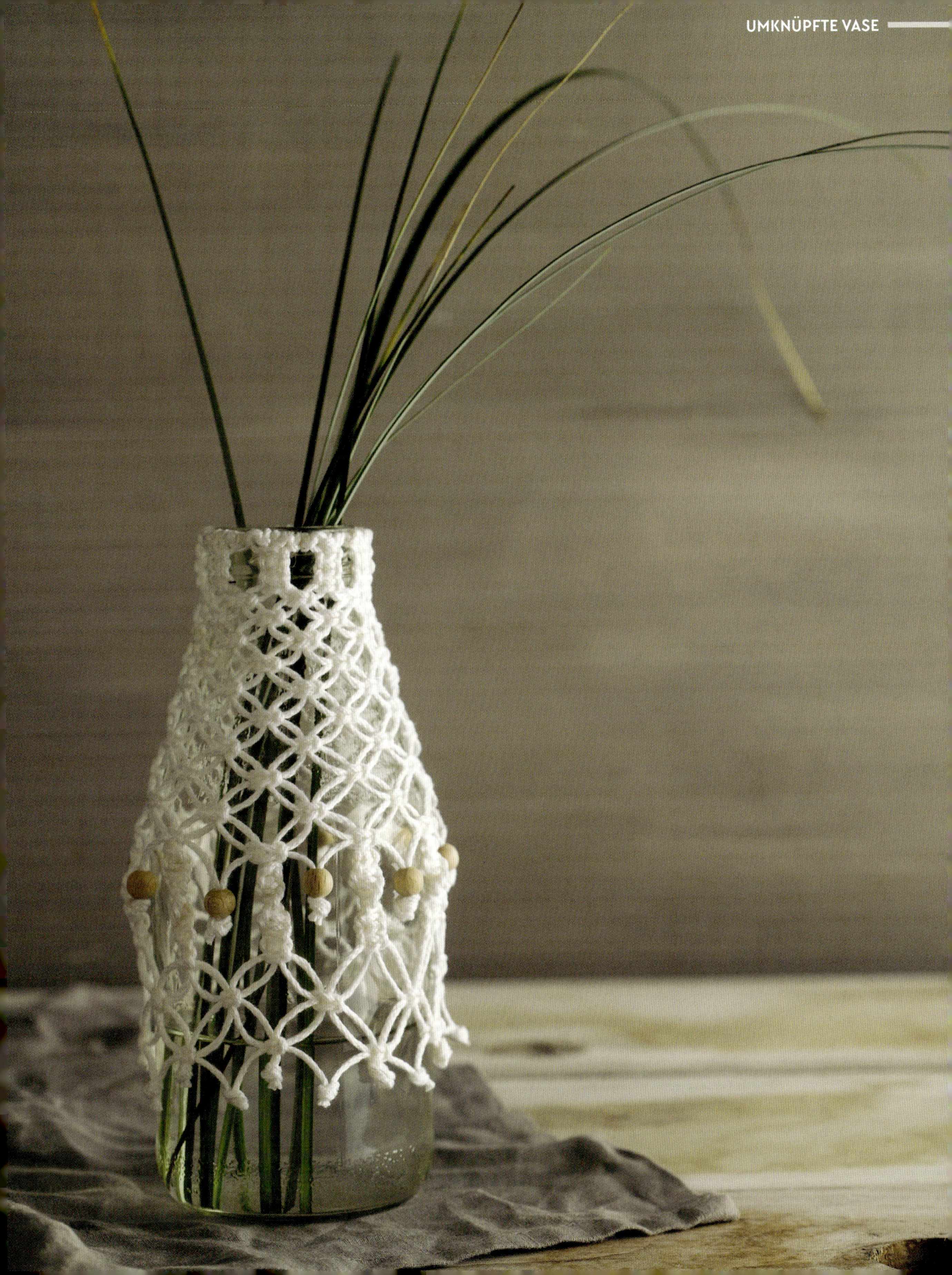

WANDBEHANG

mit 3 Vasen

MATERIAL

Baumwollgarn in Weiß, geflochten, ø 2 mm
- 3 x 8 Fäden, je 3 m lang
- 6 Fäden, je 1,2 m lang
- 4 Fäden, je 1 m lang (Aufhängung)

3 Vasen, ø 2,5 cm, ca. 10 cm hoch, alternativ: Reagenzgläser
1 Ast oder Treibholz, ca. 26 cm lang

GRÖSSE

ca. 50 cm x 26 cm

VERWENDETE KNOTEN

Doppelt einhängen
Kreuzknoten
Versetzte Kreuzknoten
Rippenknoten
Überhandknoten

1 8 Fäden mit je 3 m Länge mitteln und am Holz einhängen.

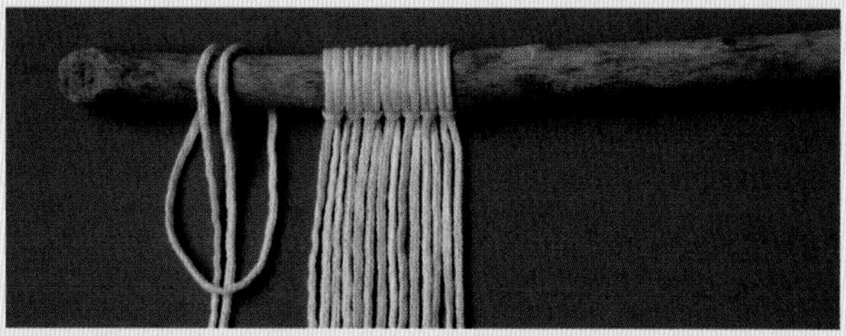

2 Aus den 8 Fäden eine Knotenreihe aus 4 Kreuzknoten knüpfen (2 Leit- und 2 Knüpffäden).

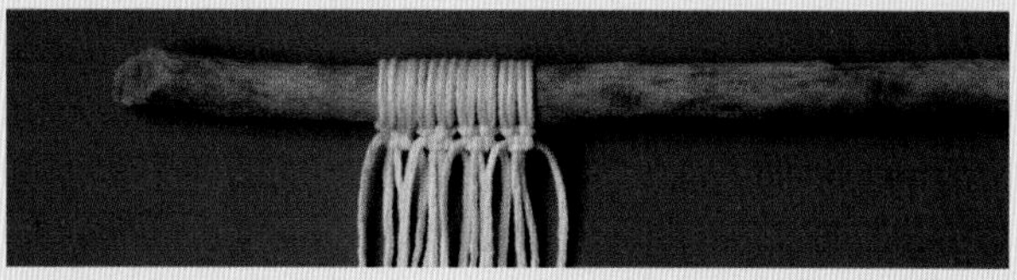

3 1,5 cm Abstand lassen und aus je 6 Leit- und 2 Knüpffäden einen Kreuzknoten fertigen.

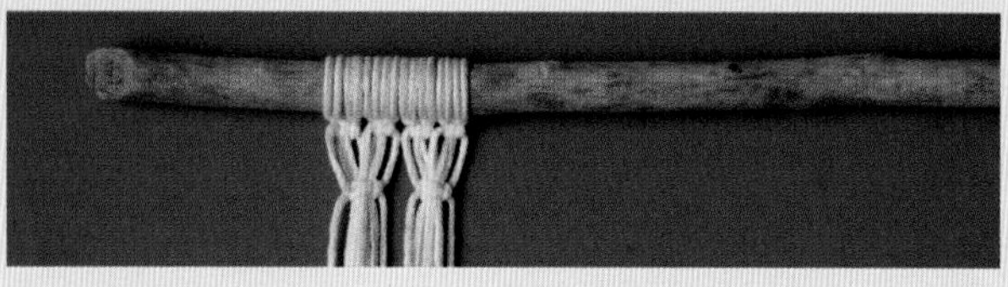

4 Wieder ca. 1,5 cm Abstand lassen und aus den mittleren 8 Fäden wie zuvor (6 Leit- und 2 Knüpffäden) einen Kreuzknoten arbeiten. Beidseitig die äußeren 4 Fäden hängen lassen.

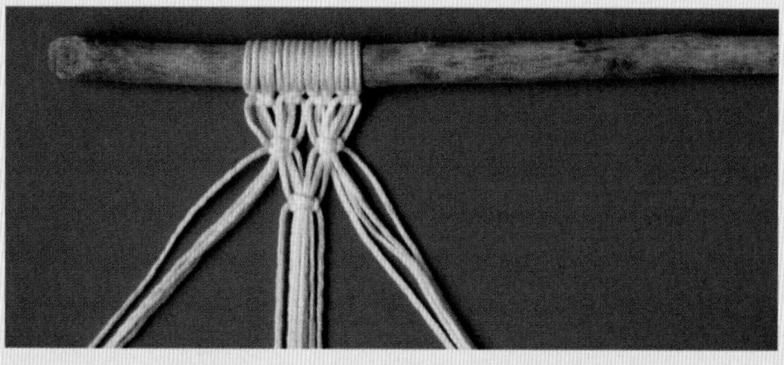

5 1,5 cm Abstand wie zuvor und aus je 8 Fäden einen Kreuzknoten knüpfen.

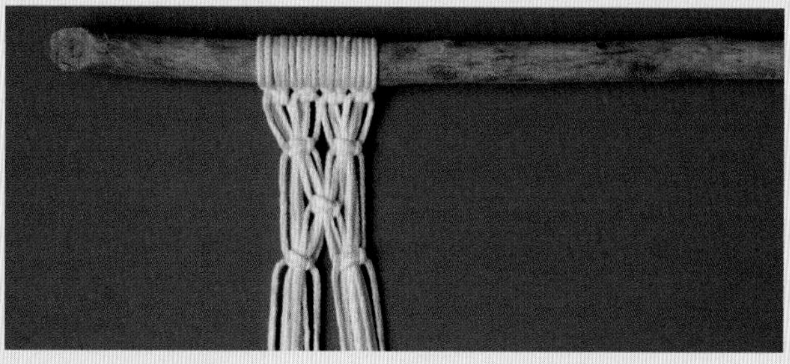

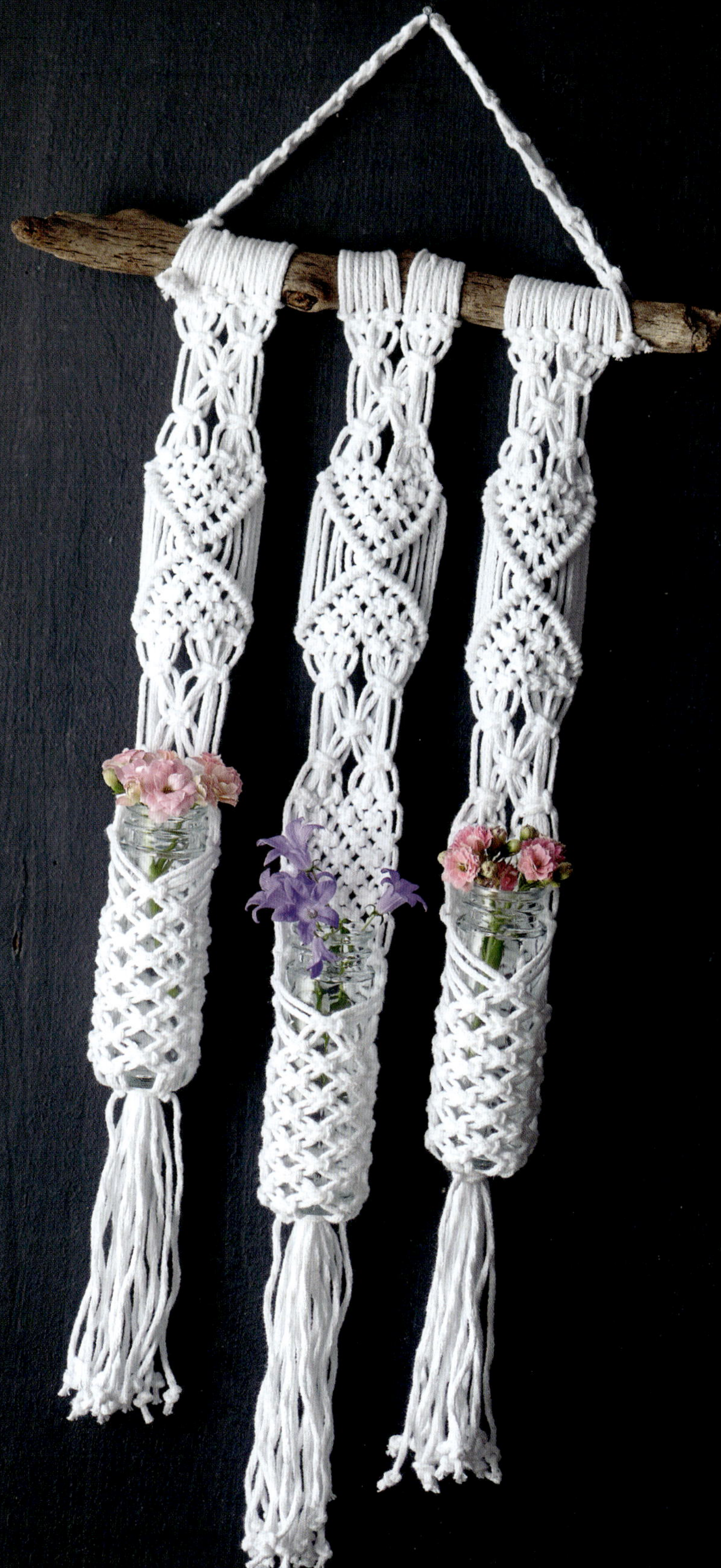

6 Eine Reihe Kreuzknoten (= 4 Knoten) knüpfen.

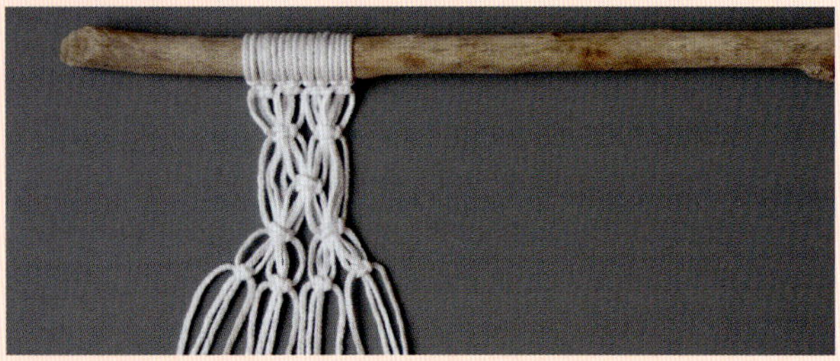

7 In der nächsten Reihe beidseitig die beiden äußeren Fäden nicht mitknüpfen (= 3 Knoten).

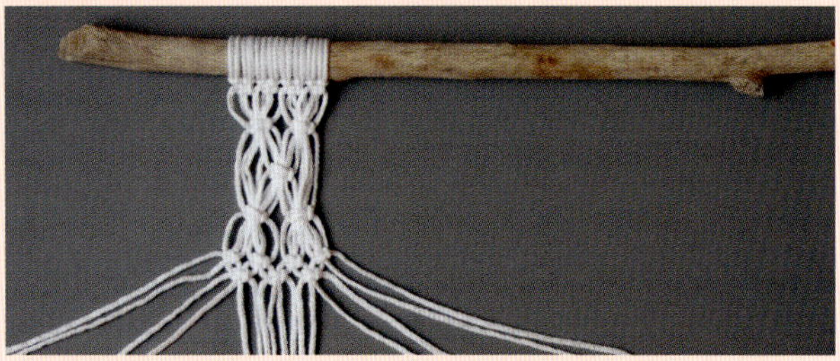

8 In der 3. Reihe nur noch 2 Knoten knüpfen.

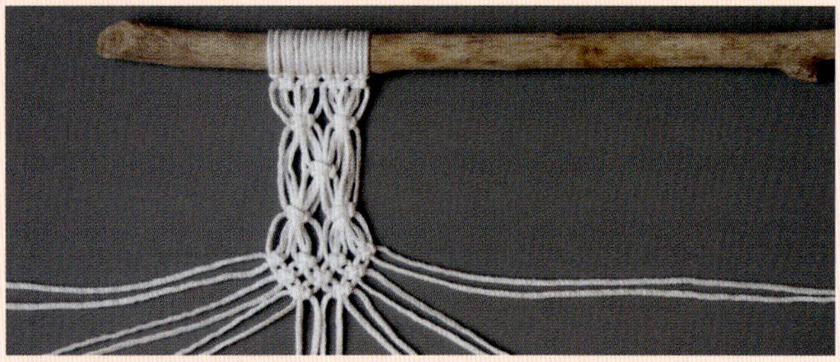

9 In der 4. Reihe nur noch 1 Kreuzknoten in der Mitte aus 4 Fäden knoten.

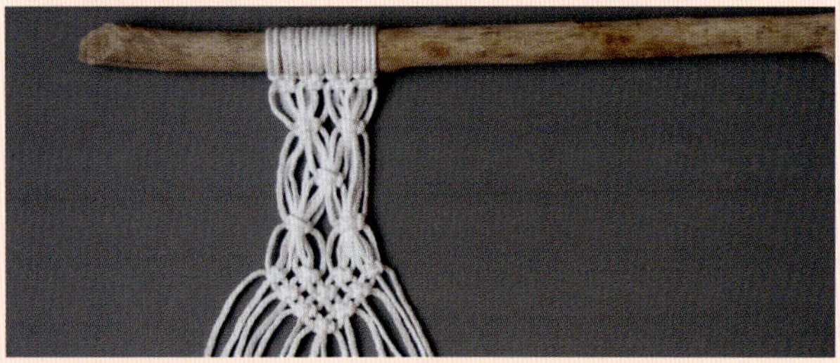

10 Jeweils mit dem äußeren Faden als Leitfaden schräg zur Mitte 7 Rippenknoten fertigen, dabei den Leitfaden von rechts an der linken Rippenknotenreihe mit anknüpfen.

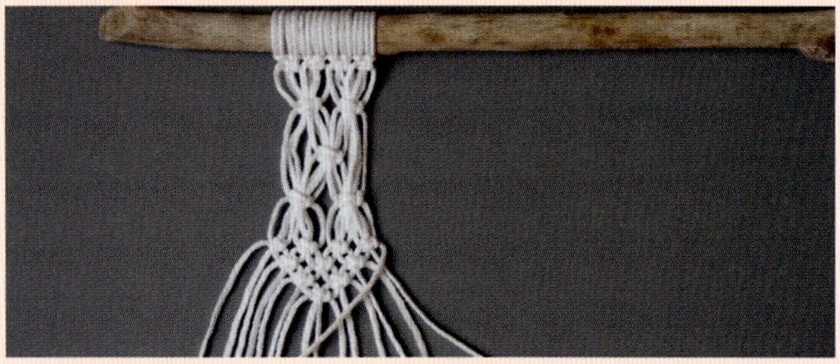

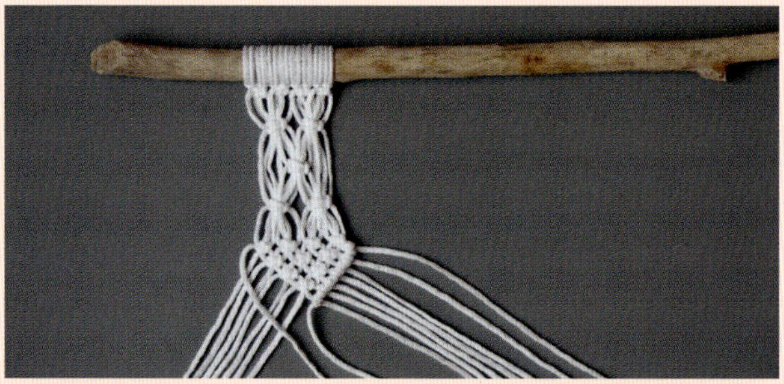

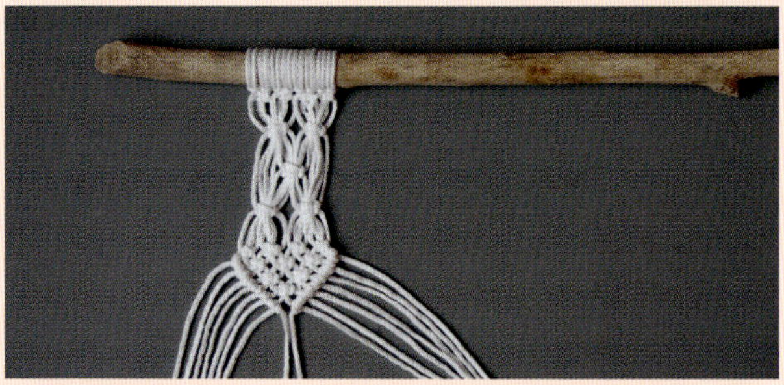

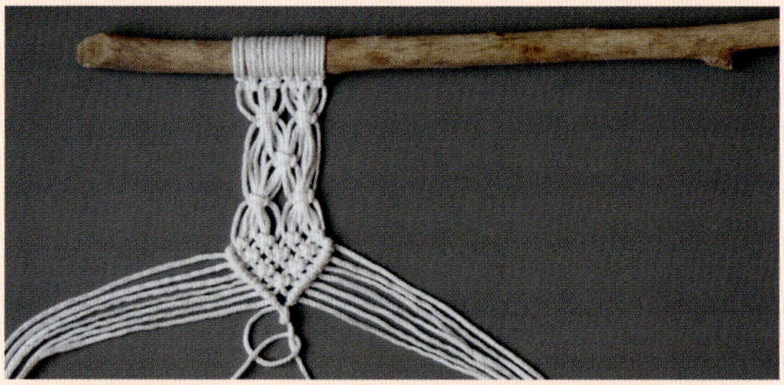

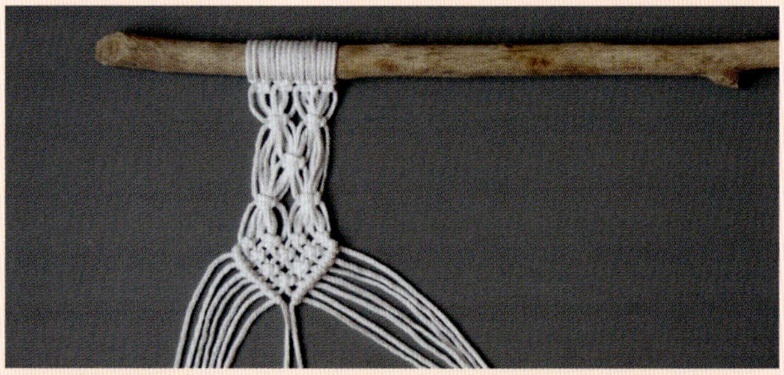

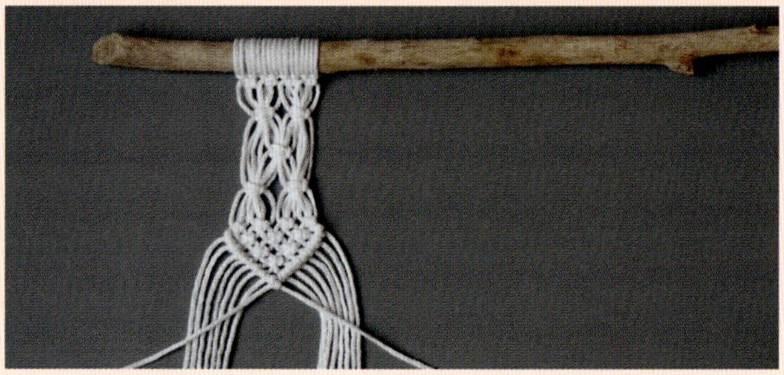

11 Von der Mitte jeweils nach außen wieder 7 Rippenknoten knüpfen, d. h. nun sind die beiden mittleren Fäden die Leitfäden.

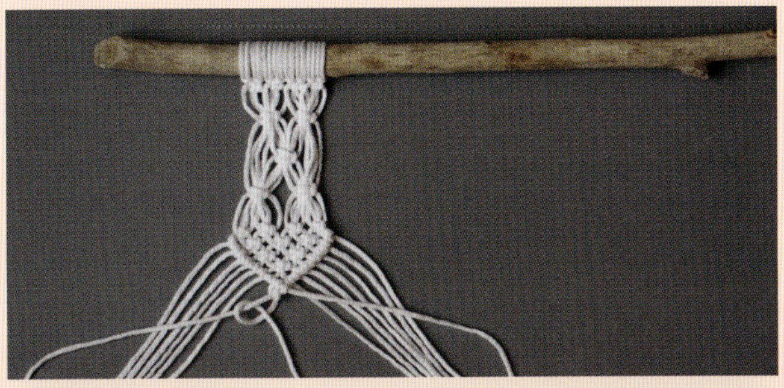

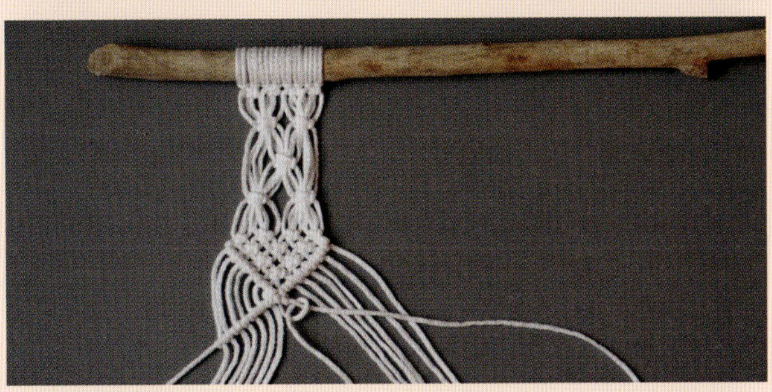

12 Aus den mittleren 4 Fäden 1 Kreuzknoten knüpfen.

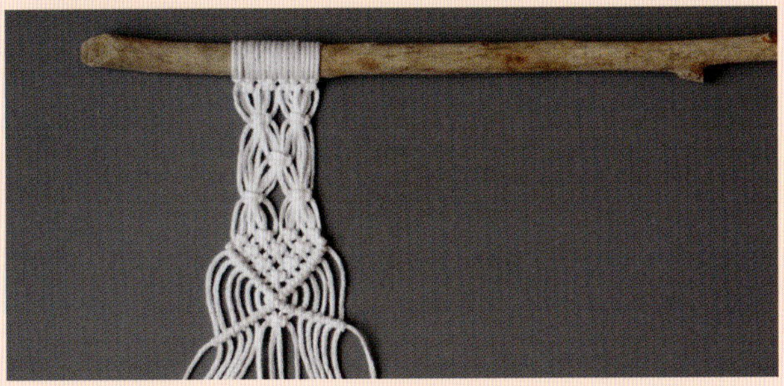

13 In der 2. Reihe 2 Kreuzknoten, in der 3. Reihe 3 Kreuzknoten und in der 4. Reihe 4 Kreuzknoten fertigen.

14 Schritt 3 bis 5 wiederholen.

15 4 Reihen versetzte Kreuzknoten knoten, in der nächsten Reihe nur noch 2 Kreuzknoten in der Mitte knüpfen und beidseitig je 4 Fäden hängen lassen.

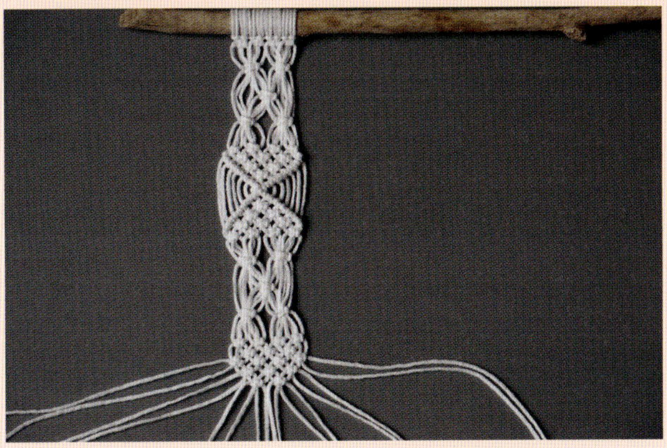

16 Unter die beiden nächsten Fäden jeweils einen 1,2 m langen Faden legen und mit einem Kreuzknoten anknüpfen. Dazwischen 1 Kreuzknoten, versetzt darunter 2 Kreuzknoten knüpfen.

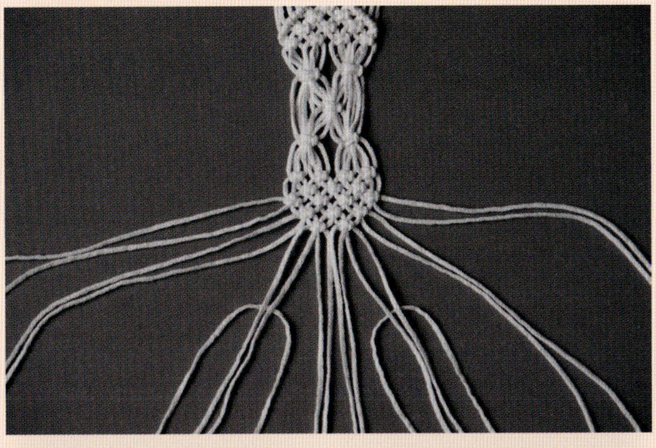

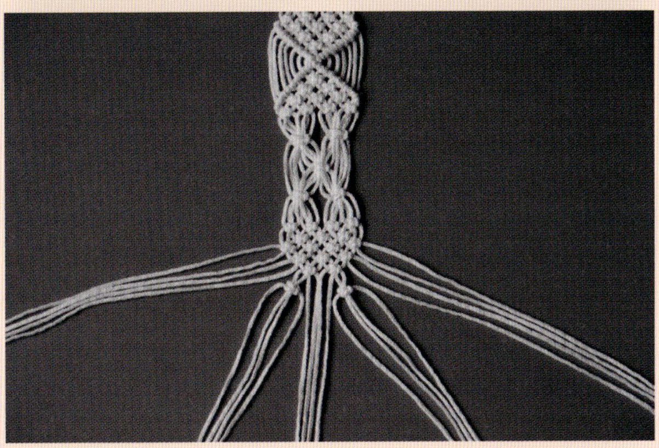

17 Einknüpfen der Vase: Jeweils die beiden äußeren Fäden in der Mitte nach ca. 2,5 cm Abstand zu einem Kreuzknoten aus 4 Fäden verbinden. Die Vase einpassen und wieder herausnehmen.

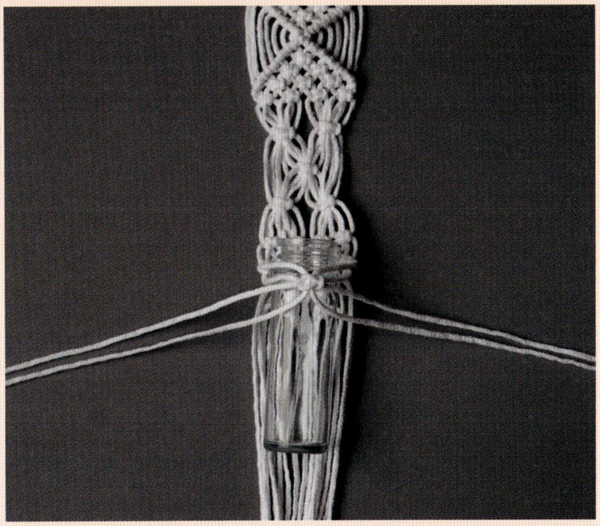

18 In der 2. Reihe wieder jeweils die beiden äußeren Fäden nach vorne nehmen und zusammen mit den Fäden des 1. Kreuzknoten zwei weitere Kreuzknoten fertigen. In der 3. Reihe wieder die beiden seitlichen Fäden nach vorne führen und 3 versetzte Kreuzknoten knüpfen. Vase einpassen.

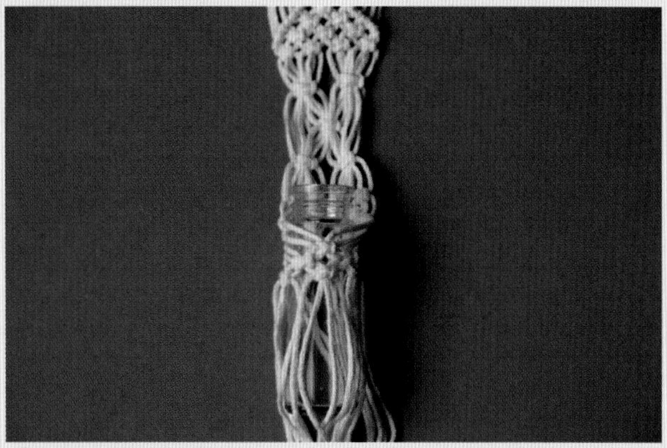

19 Nun werden rundum 9-10 Reihen versetzte Kreuzknoten geknüpft, dabei darauf achten, dass die Vase straff sitzt.

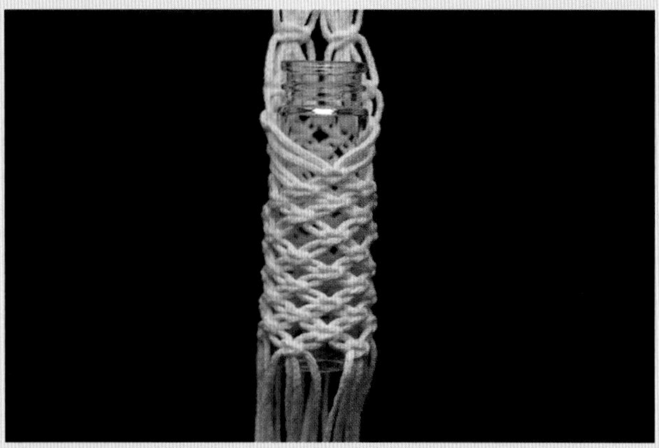

20 Aus den beiden längsten Fäden über alle Fäden einen festen Kreuzknoten knüpfen und die beiden Knüpffäden direkt nach dem Knoten mit einem Überhandknoten sichern.

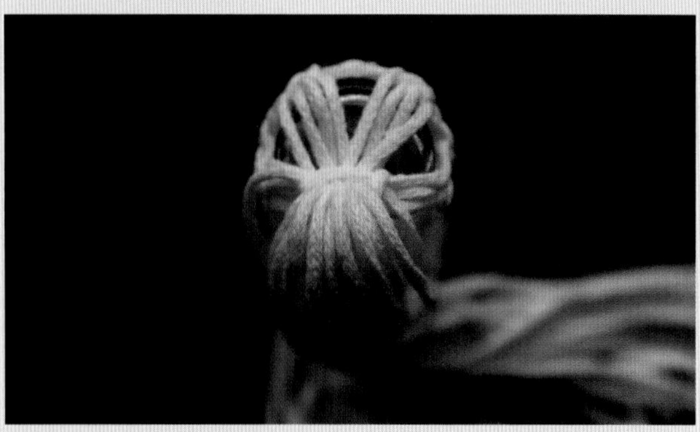

21 Jedes Fadenende nach ca. 12 cm mit einem Überhandknoten versehen, nach 0,5 cm die Fäden abschneiden.

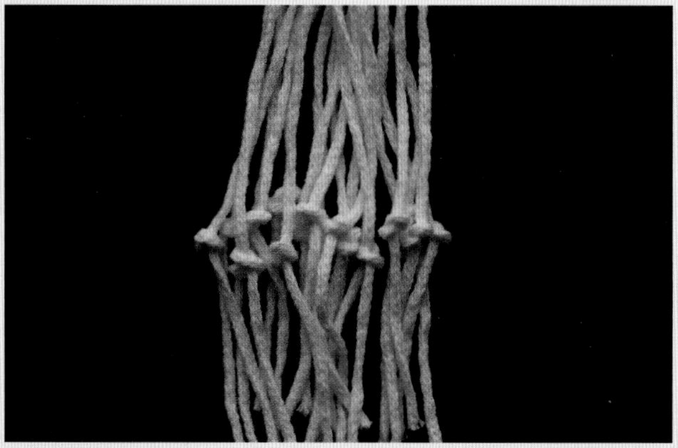

22 Für die beiden danebenliegenden Bänder jeweils 8 Fäden mit etwas Abstand am Holz einhängen und die Schritte bis Punkt 7 wiederholen. Damit die Länge der Bänder etwas variiert beim mittleren Band 10 Reihen versetzte Kreuzknoten (anstatt 4) und beim rechten Band nur 2 Reihen knüpfen. Die restlichen Knoten weiterknüpfen.

23 Aufhängung: Alle 4 Fäden mit einem straffen Überhandknoten verbinden. Am Rand 2 Fäden vor und 2 Fäden hinter das Treibholz legen und einen festen Kreuzknoten knüpfen. 14 weitere Kreuzknoten fertigen, dabei jeweils zwischen den Knoten ca. 0,5 cm Abstand lassen und bei jedem Knoten die Knüpf- mit den Leitfäden tauschen. Am anderen Ende des Treibholzes 2 Fäden vor und 2 Fäden hinter das Holz legen und mit einem straffen Überhandknoten fixieren. Fadenenden abschneiden.

WANDBEHANG
aus Jute

MATERIAL

Jutegarn, ø 2 mm
- 64 Fäden, je 4,5 m lang
- 16 Fäden, je 3 m lang
- 4 Fäden, je 1,2 m lang

Für die Aufhängung:
4 Fäden, je 0,8 m lang
2 Fäden, je 2 m lang
1 Ast/Treibholz/Rundholzstab, ca. 70 cm lang
4 Blumentöpfe aus Ton, ø 7–8 cm

GRÖSSE

ca. 70 cm x 70 cm

VERWENDETE KNOTEN

Einhängen
Kreuzknoten
Versetzte Kreuzknoten
Überhandknoten
Abbinden

1 Die 4,5 m langen Fäden mitteln und am Holz einhängen.

2 Aus je 4 Fäden 4 Reihen versetzte Kreuzknoten knüpfen, zwischen den einzelnen Knoten immer etwas Abstand lassen.

3 Versetzt darunter aus je 4 Fäden ein Kreuzknotenband aus je 3 Knoten fertigen. Wiederum versetzt darunter 2 Reihen versetzte Kreuzknoten knüpfen.

4 Schritt 3 einmal wiederholen, jedoch 3 Reihen versetzte Kreuzknoten knüpfen.

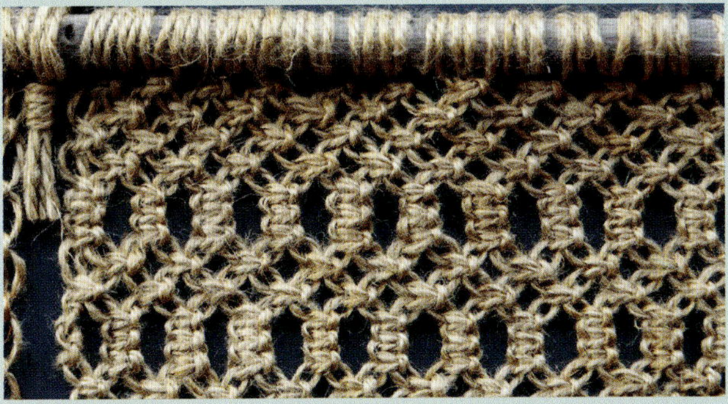

Aus jeweils 32 Fäden ein Band knüpfen:

5 Fäden spannen und im Abstand von 2,5 cm aus 2 Knüpf- und 6 Leitfäden je einen festen Kreuzknoten knüpfen.
→ 4 Knoten.

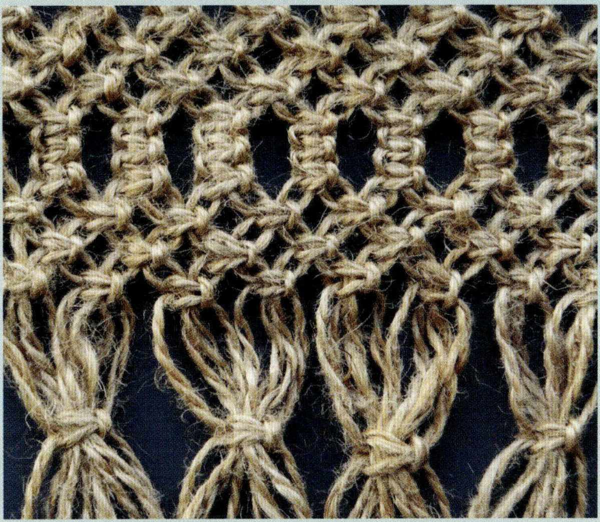

6 Fäden wieder straff spannen und unter der letzten Reihe im Abstand von 2,5 cm versetzt am Rand jeweils aus 4 Fäden und in der Mitte aus je 8 Fäden Kreuzknoten knüpfen.
→ 5 Knoten

7 Die Länge der einzelnen Bänder variiert, da die Töpfchen in unterschiedlichen Höhen angebracht werden:
1. Band von links: Schritt 5–6 einmal und dann noch einmal Schritt 5 wiederholen.
2. Band von links: Schritt 5–6 zweimal und dann noch einmal Schritt 5 wiederholen.
3. Band von links: Schritt 5–6 dreimal und dann noch einmal Schritt 5 wiederholen.
4. Band von links: Schritt 5–6 viermal und dann noch einmal Schritt 5 wiederholen.

8 Aus je 4 Fäden 3 Reihen versetzte Kreuzknoten knüpfen. In der 4. Reihe die jeweils äußeren 6 Fäden nicht mitknüpfen.

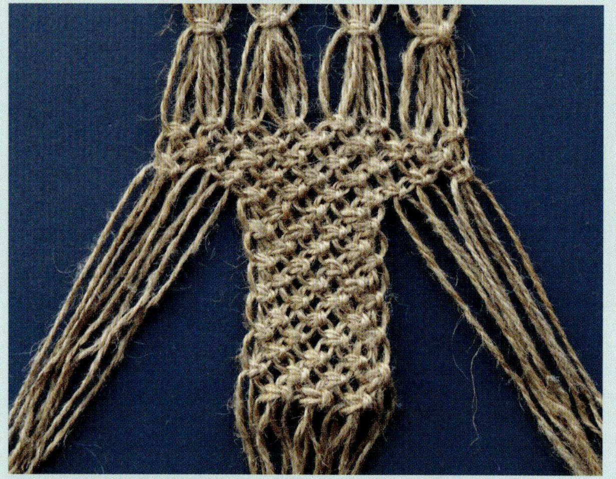

9 11 Reihen versetzte Kreuzknoten aus den mittleren 16 Fäden knüpfen. Am Rand jeweils 8 Fäden nicht mitgeknüpfen.

Töpfchen einknüpfen:

10 Einen Topf auf die letzten 11 Reihen versetzte Kreuzknoten legen. Jeweils den äußeren Faden nach vorne zur Topfmitte führen und einen 1,2 m langen Faden unter die beiden Fäden legen und mit einem Kreuzknoten anknüpfen.

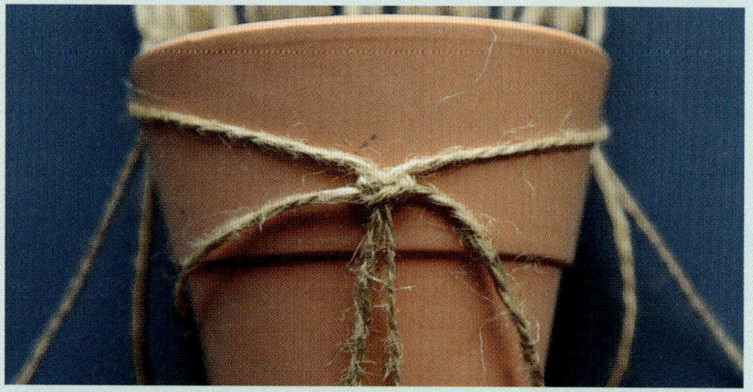

11 Jeweils die beiden äußeren Fäden wieder zur Topfmitte führen und 2 versetzte Kreuzknoten arbeiten.

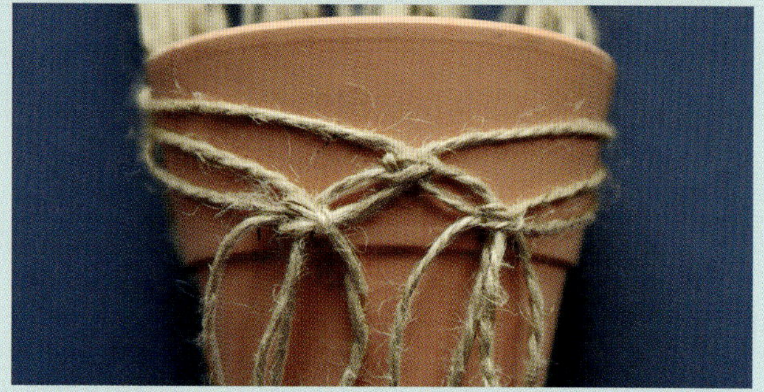

12 Wieder jeweils die beiden äußeren Fäden nach vorne legen und 3 versetzte Kreuzknoten knüpfen.

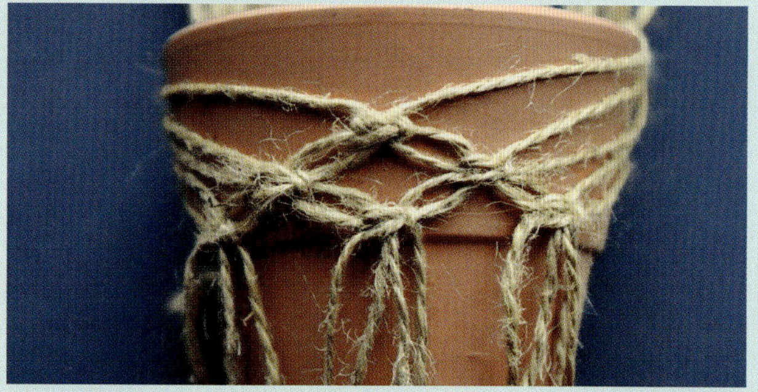

13 Beidseitig wieder je 2 Fäden nach vorne führen und 4 versetzte Kreuzknoten knüpfen.

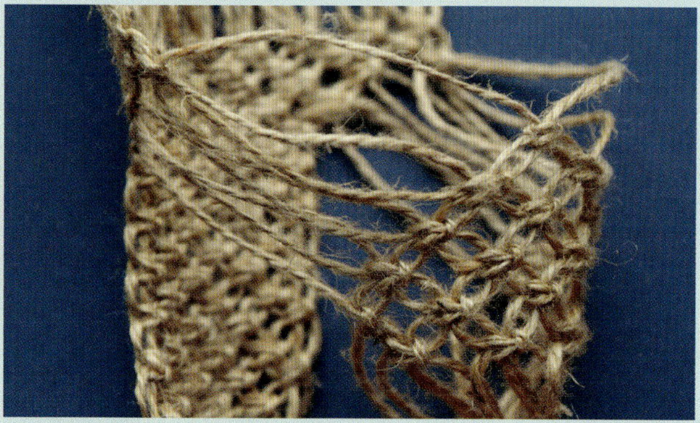

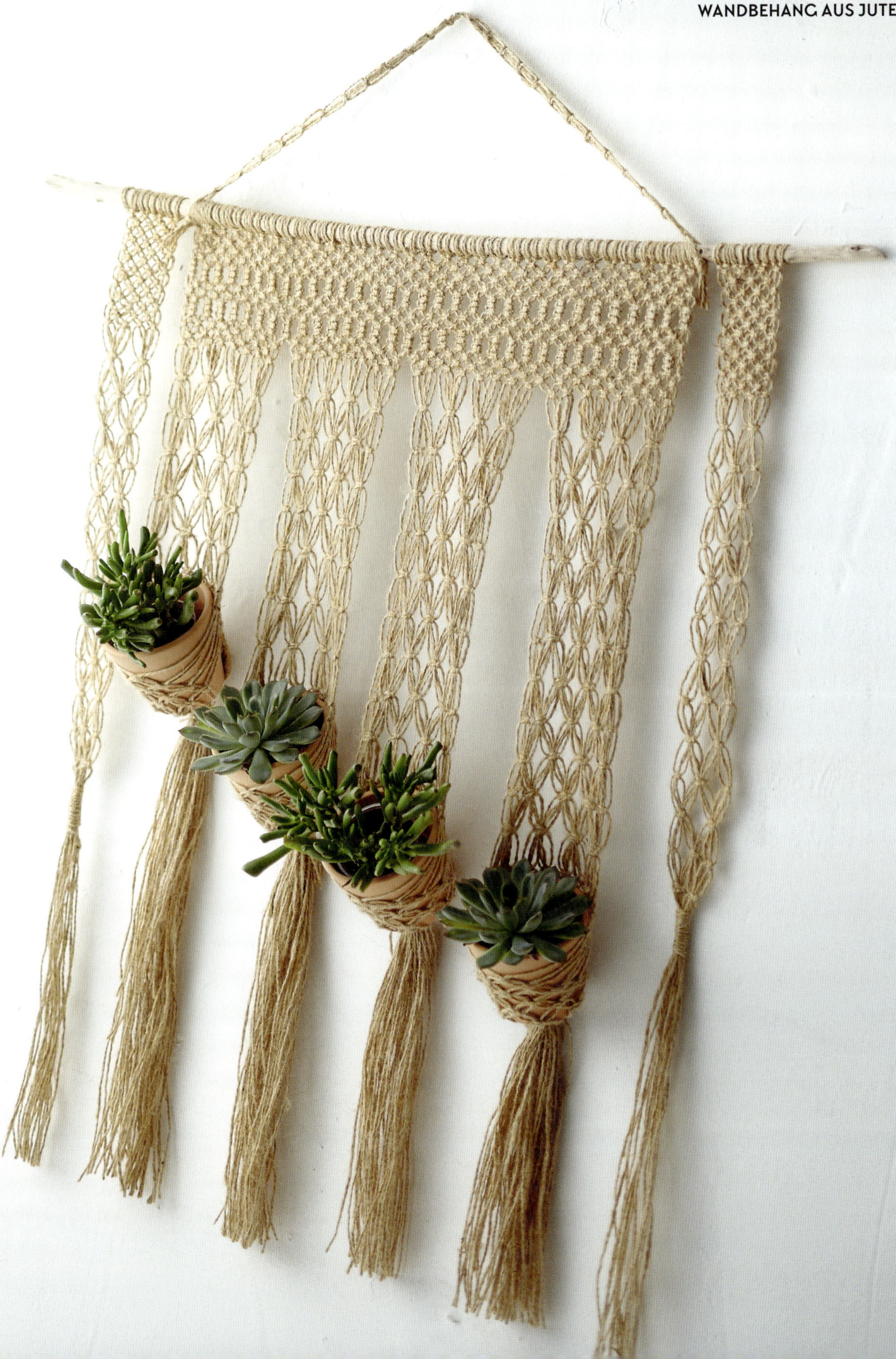

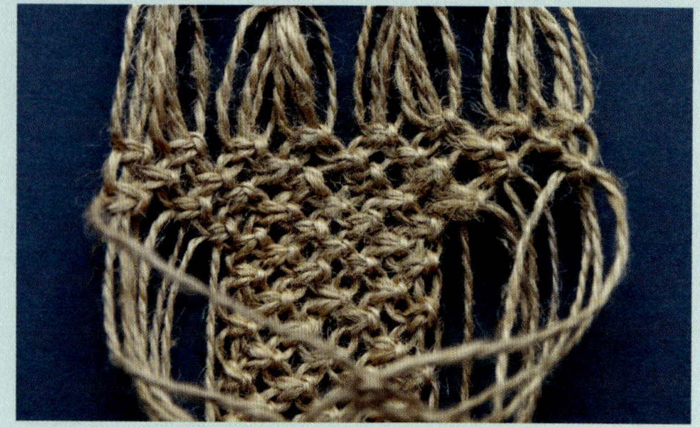

14 Nun jeweils nur 1 Faden von der Seite dazu knüpfen, d. h. die beiden äußeren Kreuzknoten nur jeweils mit 1 Leit- und 2 Knüpffäden, dazwischen 3 Kreuzknoten aus je 4 Fäden arbeiten.

15 In der nächsten Reihe je einen Faden außen hängen lassen und dazwischen 4 Kreuzknoten knüpfen.

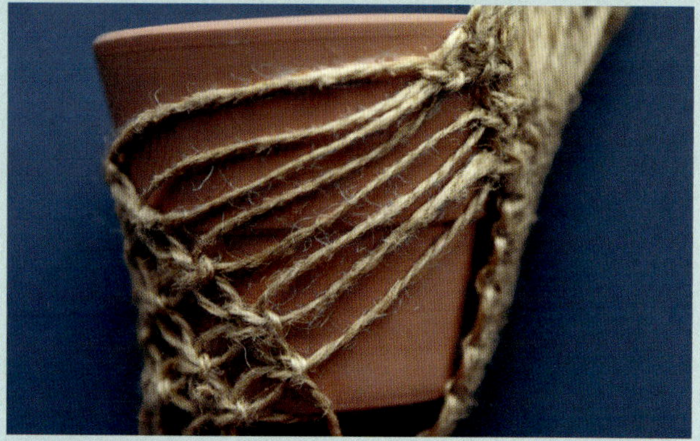

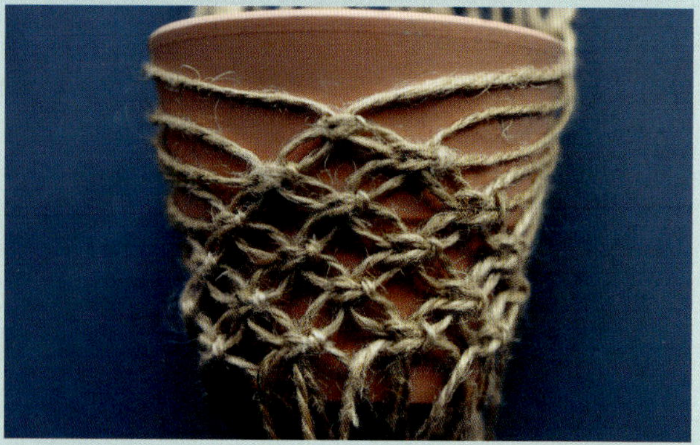

16 Alle Fäden unter dem Töpfchen mit einem Kreuzknoten aus den beiden längsten Fäden als Knüpf- und 32 Leitfäden knüpfen. Beide Knüpffäden direkt nach dem Knoten mit einem straffen Überhandknoten versehen. Variation: Mit dem längsten Faden eine Schlinge legen, von oben alle Fäden fest umwickeln und den langen Faden durch die Schlinge ziehen. Fadenenden nach ca. 30–40 cm abschneiden, sodass alle Enden gleich lang sind.

17 Seitenmuster: Jeweils am Rand 8 Fäden, 3m lang, mitteln und einhängen. 13 Reihen versetzte Kreuzknoten knüpfen, zwischen den einzelnen Knoten etwas Abstand lassen.

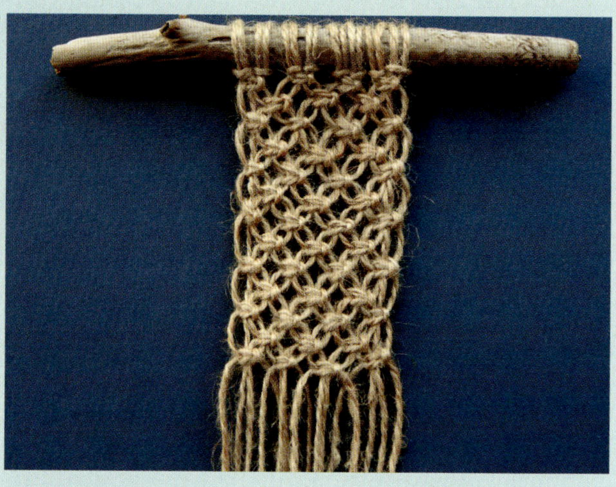

18 Fäden spannen und im Abstand von 2,5 cm aus je 8 Fäden 2 Kreuzknoten knüpfen.

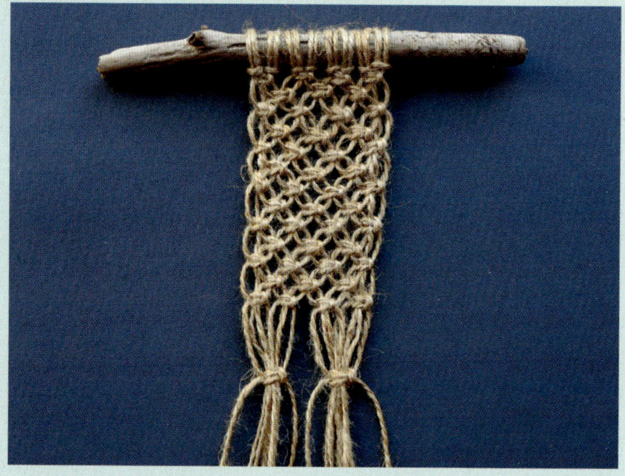

19 Fäden spannen und im Abstand von 2,5 cm aus den jeweils 4 Fäden am Rand je 1 und aus den mittleren 8 Fäden 1 Kreuzknoten knüpfen.

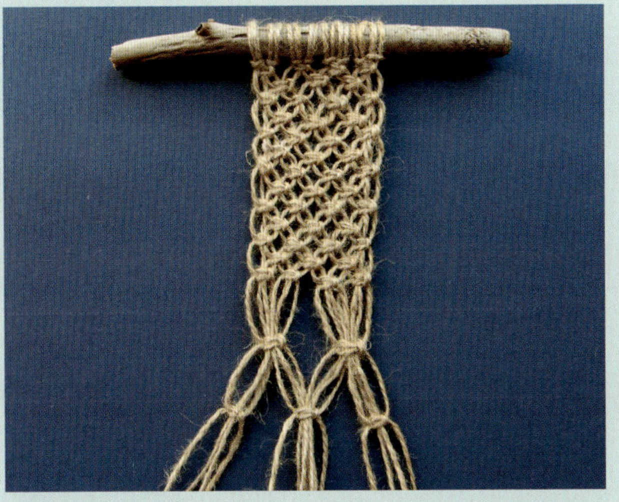

20 Schritt 18–19 je fünfmal und Schritt 18 noch einmal wiederholen.

21 Mit dem längsten Faden abbinden. Eine Schlinge legen und von oben straff alle Fäden umwickeln. Faden durch die Schlinge ziehen und nach ca. 27 cm Fäden abschneiden.

Aufhängung:

22 Alle 6 Fäden mit einem straffen Überhandknoten verbinden. Fadenenden nach ca. 2 cm abschneiden. 3 Fäden vor und 3 Fäden hinter das Holz legen (zwischen Seiten- und Mittelstück). Nach dem Holz einen straffen Kreuzknoten aus 2 langen Knüpf- und 4 kurzen Leitfäden fertigen.

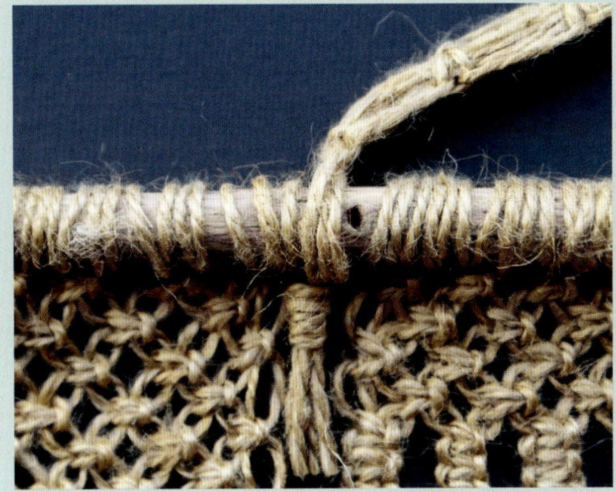

23 Weitere 24 Kreuzknoten aus zwei langen Knüpf- über 4 kurzen Leitfäden knüpfen, zwischen den Knoten jeweils 1,5 cm Abstand lassen. Das Band auf der rechten Seite wieder mit einem straffen Überhandknoten unter dem Holzstab fixieren. Fadenenden abschneiden.

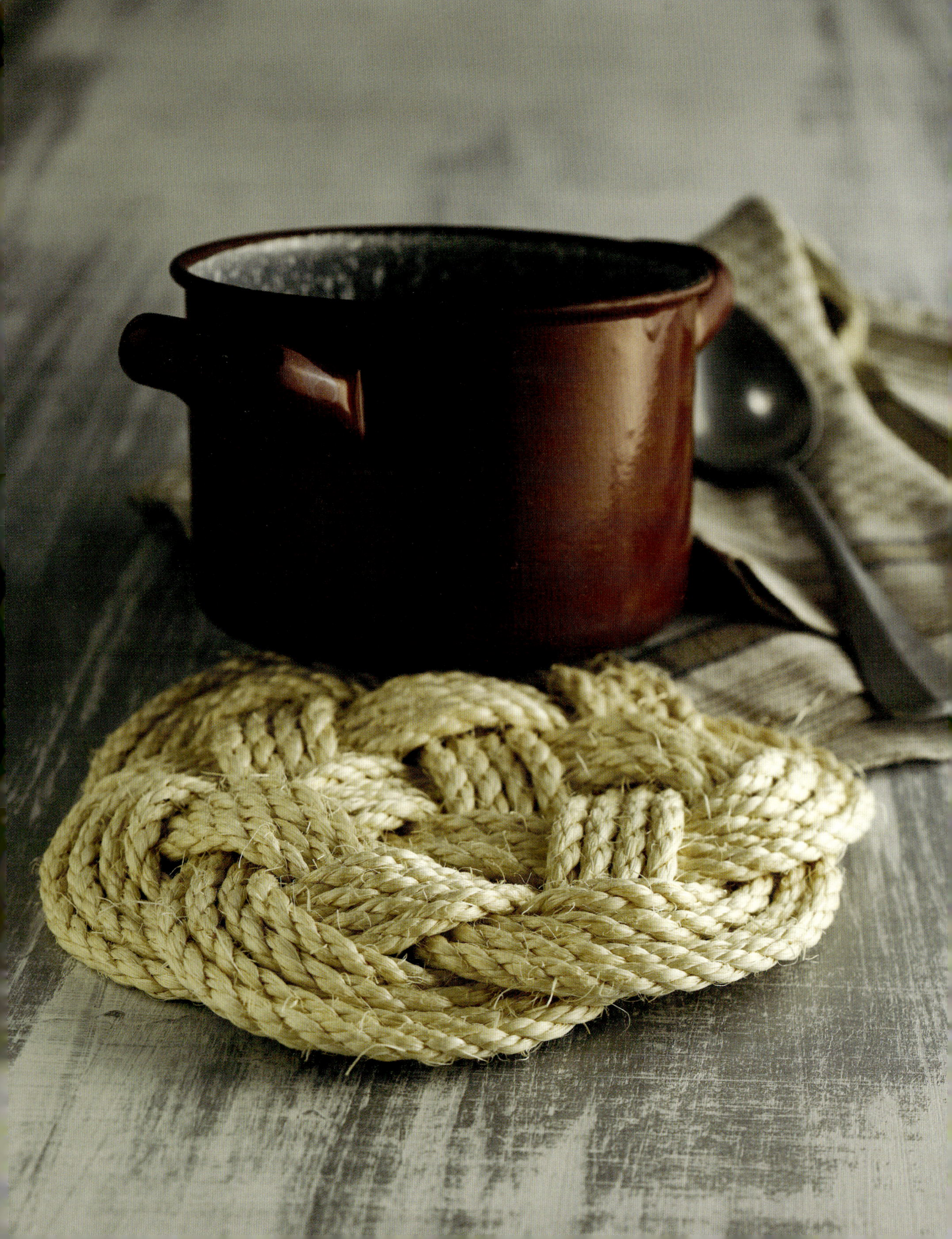

TOPFUNTERSETZER *im Knotenlook*

MATERIAL

Sisalseil, ø 6 mm, 4,5 m lang

GRÖSSE

ca. ø 19 cm

VERWENDETE KNOTEN

Variation Türkischer Bund (Ozeanmatte)

1 Die beiden Schnurenden mit Klebeband abkleben. Mit dem langen Schnurende eine Schlinge nach rechts legen

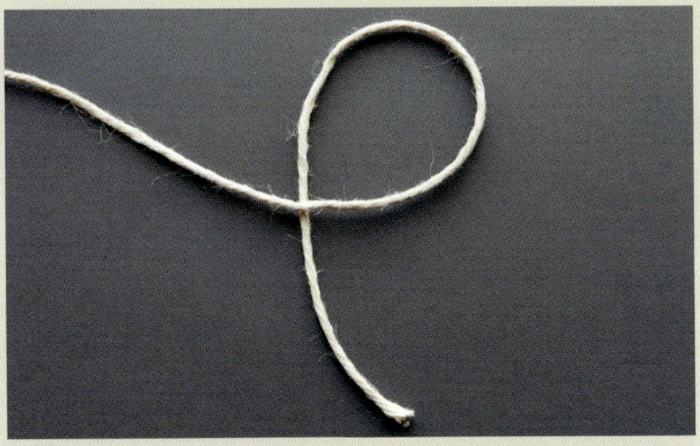

2 Eine weitere Schlinge nach links auf die 1. Schlinge legen.

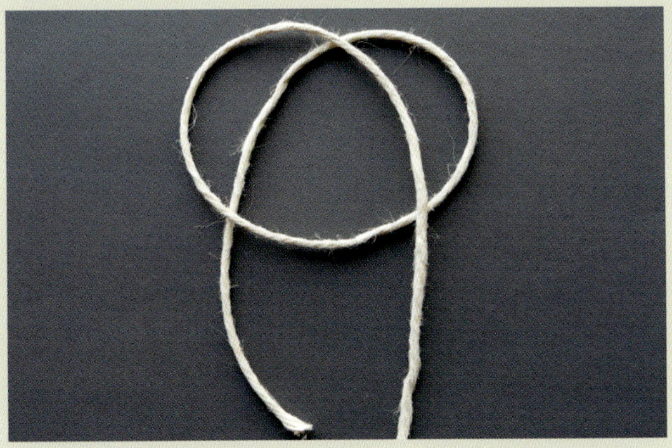

3 Die 3. Schlinge nach vorne, parallel neben den Anfangsfaden, legen und mit dem langen Fadenende unter der Schlinge nach rechts durchweben.

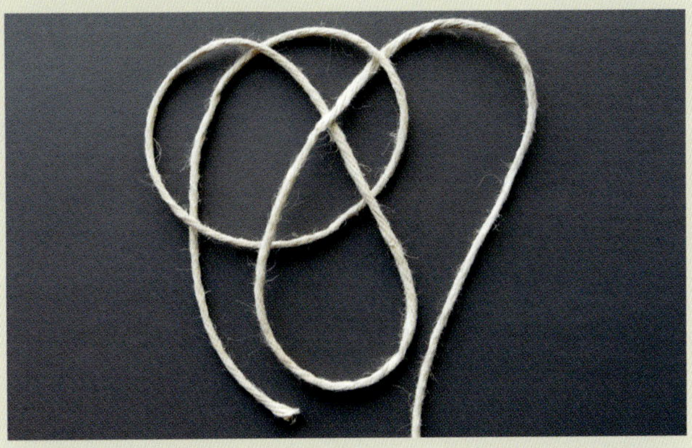

4 Mit dem langen Faden über die letzte Schlinge, unter dem Anfangsfaden durch und über den linken Schlingenbogen weben.

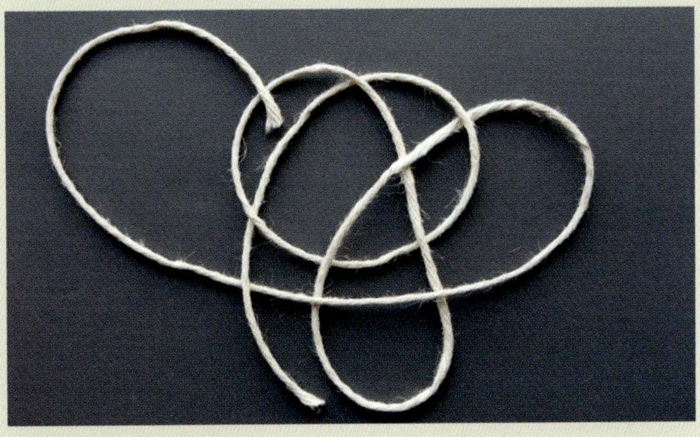

5 Unter der nächsten Schlinge den Faden nach rechts führen

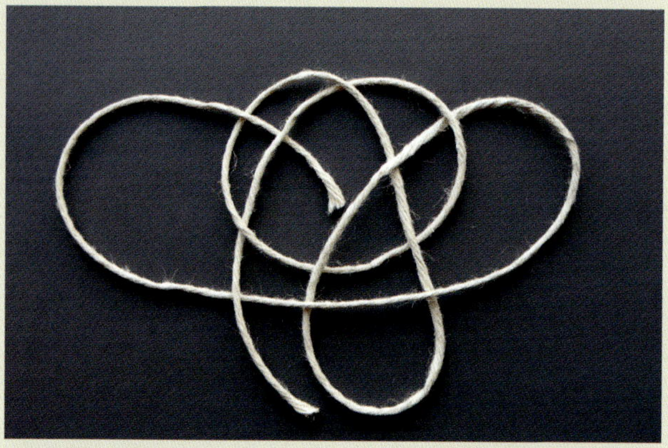

6 Über, unter und über die nächsten Schlingen weben.

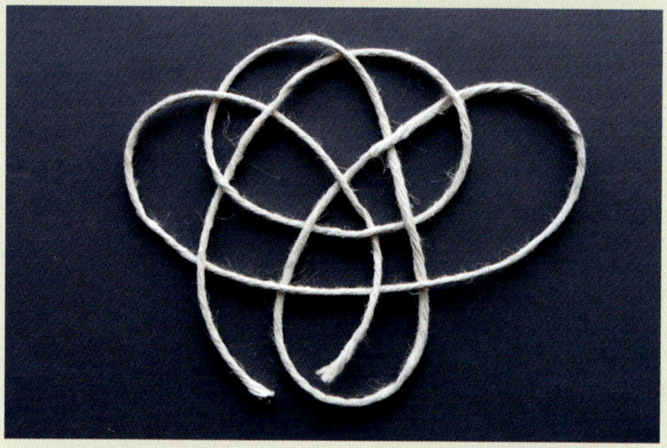

7 Unter dem nächsten Schlingenbogen das Fadenende nach links führen, sodass Anfangsfaden und Fadenende parallel nebeneinander liegen.

8 Den Knoten locker symmetrisch ziehen und den Führungs- bzw. Knüpffaden solange durch den ganzen Knoten führen, bis sich alle Bögen verdoppelt, anschließend verdrei- und vervierfacht haben.

Der Knoten muss locker liegen, damit die Vervielfachungen durchwoben werden können und nebeneinander Platz haben. Die losen Stellen immer wieder nachziehen, erst weiter verdoppeln, wenn alle Schlingen gleichmäßig sind. Ist der Knoten fest und die Vervielfachungen symmetrisch, die Fadenenden abschneiden und auf der Rückseite beide Fadenenden zusammennähen.

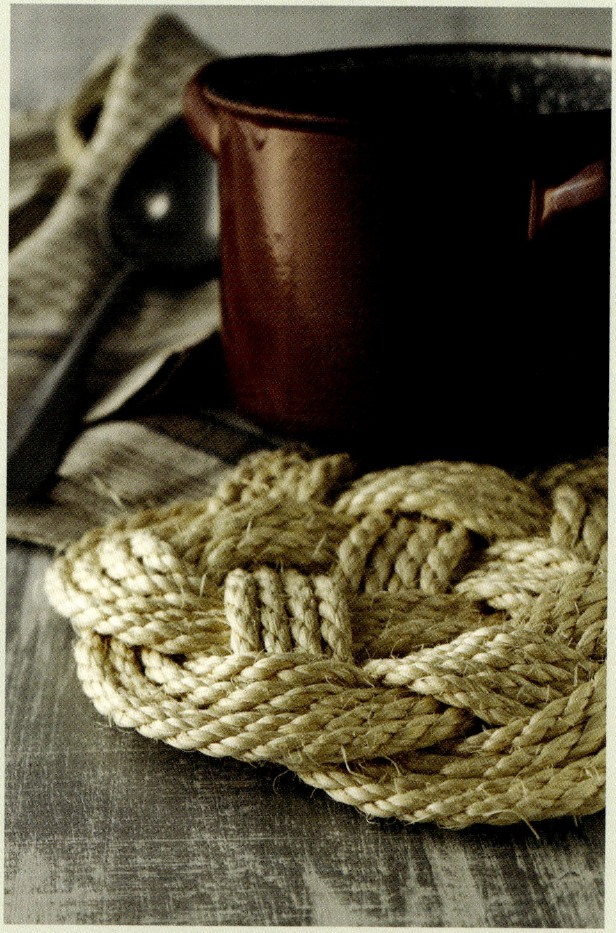

GIRLANDE

mit Perlen

MATERIAL

Baumwollgarn in Weiß, gedreht, ø 3–4 mm

42 Fäden, je 2,6 m lang

2 Aufhängefäden, je 90 cm lang

8 Oliven aus Fimo, ca. 12 mm lang

6 Perlen aus Fimo, ø ca. 1,2 cm

GRÖSSE

50 cm x 35 cm

VERWENDETE KNOTEN

Überhandknoten

Kreuzknoten versetzt

Rippenknoten

1 Am Aufhängefaden ca. 20 cm vom Ende entfernt, alle Fäden mitteln und doppelt einhängen, jeweils zwischen 6 Fäden und an beiden Enden eine Olive auffädeln. Fadenenden des Einhängefadens mit einem Überhandknoten versehen.

2 Aus je 4 Fäden eine Reihe Kreuzknoten knüpfen.
* In der 2. Reihe jeweils am Rand 2 Fäden hängen lassen und versetzt eine weitere Reihe Kreuzknoten fertigen, dabei für die Kreuzknoten unter den Oliven die Fäden spannen – so wird dieser Knoten größer .

3 1. und 7. Strang: Dreimal Schritt 2 wiederholen und eine weitere Reihe versetzte Kreuzknoten anfügen.

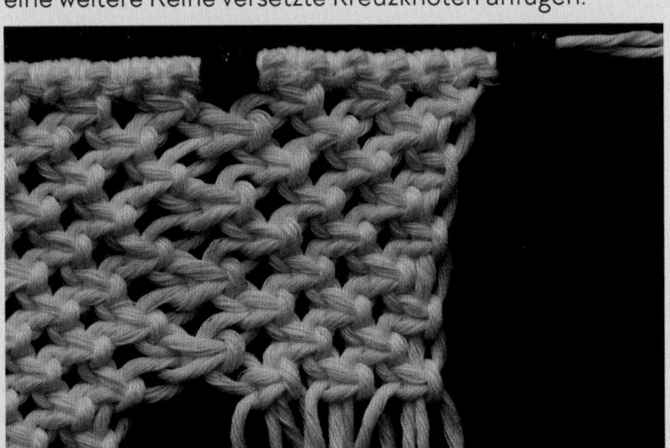

4 Abschluss aus je 12 Fäden:
2 Kreuzknoten versetzt – rechts und links je 2 Fäden hängen lassen
3 Kreuzknoten versetzt –
2 Kreuzknoten versetzt – rechts und links je 2 Fäden hängen lasen
1 Kreuzknoten aus den mittleren 4 Fäden knüpfen.

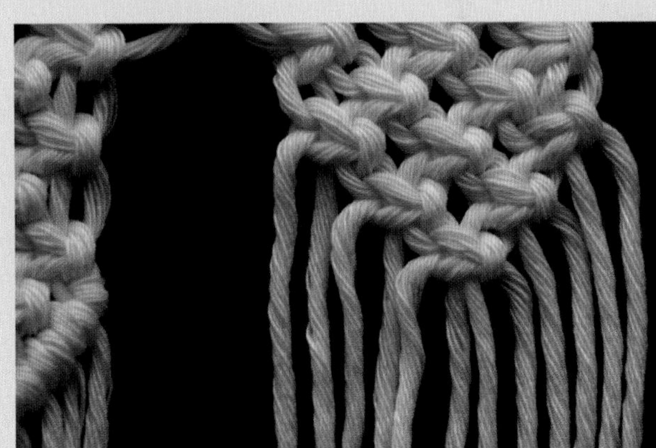

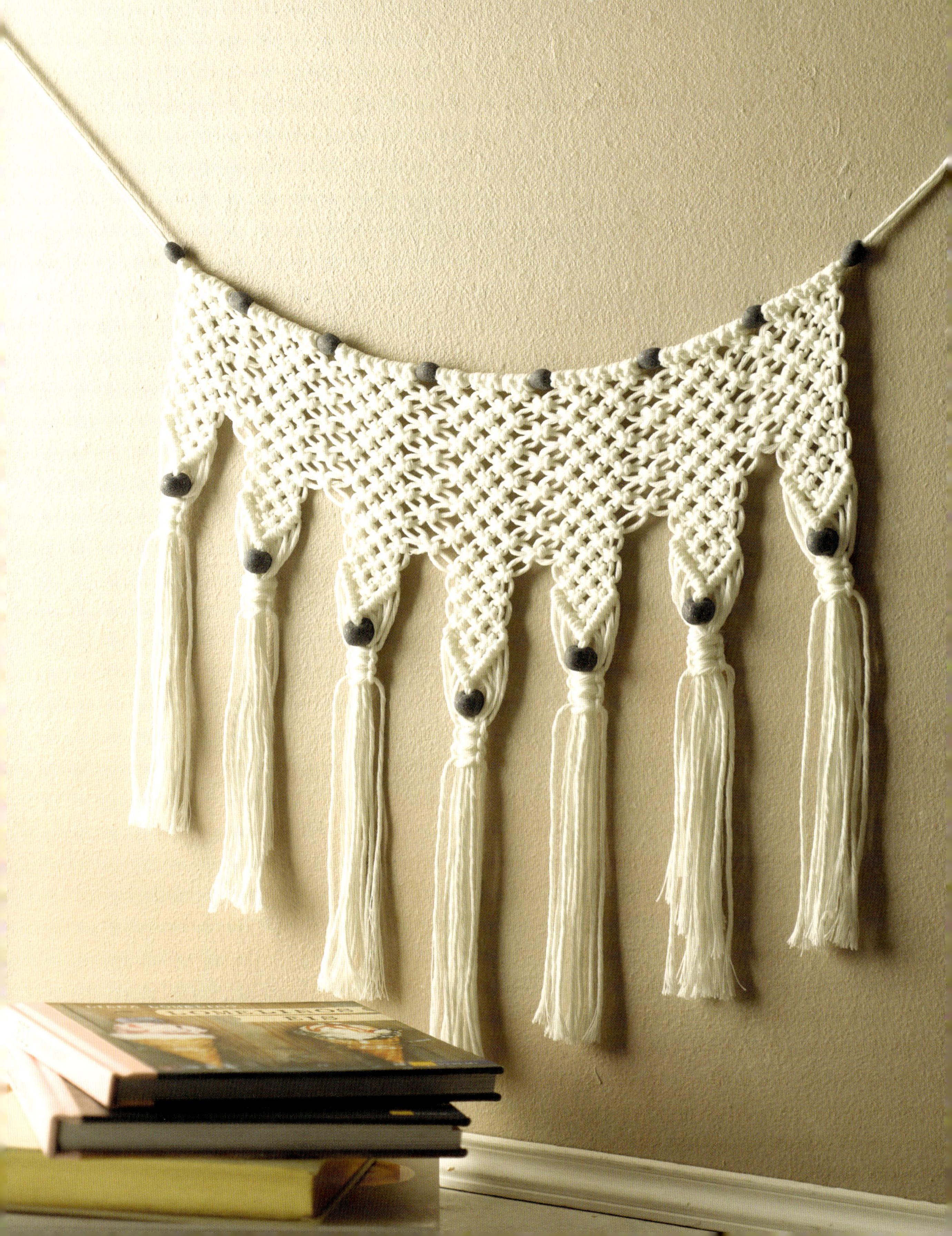

5 Jeweils mit den beiden äußeren Fäden als Leitfäden schräg zur Mitte 5 Rippenknoten knüpfen.

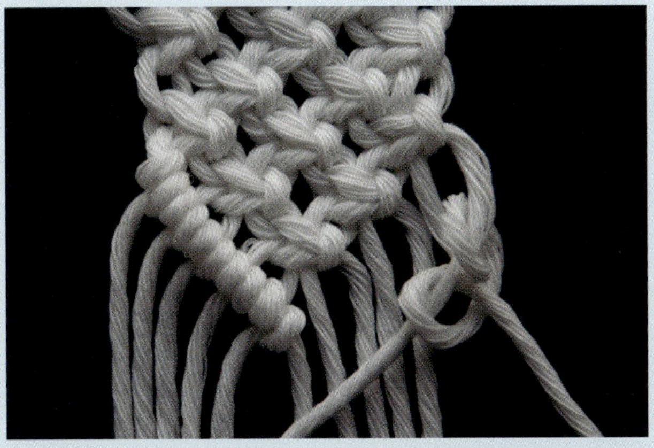

6 Den rechten Leitfaden an den linken Faden mit einem Rippenknoten anknüpfen.

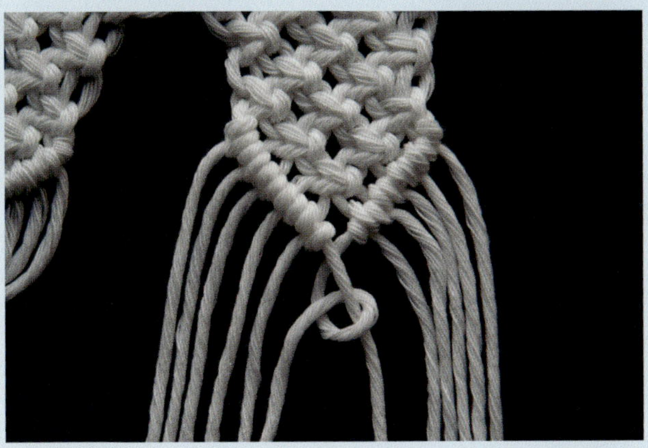

7 Alle Fäden spannen, auf die beiden mittleren Fäden eine Perle aufziehen.

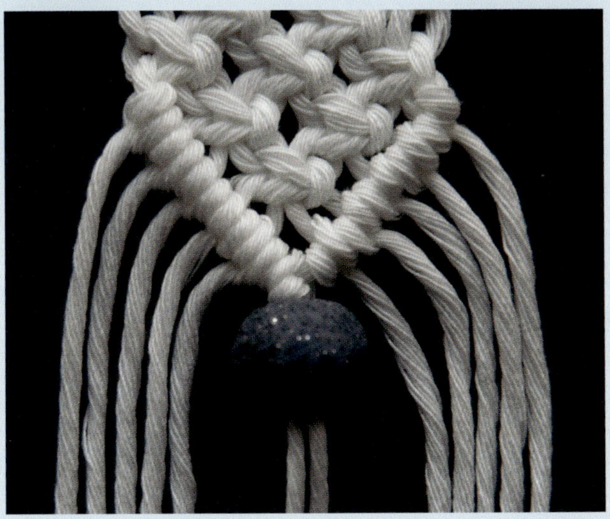

8 Mit 3 Kreuzknoten über 10 Leitfäden abschließen.

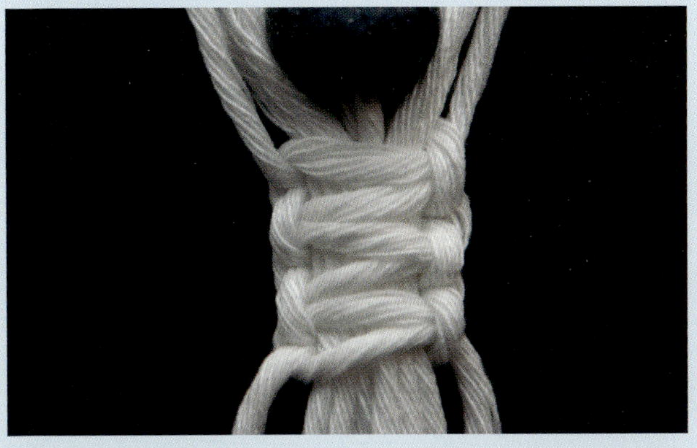

9 2. und 6. Strang: Schritt 2 wiederholen, Fäden am Rand wieder mitknüpfen und eine weitere Reihe versetzte Kreuzknoten ausführen. Schritt 4 bis 8 wiederholen.

10 3. und 5. Strang: An jeder Seite die beiden fertigen Stränge zur Seite legen und Schritt 2 noch einmal wiederholen, sowie eine Reihe Kreuzknoten versetzt knüpfen. Schritt 4 bis 8 ein weiteres Mal wiederholen.

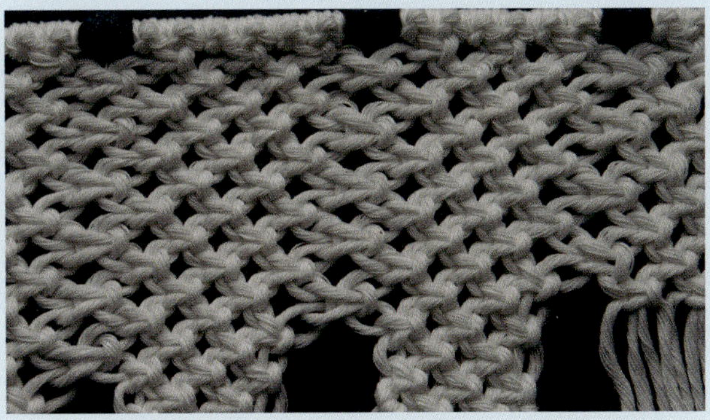

11 Mittlerer Strang: Schritt 4 bis 8 wiederholen und bei Schritt 4 zwei weitere Reihen versetzte Kreuzknoten knüpfen, sodass dies der längste Strang ist.

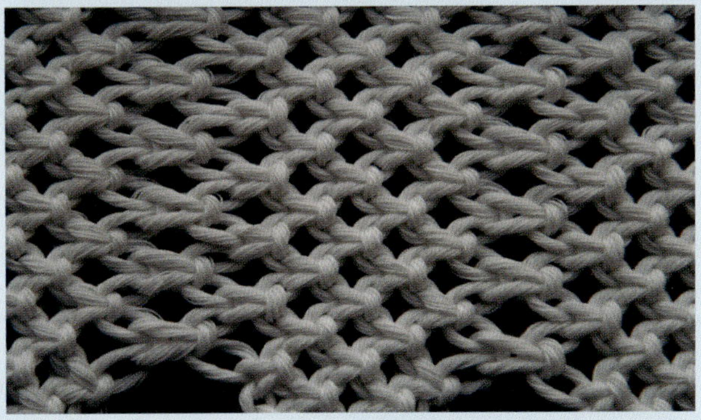

12 Fäden nach ca. 18 cm abschneiden.

ZWEI EULEN

aus Jute

MATERIAL

Jutegarn in Natur, ø 4 mm
- 10 Fäden, je 2,5 m lang
- 4 Fäden, je 1,6 m lang
- 26 Fäden, je 15 cm lang
- 2 Fäden, je 0,7 m lang (für die Aufhängung)

2 Treibholzstücke, 20–25 cm lang
2 Metallringe, ø 2,5 cm
2 Holzperlen in Rostbraun, ø 1 cm

GRÖSSE

ca. 45 cm lang

VERWENDETE KNOTEN

Einhängen Kreuzknoten
Versetzte Kreuzknoten
Erbsknoten
Rippenknoten
Umwickeln
Kettknoten
Kapuzinerknoten
Überhandknoten

1 Die langen Fäden mitteln und am Holz einhängen. Aus den mittleren 12 Fäden 3 Kreuzknoten knüpfen, versetzt darunter 2 und wieder versetzt darunter 1 Kreuzknoten aus den mittleren 4 Fäden knoten. An jeder Seite 4 Fäden hängen lassen, und mit den danebenliegenden Fäden als Leitfäden, jeweils eine Reihe Rippenknoten schräg zur Mitte knüpfen. Dabei in der Mitte den rechten Leitfaden an den linken Leitfaden mit nur einer Schlinge anknüpfen.

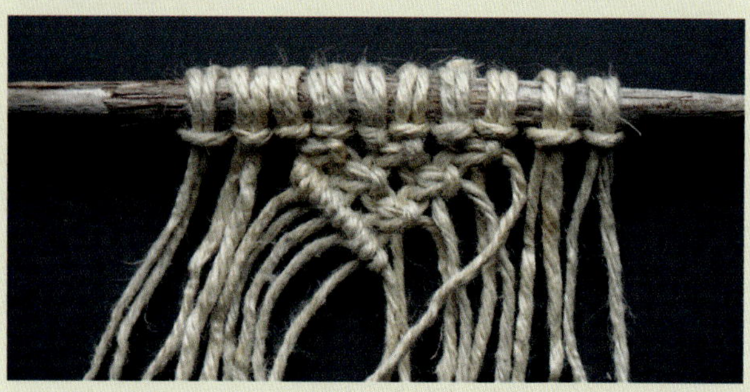

2 Jeweils 2 weitere Rippenknotenreihen mit den danebenliegenden Fäden dicht an die 1. Reihe anschließen. In der Mitte wieder den rechten Leitfaden an den linken Leitfaden mit einer Schlinge anknüpfen.

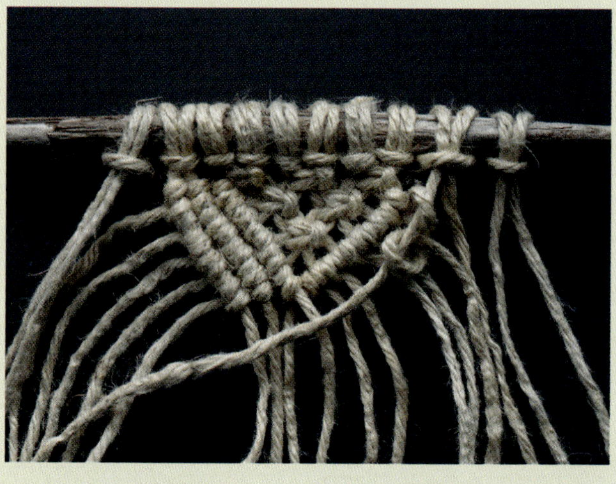

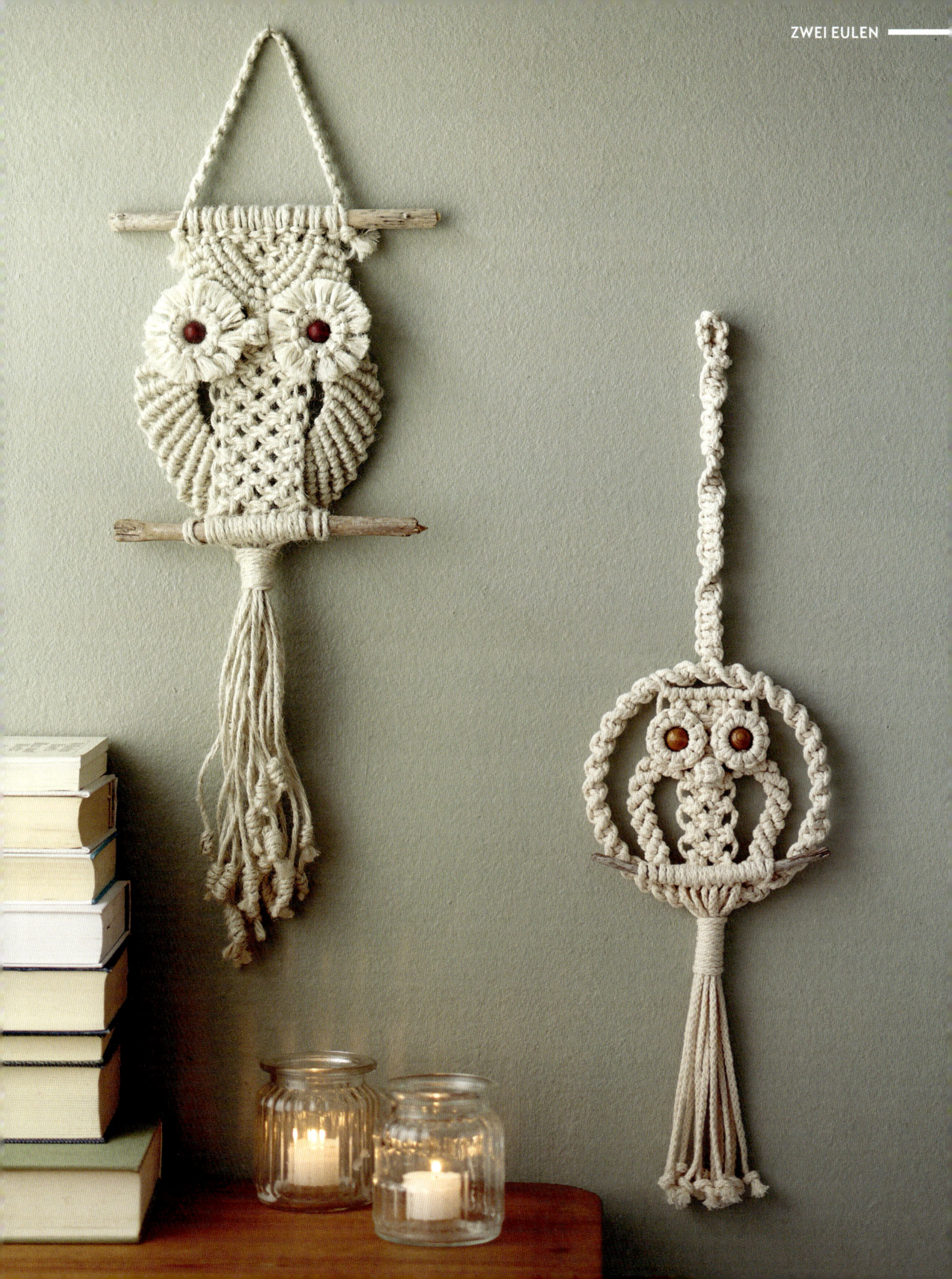

3 Nun hängen beidseitig noch 2 Fäden. Der 3. Faden von außen ist nun der Leitfaden für 2 Rippenknoten schräg nach außen. Die beiden äußeren Fäden sind die Knüpffäden. In der 2. Reihe wird der 4. Faden als Leitfaden nach schräg außen verwendet. Nun werden 3 Fäden mit Rippenknoten angeknüpft. Die 3. Reihe anschließen und 4 Rippenknoten knüpfen. In jeder Reihe wird der Leitfaden der vorherigen Reihe mit angeknüpft.

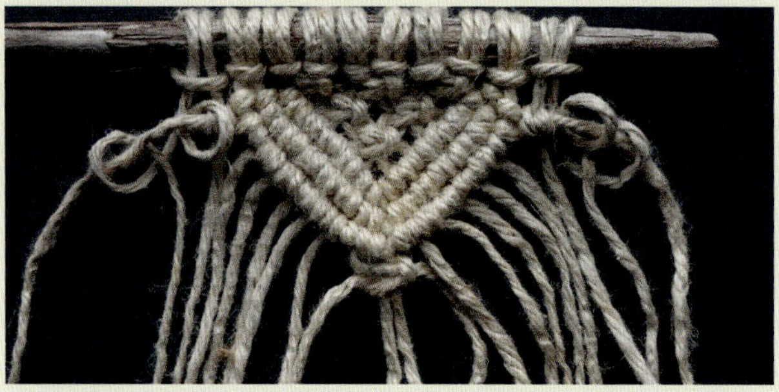

4 Aus den mittleren 4 Fäden 1 Kreuz- und 1 Erbsknoten knüpfen.

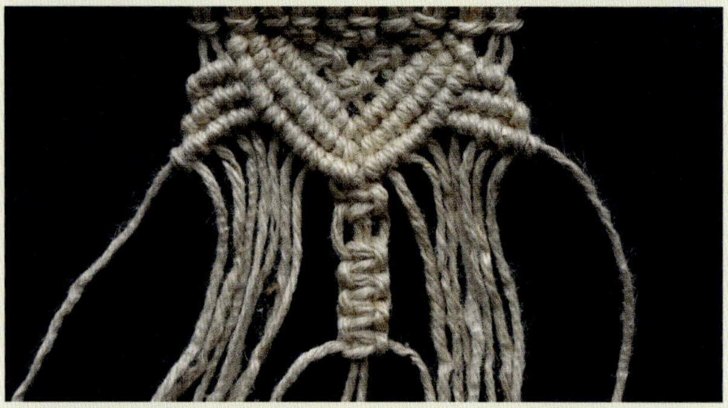

5 Beidseitig aus je 6 Leit- und 2 Knüpffäden einen Kreuzknoten mit etwas Abstand zu den Rippenknoten fertigen.

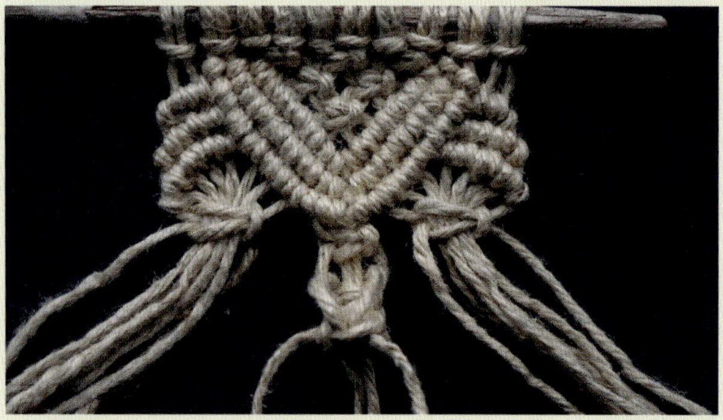

6 Unter den Erbsknoten aus je 4 Fäden versetzt 2 Kreuzknoten knüpfen, dabei die beiden äußeren Fäden hängen lassen. In der nächsten Reihe 3 versetzte Kreuzknoten knüpfen. 12 weitere Reihen versetzte Kreuzknoten anschließen, dabei zwischen den einzelnen Knoten immer etwas Abstand lassen.

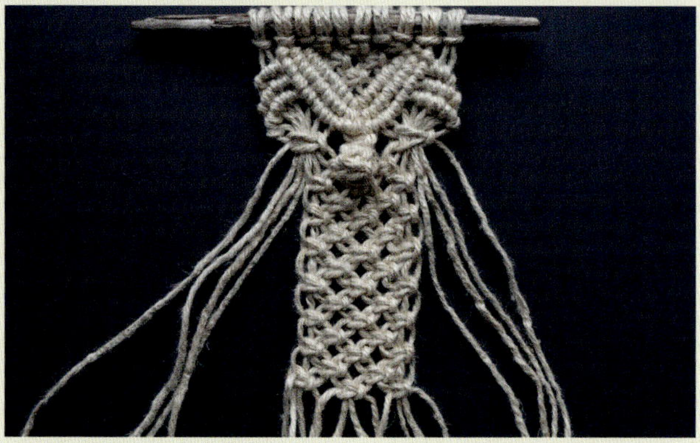

7 Alle Fäden mit Rippenknoten am Treibholz anknüpfen.

8 Nun befinden sich an jeder Seite noch 4 Fäden.
Für den Flügel von innen nach außen 12 Reihen Rippenknoten fertigen, dabei jede Reihe in der Mitte beginnen und schräg nach außen knüpfen. Jeweils den Leitfaden der vorherigen Reihe mit anknüpfen.
In der 1. Reihe werden zwei zusätzliche 1,6 m lange Fäden gemittelt und zwischen den Rippenknoten eingehängt:
2 Rippenknoten – 1 Faden am Leitfaden einhängen – 1 Rippenknoten – 1 Faden einhängen – 1 Rippenknoten
→ 7 Knüpf- und 1 Leitfaden.

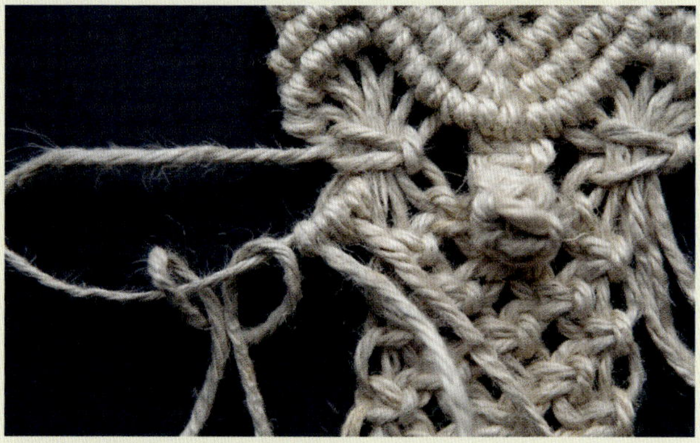

9 Die Eule umdrehen und beide Eulenflügel auf der Rückseite mit senkrechten Rippenknoten verbinden, durch leichtes nach innen drehen erscheinen die Flügel plastisch. Von oben aus je 2 Fäden vom rechten und linken Flügel in 1 straffen senkrechten Rippenknoten arbeiten (3 Leit-, 1 Knüpffaden). Alle 4 Fäden in die Mitte legen und von außen 1 weiteren Faden als Leitfaden in die Mitte nehmen und mit einem Faden über allen Fäden einen senkrechten Rippenknoten fertigen. Fortfahren bis zum Holz.

10 Alle Fäden zusammenfassen und mit dem längsten Faden über allen Fäden abbinden: Eine Schlinge legen und von oben alle Fäden straff umwickeln, Fadenende durch die Schlinge ziehen. Sämtliche Fadenenden in unterschiedlichen Abständen mit Kapuzinerknoten verzieren. Fadenenden nach ca. 1 cm abschneiden.

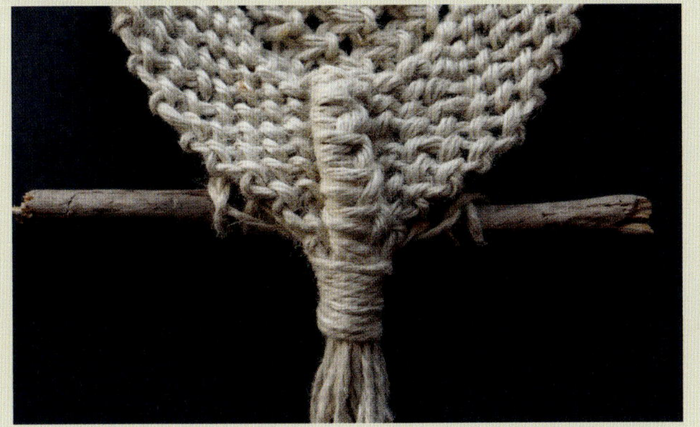

11 Nun geht es an die Augen: An jedem Metallring 13 kurze Fäden mitteln und einhängen. Die Fäden straff anziehen und ausfransen, nun gleichmäßig nach ca. 1–1,5 cm abschneiden. Die Fäden können auf der Rückseite mit etwas Klebstoff fixiert werden. Die Holzkugeln als Augen in die Ringe und anschließend die Augen auf die Eule nähen.

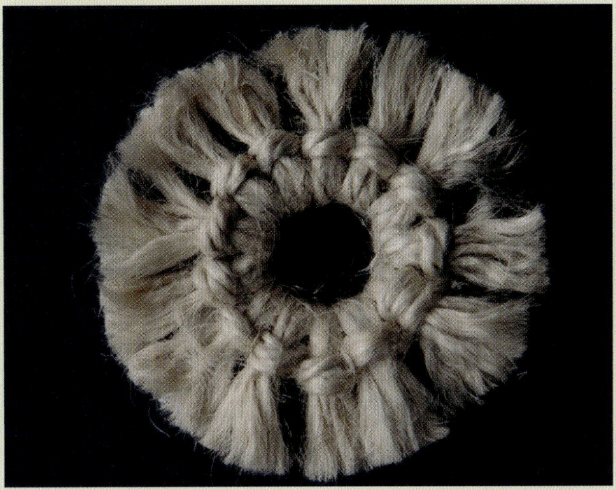

12 Für die Aufhängung die beiden 0,70 m langen Fäden mit einem Überhandknoten versehen, um das obere Treibholz legen und ca. 20 cm lang Kettknoten knüpfen. Je ein Fadenende vor und eines hinter das Holz legen und wieder mit einem straffen Überhandknoten fixieren. Fadenenden nach ca. 1,5 cm abschneiden.

Kleine Eule

MATERIAL

Baumwollgarn in Natur, geflochten, ⌀ 4 mm
- 6 Fäden, je 2 m lang
- 2 Fäden, je 1,1 m lang
- 1 Faden, 5,5 m lang
- 1 Faden, 2 m lang

1 Metallring, ⌀ 15 cm
2 Metallringe, ⌀ 2,5 cm
1 Ästchen, ca. 17 cm lang
2 Holzkugeln in Braun, ⌀ 1,5 cm

GRÖSSE

ca. 55 cm lang

VERWENDETE KNOTEN

Einhängen
Schlingenknoten
Wellenknoten
Kreuzknoten
Erbsenknoten
Versetzte Kreuzknoten
Überhand- oder Kapuzinerknoten

1 Augen: An den kleinen Metallringen je einen 1,1 m langen Faden mittig einhängen und mit Schlingenknoten gegenseitig umknüpfen.

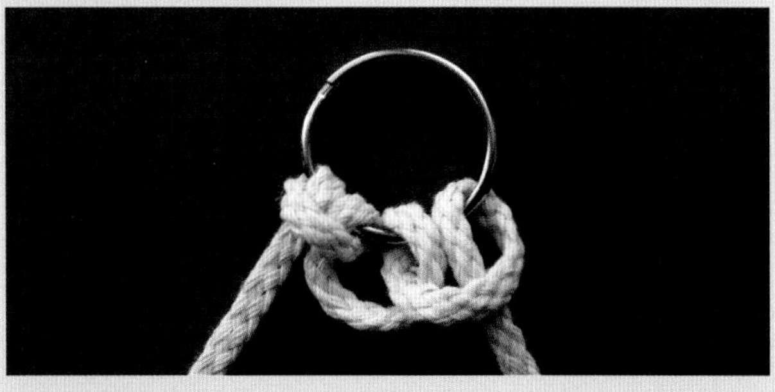

2 Fadenenden auf der Rückseite zusammennähen und abschneiden.

3 Ring umknüpfen: Den 5,5 m langen Faden mittig unter den Metallring legen, mit einem Wellenknoten anknüpfen. Den Ring mit Wellenkoten umknüpfen, dabei ist der Ring der Leitfaden. Mit einer Häkelnadel die Knüpffäden durch den Anfangsknoten ziehen. Einen 2 m langen Faden mittig mit einem Kreuzknoten anknüpfen.

4 Aufhängung: Aus 2 Leit- und 2 Knüpffäden 3 Kreuz- und 6 Wellenknoten knüpfen. Zweimal wiederholen, Einen Erbsknoten aus 7 Kreuzknoten knüpfen.

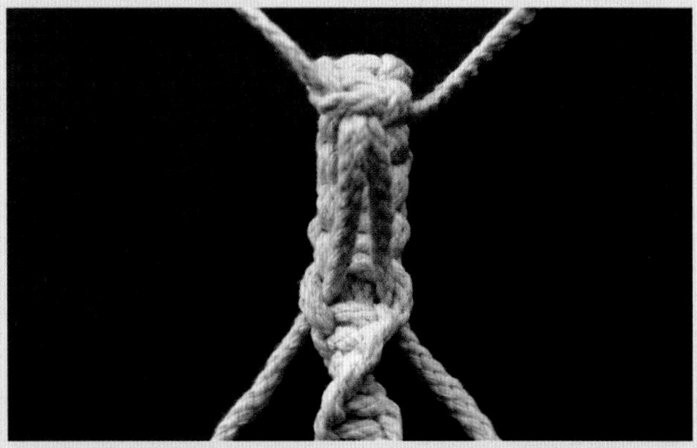

5 Die Leitfäden mit einer Häkelnadel in die letzten Knoten ziehen, die Knüpffäden nach dem Kreuzknoten mit straffen Überhandknoten versehen.

6 Eule: In der Mitte eines 2 m langen Fadens die restlichen 5 Fäden mittig einhängen. Die beiden äußeren Fadenenden einmal um den Ring schlingen, sodass die Aufhängung in der Mitte ist.

7 In der Mitte 2 Kreuzknoten aus je 2 Fäden und versetzt darunter einen Knoten aus 4 Fäden knüpfen.

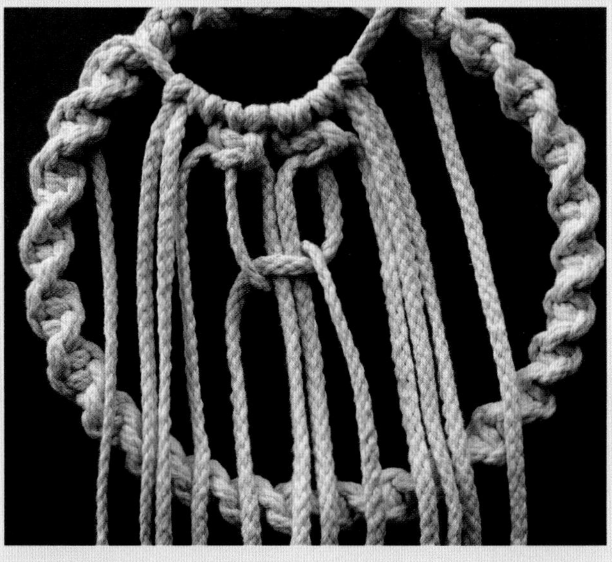

8 Am Rand je 2 Fäden hängen lassen und mit je einem danebenliegenden Faden als Leitfaden eine Reihe von 3 Rippenknoten schräg zur Mitte knüpfen.

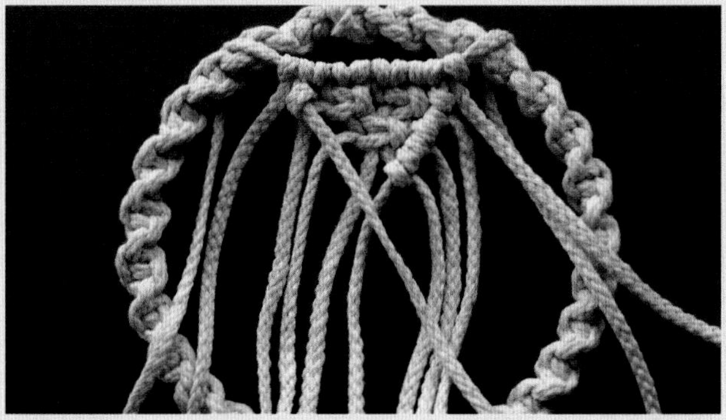

9 Jeweils mit dem 3. Faden (von außen) als Leitfaden 2 Rippenknoten schräg nach außen knüpfen.

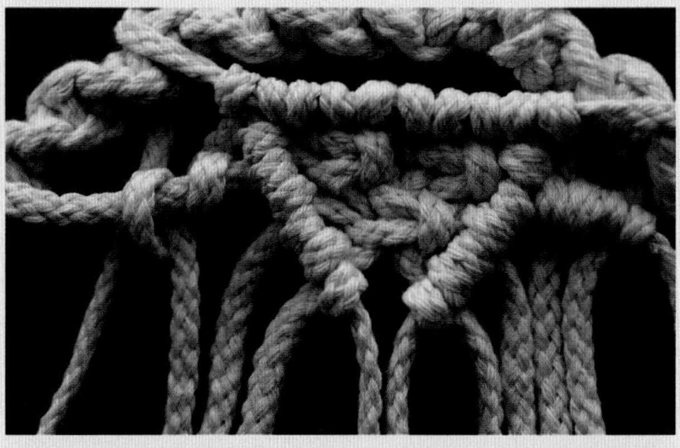

10 Die beiden rechts daneben liegenden Fäden durch eine Holzperle schieben. Die Fadenenden mit etwas Klebstoff versehen und zu Spitzen formen. Evtl. auch mit einer alten Schere die Holzperle etwas auskratzen.

11 Etwas Abstand lassen und einen Erbsknoten aus den mittleren 4 Fäden knüpfen.
Von außen zur Mitte jeweils 4 weitere Rippenknoten fertigen.

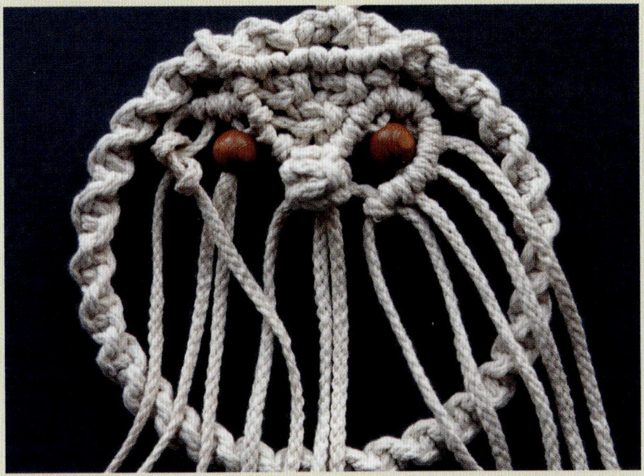

12 Aus den mittleren 6 Fäden 2 Kreuzknoten (1 Leit- und 2 Knüpffäden), versetzt darunter aus den mittleren 4 Fäden einen Knoten arbeiten. 5 weitere Reihen anschließen. Jeweils etwas Abstand zwischen den Knoten lassen.

13 Aus den äußeren 3 Fäden je 7 Reihen Rippenknoten knüpfen. Der Leitfaden ist immer der innere Faden und wird am Rand mit angeknüpft.

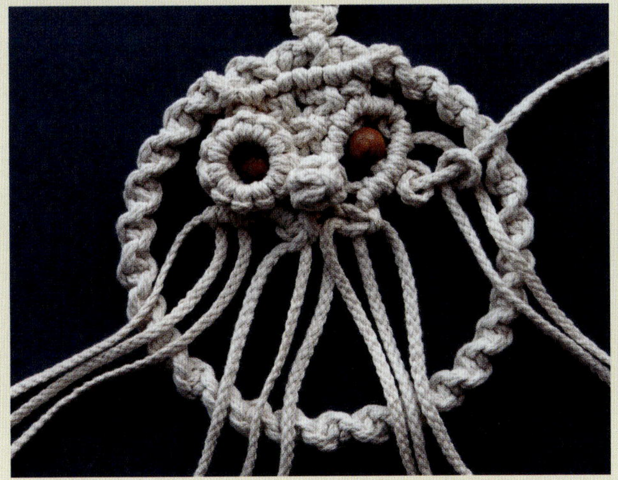

14 Alle Fäden mit Rippenknoten am kleinen Holz anknüpfen.

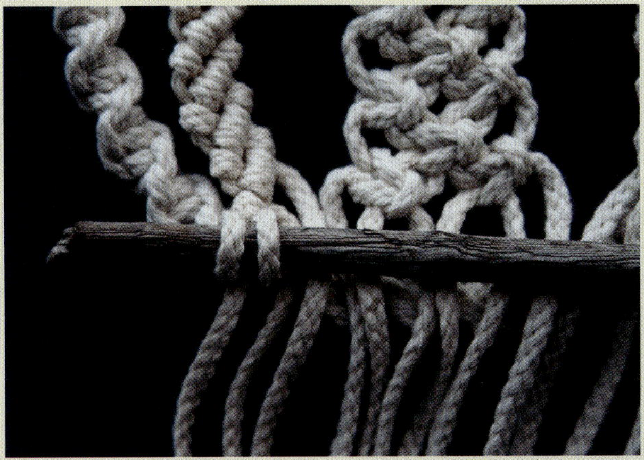

15 Die mittleren 6 Fäden vor und die Fäden der Rippenknotenbänder hinter den Ring führen.

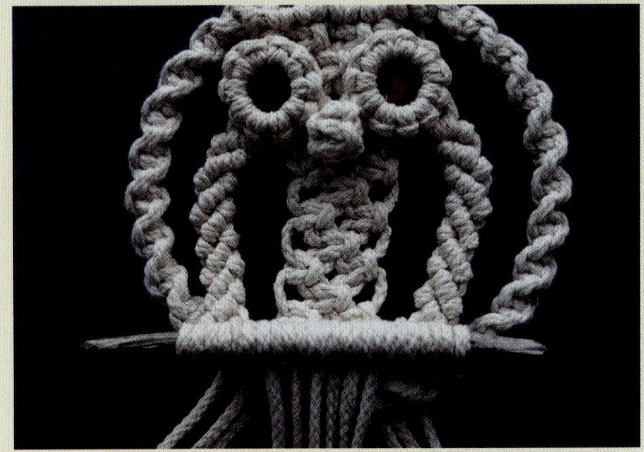

16 Mit dem längsten Faden über allen Fäden abbinden.

17 Die Fadenenden mit Überhand oder Kapuzinerknoten verzieren. Fadenenden nach ca. 1 cm abschneiden.

18 Die Augen aufnähen.

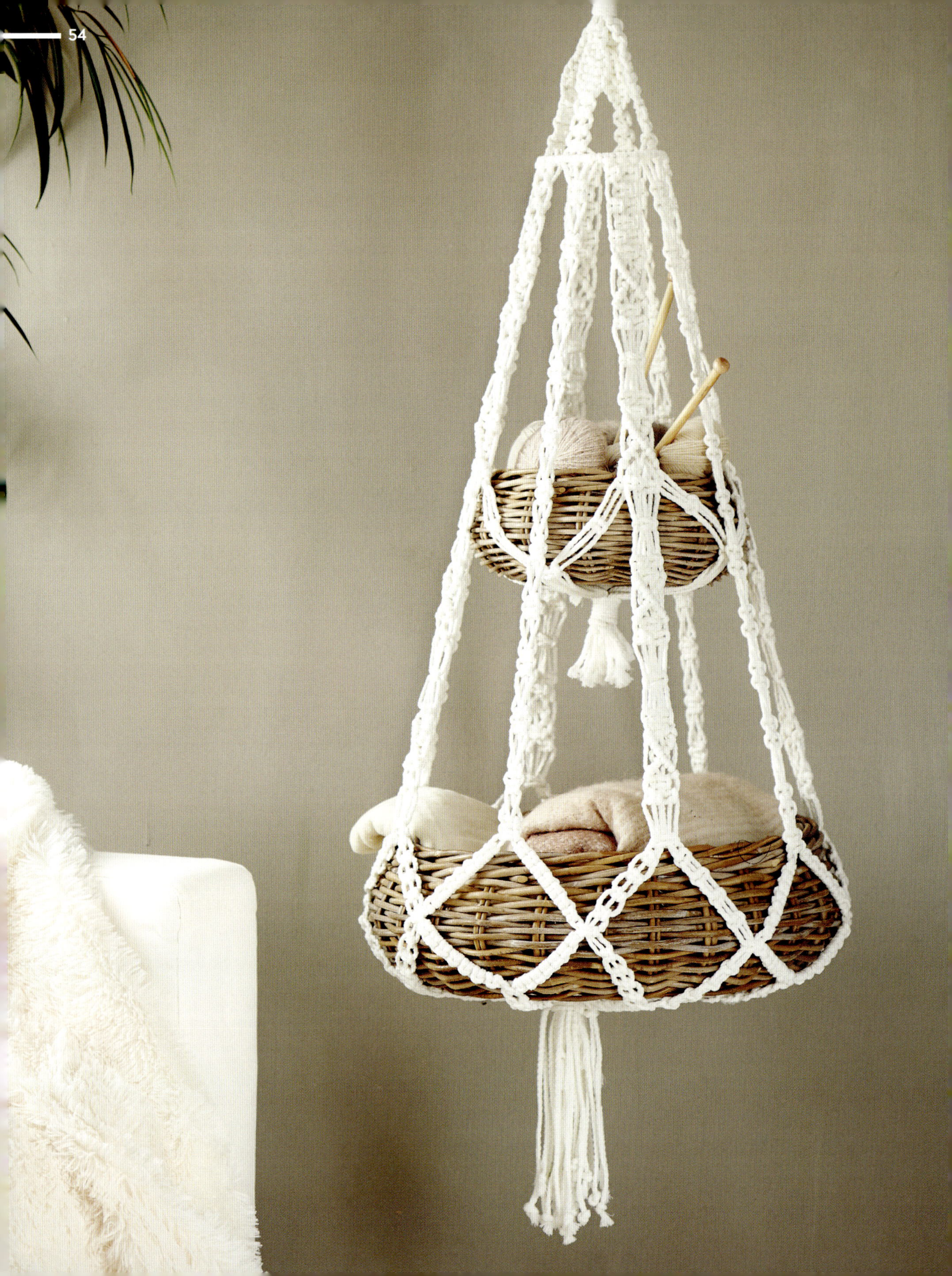

GROSSE AMPEL
mit zwei Körben

MATERIAL

Baumwollgarn in Weiß, ⌀ 6 mm
- 4 Fäden, 8 m lang
- 4 Fäden, 9 m lang
- 12 Fäden, 3,8 m lang
- 12 Fäden, 4,5 m lang
- 1 Faden, 2,2 m lang

Metallring, ⌀ 15 cm

Metallring, ⌀ 4 cm

GRÖSSE

ca. 1,6 m lang

VERWENDETE KNOTEN

Schlingenknoten gegenseitig
Abbinden
Feigenknoten
Anknüpfen mit Rippenknoten am Ring
Kreuzknoten
Kreuzknoten aus 2 Fäden
Überhand- oder Kapuzinerknoten
Wellenknoten

1 Wir beginnen die Ampel mit der Aufhängung für den kleinen Korb. Am Ring im 90° Winkel jeweils 3 Fäden, 3,8 m lang, mittig einhängen.

2 Zwei Kreuzknoten aus je 3 Fäden, versetzt darunter in der Mitte, einen Kreuzknoten aus 4 Fäden, ausführen.

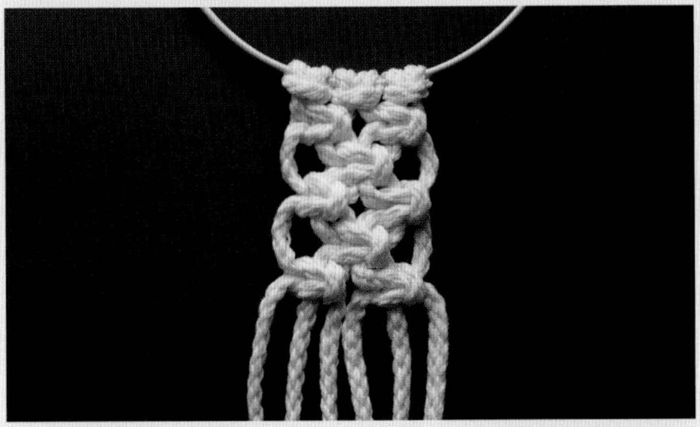

3 Schritt 2 noch zweimal wiederholen.

4 Mit den beiden äußeren Fäden als Leitfäden schräg zur Mitte 2 Rippenknoten knüpfen. Dabei den Leitfaden von rechts an den linken Leitfaden mit anknüpfen. Das Rippenknotenband von der Mitte nach außen mit je 2 weiteren Rippenknoten fortsetzen. 1 Kreuzknoten aus den mittleren 4 Fäden und versetzt darunter 2 Kreuzknoten aus je 3 Fäden knüpfen.

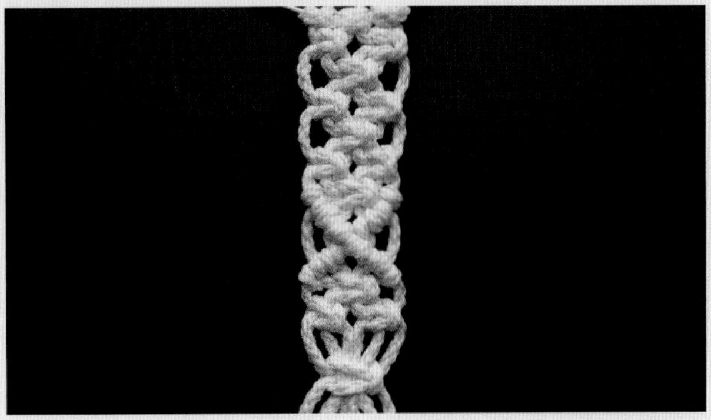

5 Mit ca. 2 cm Abstand aus 2 Knüpf- und 4 Leitfäden einen Kreuzknoten knüpfen, wiederum ca. 2 cm Abstand halten und 2 Kreuzknoten aus je 3 Fäden, versetzt darunter 1 Kreuzknoten aus 4 Fäden fertigen.

6 Schritt 4 einmal wiederholen.

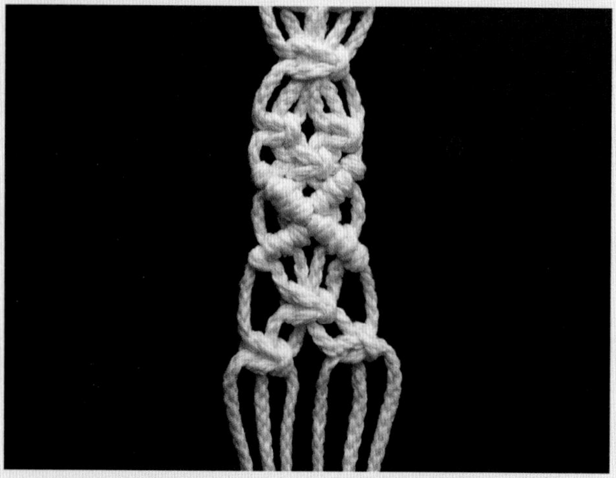

7 Fäden spannen und in ca. 4 cm Abstand jeweils einen weiteren Kreuzknoten aus je 3 Fäden knüpfen.

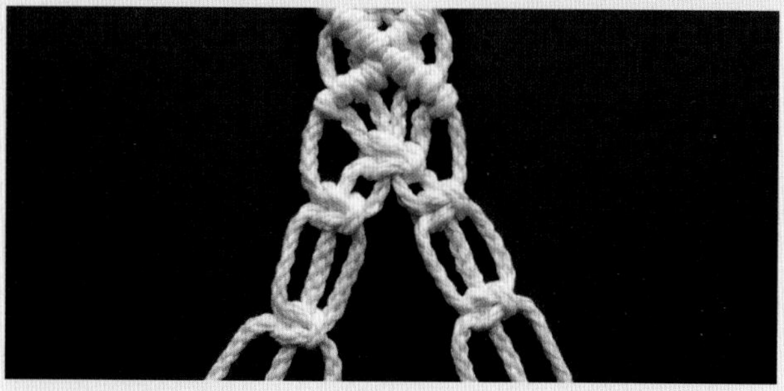

8 Je 3 Fäden (4,5 m lang) hinter dem letzten mittleren Kreuzknoten (aus 4 Fäden) durchschieben und mitteln. Fäden mit einem lockeren Überhandknoten verbinden und vorerst nach oben legen.

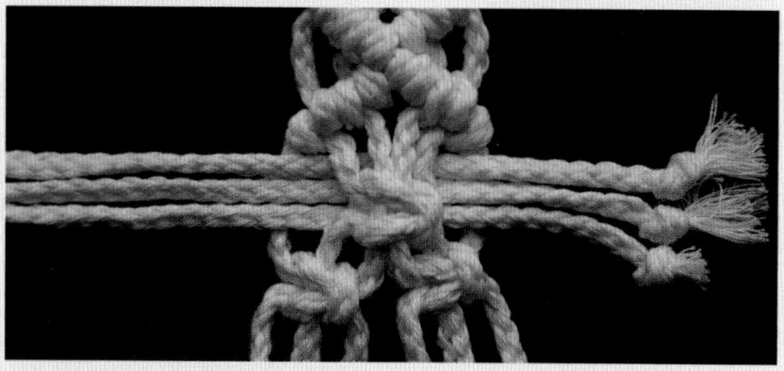

9 Mit den seitherigen Fäden weiter knüpfen und Schritt 7 zweimal wiederholen.

10 Abschluss kleiner Korb: Zunächst Abbinden: Mit dem längsten Faden über allen 23 Fäden eine Schlinge legen und von oben straff umwickeln, Faden durch die Schlinge ziehen und alle Fäden entweder nach ca. 7 cm nur abschneiden und ausfransen, oder jedes Fadenende mit einem Überhandknoten oder Kapuzinerknoten versehen.

11 Mit den neuen Fäden weiterarbeiten. Fäden nach vorne legen und Überhandknoten lösen und mitteln. 2 Kreuzknoten aus je 3 Fäden, direkt über den beiden Kreuzknoten aus dem unteren Stang, knüpfen. Dieser Strang liegt nun genau über dem unteren Strang für den kleinen Korb.

12 Schritt 5 und 4 (Reihenfolge wie beschrieben beachten!) zweimal wiederholen.

13 Fäden spannen und im Abstand von ca. 2 cm einen Kreuzknoten aus 2 Knüpf- und 4 Leitfäden knüpfen. Fäden wieder spannen und im Abstand von 2 cm aus je 3 Fäden 4 Kreuzknoten mit je 1 cm Abstand knüpfen. Fäden hängen lassen, bis die mittleren Stränge geknüpft sind.

14 Den kleinen Metallring mit dem 2,2 m langen Faden um knüpfen. Das kurze Fadenende nach ca. 3 cm abschneiden.

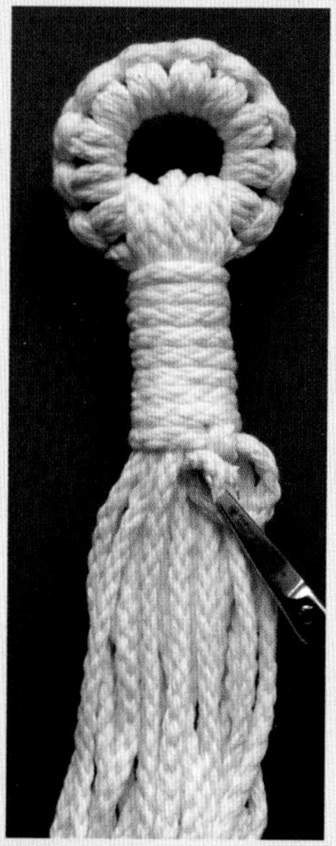

15 Die 8 und 9 m langen Fäden über den Ring hängen und mitteln. Mit dem langen Fadenende (vom Ring) Abbinden: Dazu eine Schlinge über alle Fäden legen und von oben straff umwickeln. Den Faden durch die Schlinge ziehen, nach ca. 3 cm abschneiden und mit einer Schere in die umwickelten Fäden schieben. Evtl. zusätzlich mit einem kleinen Klebepunkt fixieren.

16 Aus je 2 längeren und 2 kürzeren Fäden 1 Kreuzknoten, 1 Feigenknoten und wieder 2 Kreuzknoten knüpfen. Dabei beachten: Die längeren Fäden sind die Knüpf- und die kürzeren die Leitfäden. Der Feigenknoten beginnt und endet mit je einem Kreuzknoten, dazwischen 5 Flechtknoten mit wechselnder Breite.

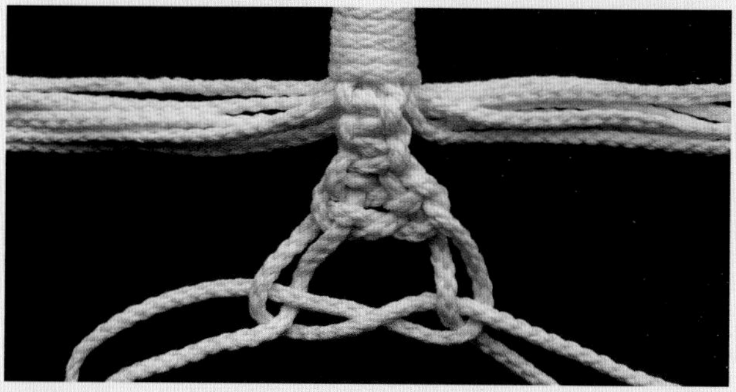

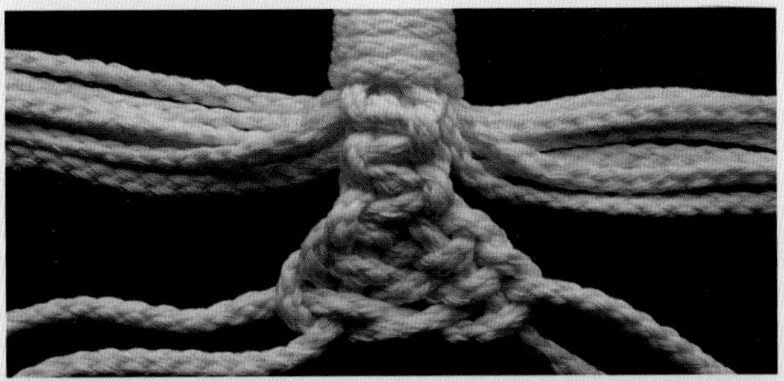

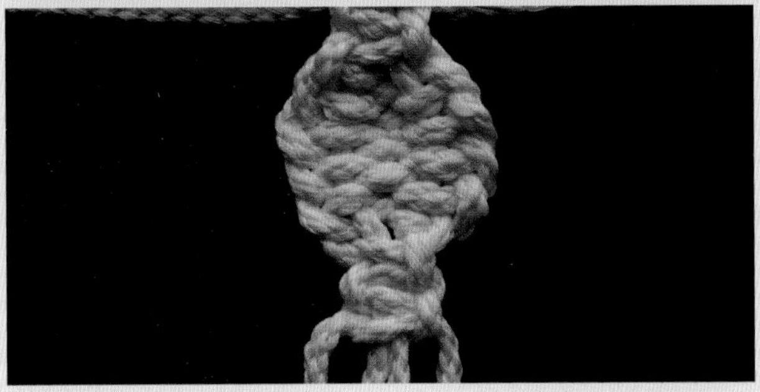

17 Jetzt ist es am leichtesten, wenn die Knüpfarbeit an einem Haken aufgehängt wird, damit alle Stränge aufeinander abgestimmt werden können. Den großen Ring um die Feigenknotenbänder legen und jeden Faden mit Rippenknoten am Ring, zwischen den bestehenden Bändern, anknüpfen. Dabei jeden Rippenknoten dreimal schlingen.

18 Aus je 4 Fäden 2 Kreuzknoten knüpfen.

19 Nach ca. 4 cm Fäden tauschen, die Knüpffäden nach innen legen und die seitlichen Leitfäden nach außen. Schritt 18 und 19 noch 10-mal wiederholen, anschließend 2 Kreuzknoten knüpfen. Jetzt sollten alle 8 Bänder ungefähr gleich lang sein. Sie können die Längen angleichen, indem Sie die Abstände zwischen den einzelnen Kreuzknoten oder die Anzahl der Wiederholungen anpassen.

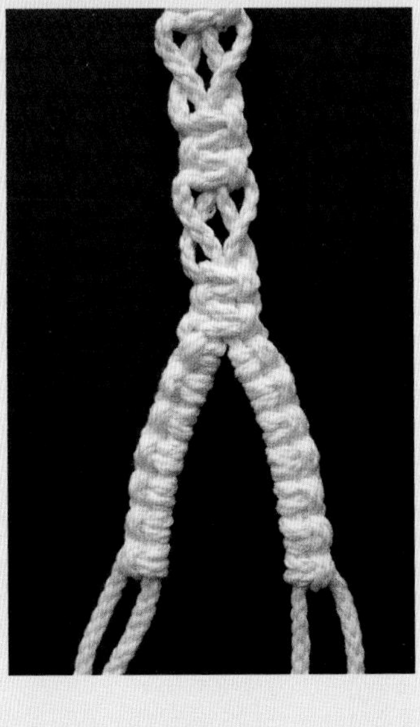

20 2 Bänder aus je 7 Schlingenknoten gegenseitig knüpfen, dabei wird mit den seitlichen Knüpffäden weiter geknüpft, die Leitfäden bleiben die Leitfäden.

21 Nun knüpfen Sie den großen Korb ein: Dazu die Fäden der zuvor geknüpften Bänder mit anknüpfen. Wieder die Längen anpassen, evtl. einen Schlingen- oder Kreuzknoten mehr bzw. weniger knüpfen, sodass alle 8 Stränge ca. gleich lang sind.

22 Nun haben wir jeweils ein schmales Band zwischen den breiten Bändern. Versetzt ein Kreuzknoten- mit einem Schlingenknotenband jeweils mit einem Kreuzknoten aus 4 Fäden verbinden, 1 Faden nicht mit einknüpfen. Das Schlingenknotenband wie zuvor fortsetzen, ebenfalls das Kreuzknotenband. Die restlichen Bänder genauso weiter knüpfen, bis rundum alle Stränge gleich lang sind.

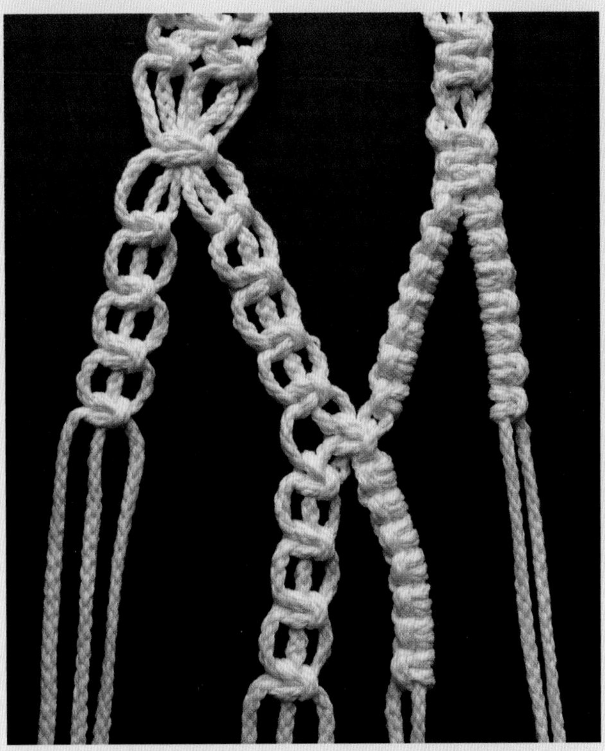

23 Versetzt jeweils mit den längsten Fäden als Knüpffäden ein Kreuzknotenband aus je 5 Kreuzknoten mit jeweils etwas Abstand dazwischen knüpfen.

24 Mit den beiden längsten Fäden über allen Fäden 6 Wellenknoten knüpfen. Direkt am Knoten mit den beiden Knüpffäden je einen Überhandknoten ausführen. Die Fadenenden nach ca. 18–22 cm mit Überhandknoten oder Kapuzinerknoten versehen, je nach Restfadenlänge. Die Fadenenden können auch in unterschiedlichen Längen abgeschnitten werden.

WANDBEHANG
mit Blumenampel

MATERIAL

Baumwollgarn, geflochten, ⌀ 4 mm
- 16 Fäden in Natur, 4 m lang
- 1 Faden in Anthrazit, 2,2 m lang
- 1 Faden in Anthrazit, 2,5 m lang
- 1 Faden in Anthrazit, 1,4 m lang

Ast, ca. 40 cm lang
Metallring, ⌀ 3 cm
Blumentopf, ⌀ ca. 7 cm

GRÖSSE

ca. 90 cm x 40 cm (inkl. Treibholz)

VERWENDETE KNOTEN

Schlingenknoten gegenseitig
Kettknoten
Rippenknoten
Kreuzknoten
versetzte Kreuzknoten
Überhandknoten
Kapuzinerknoten

Aufhängung:

1 Den 2,5 m langen Faden am Metallring so einhängen, dass das Knötchen an der Vorderseite sichtbar ist. Zu beiden Seiten hin den Ring mit je 5 Schlingenknoten gegenseitig umknüpfen. Zwischen beide Fadenenden den 1,4 m langen Faden am Ring einhängen.

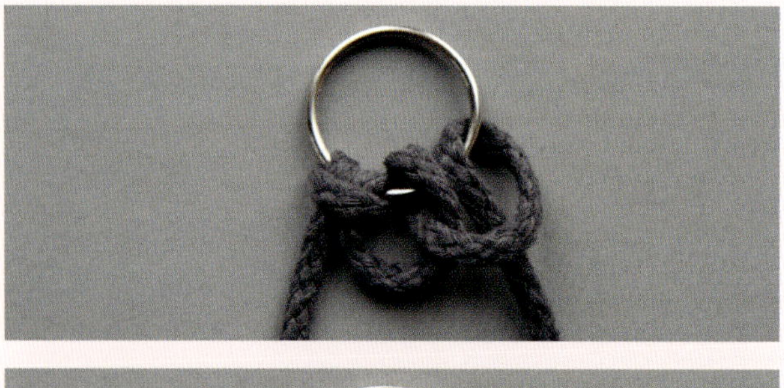

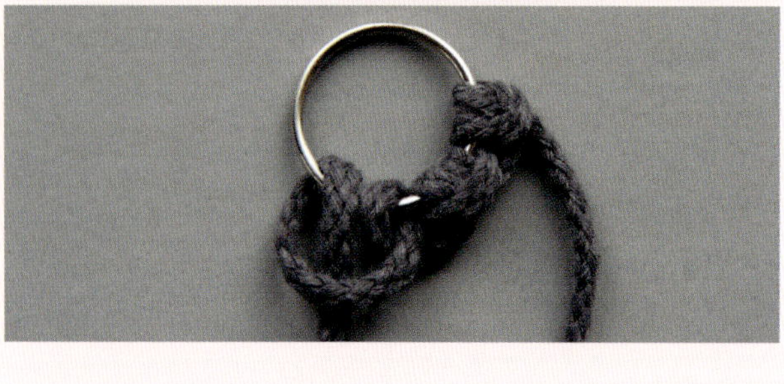

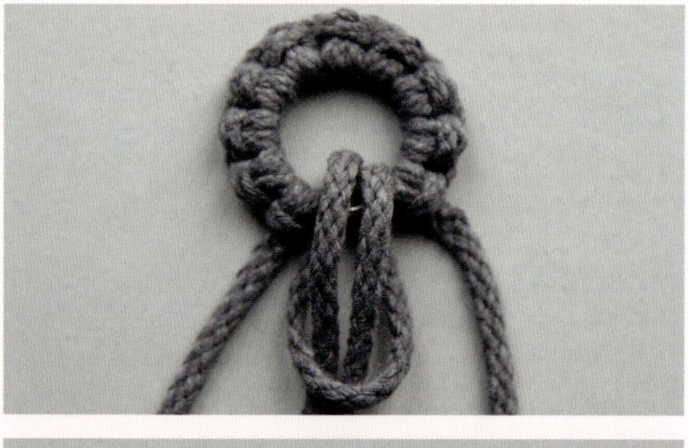

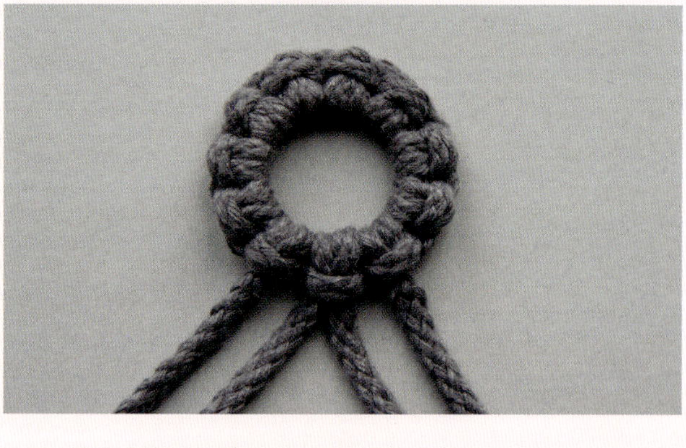

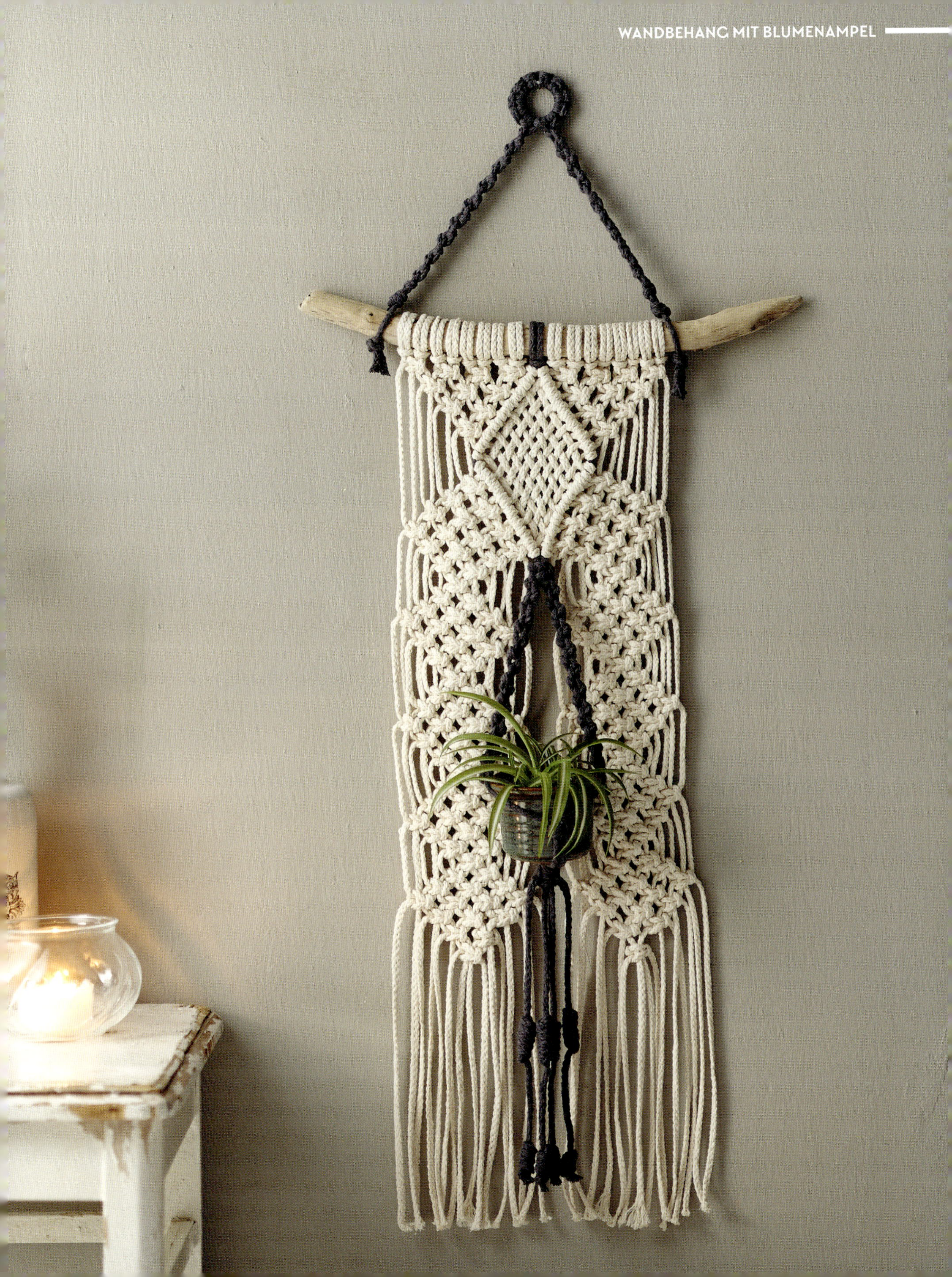

2 Aus je 2 Fäden 9 Kettknoten und 1 Überhandknoten knüpfen.

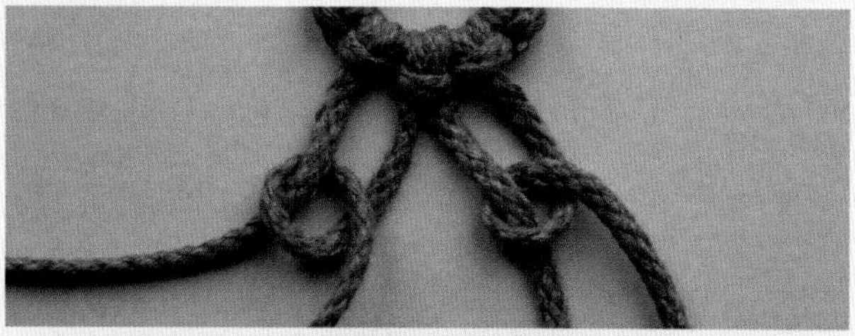

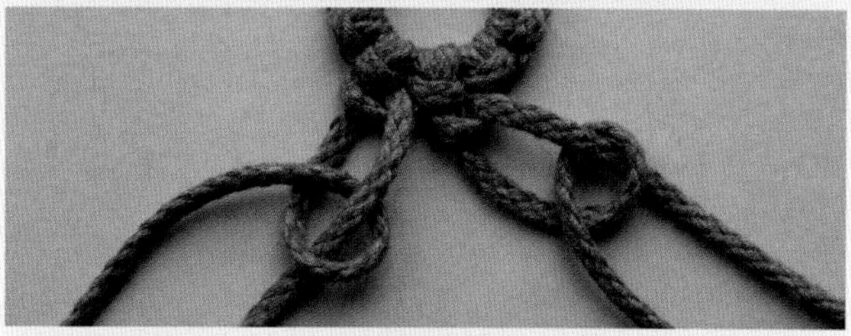

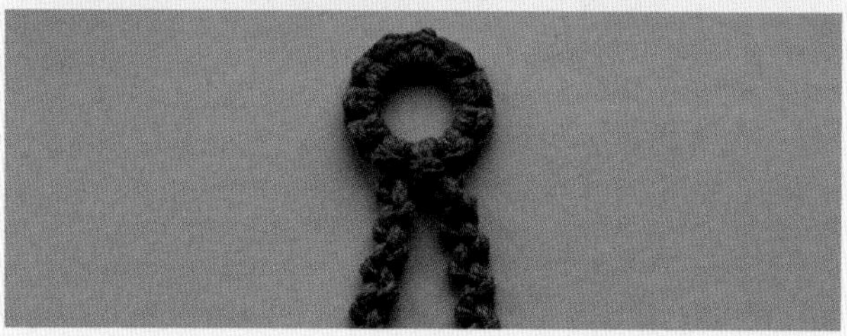

3 Je 1 Faden vor und 1 Faden hinter das Holzstück legen und die Aufhängung mit einem sehr straffen Überhandknoten anknüpfen. Fadenenden nach ca. 1 cm abschneiden. Zwischen der Aufhängung die naturfarbenen Fäden und in der Mitte den 2,8 m langen anthrazitfarbenen Faden mitteln und einhängen.

4 Beidseitig aus je 8 Fäden 4 Kreuzknoten nebeneinander, in der 2. Reihe 3 Kreuzknoten, in der 3. Reihe 2 und in der 4. Reihe 1 Kreuzknoten knüpfen. Dabei jeweils etwas Abstand zwischen den Knoten lassen.

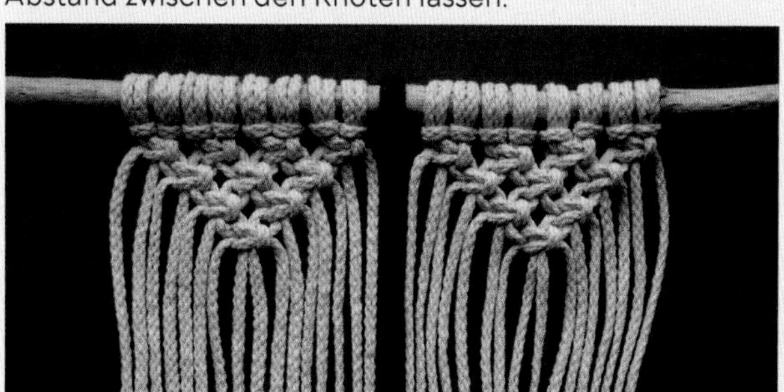

5 Die beiden anthrazitfarbenen Fäden dienen als Leitfäden für eine Rippenknotenreihe jeweils von der Mitte nach schräg nach außen → 8 Rippenknoten. Die Knüpfarbeit gut feststecken.

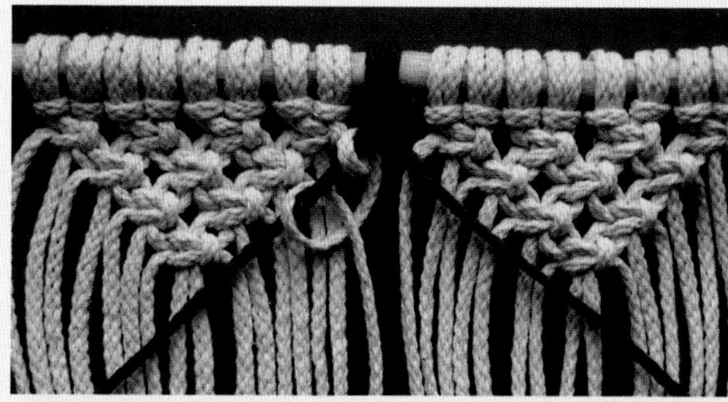

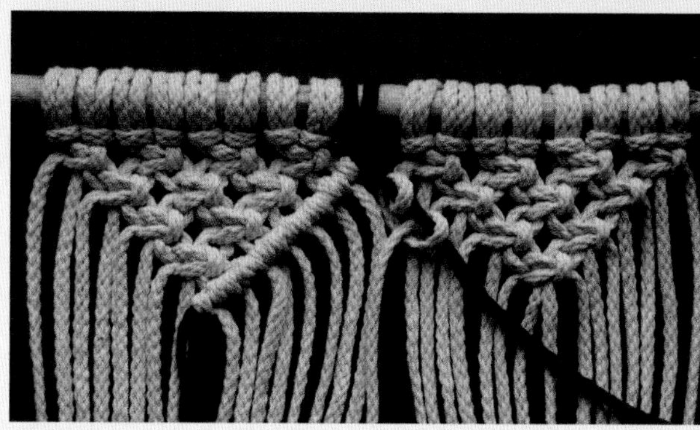

6 Die mittleren Fäden miteinander verweben und die Rippenknotenreihe wieder zur Mitte hin fortführen. Dabei darauf achten, dass der Leitfaden beim Wechseln zur Mitte nicht zu stark angezogen wird, sodass der Winkel eckig bleibt und nicht rund wird. Evtl. nach 2 Rippenknoten den Leitfaden etwas nach außen ziehen, er darf ruhig ein wenig sichtbar sein.

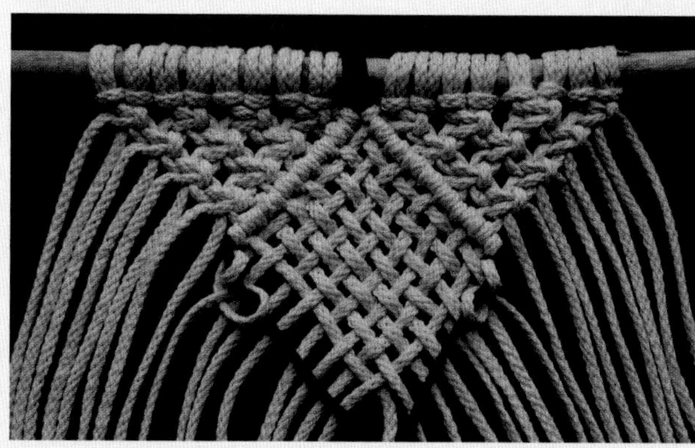

7 Beidseitig die äußeren 6 Fäden zur Seite legen und jeweils einen Kreuzknoten neben die Rippenknoten knüpfen. Nun jeweils von der Seite 2 Fäden zur Mitte nehmen und in der 2. Reihe je 2 versetzte, in der 3. Reihe 3 versetzte und in der 4. Reihe 4 versetzte Kreuzknoten fertigen. In der 5. Reihe wieder 3 Knoten, in der 6. Reihe 2 Knoten und in der 7. Reihe 1 Kreuzknoten knüpfen. Jeweils zwischen den Knoten etwas Abstand lassen.

8 Das Band nun zurecht formen, sodass sich der 1. Kreuzknoten senkrecht über dem 7. Kreuzknoten befindet.

9 Nun geht es an das Rautenmuster. Dazu versetzt unter den mittleren Knoten 2 Kreuzknoten knüpfen. Darunter versetzt 3, darunter versetzt 4 Kreuzknoten, versetzt 3, versetzt 2, versetzt wieder 1 Kreuzknoten knüpfen.

10 Das Rautenmuster aus Schritt 9 dreimal wiederholen.

11 Nach der 4. Raute, beide Bänder in der Mitte mit einem Kreuzknoten verbinden. Die Fäden wieder in die 5. Raute mit einknüpfen.

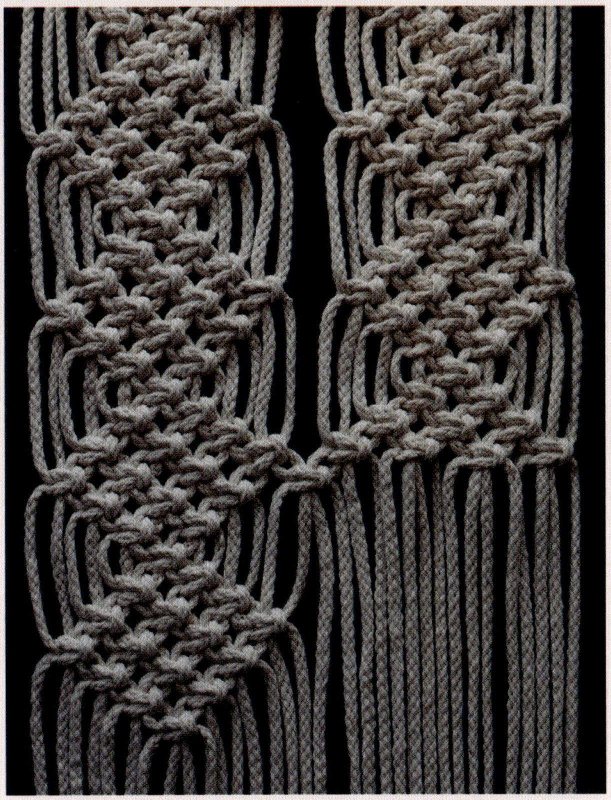

12 Die Fäden nach ca. 25 – 30 cm abschneiden.

Kleine Blumenampel aus den anthrazitfarbenen Fäden

13 Hinter die beiden mittleren Fäden den 2,2 m langen Faden legen und mit einem Kreuzknoten anknüpfen. Aus je 2 Fäden 10 Kettknoten fertigen. Fäden spannen und nach ca. 5 cm aus je einem Faden von jedem Kettknotenband einen Überhandknoten legen. Fäden wieder ca. 5 cm spannen und aus 2 Knüpf- (aus dem vorderen Überhand- und 2 Leitfäden aus dem hinteren Überhandknoten) 2 Kreuzknoten knüpfen. Knoten straff anziehen. Nach ca. 10 cm an jedem Fadenende einen Kapuzinerknoten und mit etwas Abstand jeweils einen 2. Kapuzinerknoten anfügen. Fadenenden nach ca. 1 cm abschneiden.

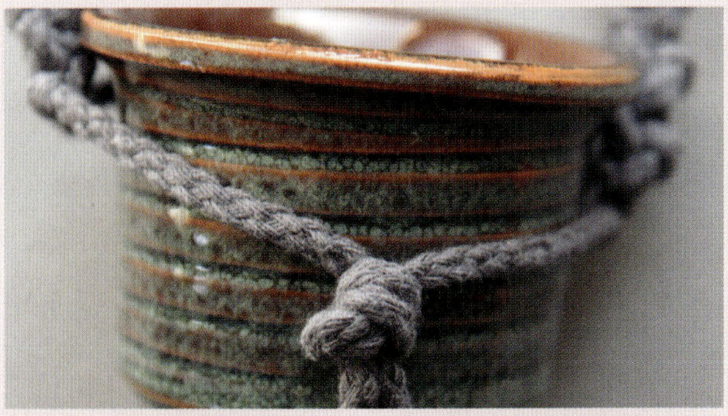

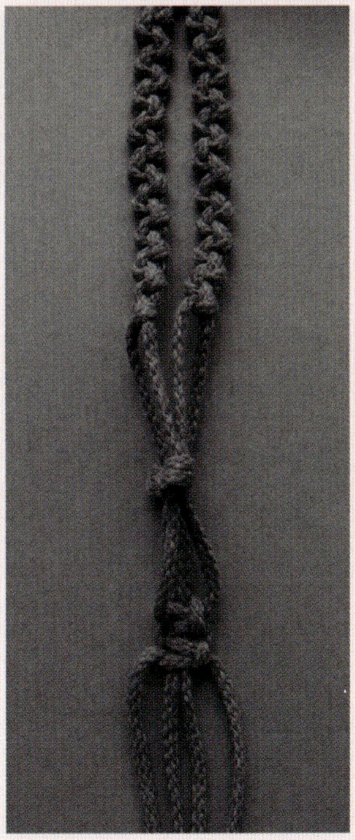

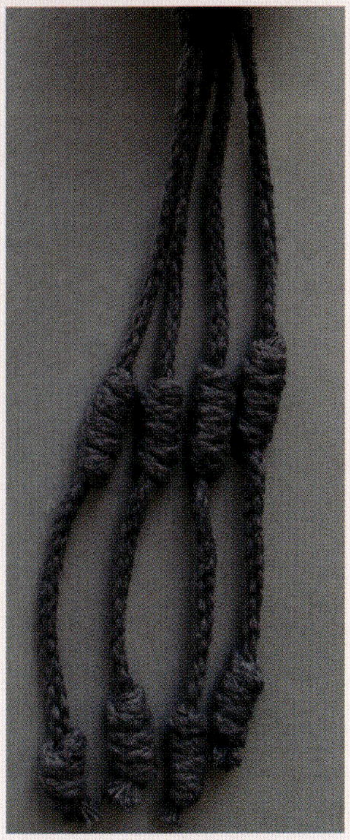

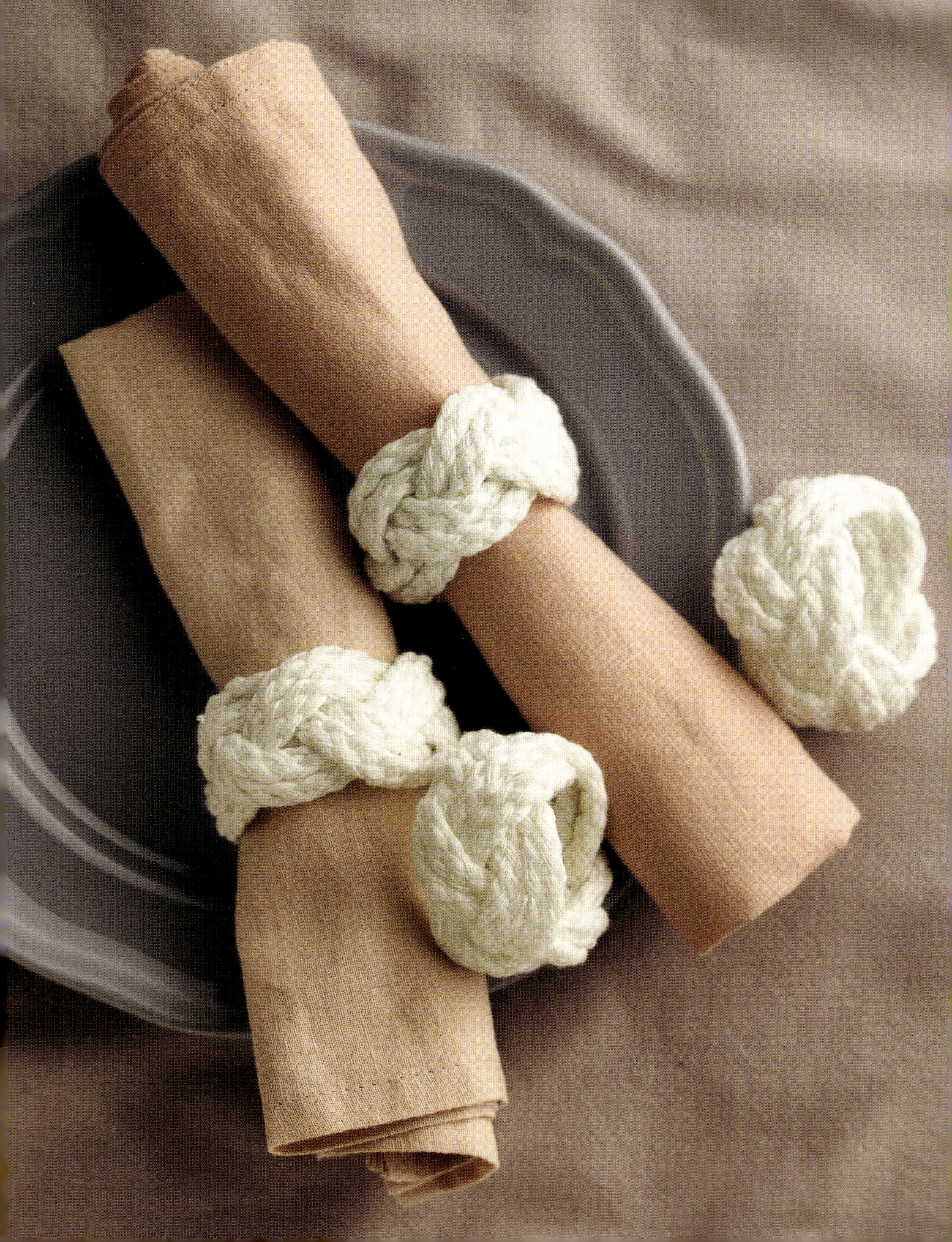

SERVIETTENRING
türkischer Bund

MATERIAL

Jutegarn in Weiß, geflochten, ø 6 mm, 1,5 m lang

GRÖSSE

ca. ø 6 cm

VERWENDETE KNOTEN

Türkischer Bund

Dieser Knoten erfordert ein wenig Übung, macht dann aber riesigen Spaß, da er sich in beliebigen Größen, um jede Flasche oder jedes Gefäß, als Fingerring oder einfach nur als Deko-Objekt wunderbar eignet. Als Serviettenring der Tischdeko angepasst, oder gleichzeitig um Miniflaschen gelegt, entsteht eine ansprechende Dekoration.

1 Um ein Stückchen Holz oder 4 Fingerspitzen den Faden dreimal locker umwickeln, sodass das linke Fadenende ca. 15 cm lang ist. Das rechte Fadenende ist der Knüpffaden.

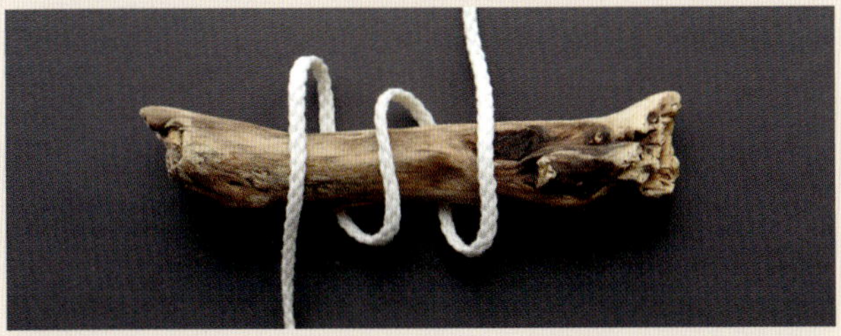

2 Mit dem linken Faden eine kleine Schlinge auf den danebenliegenden rechten Faden legen.

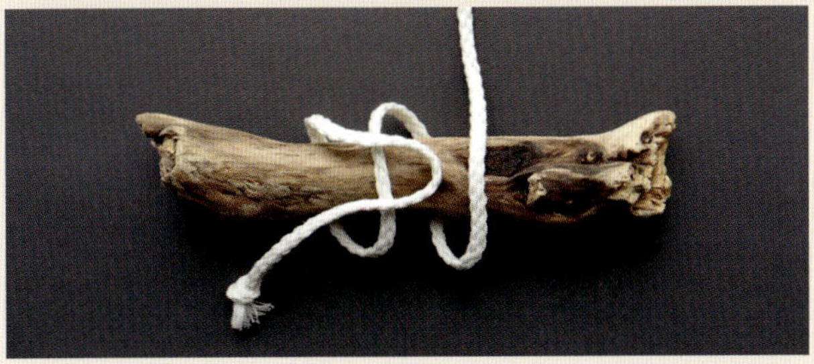

3 Den rechten Faden (Knüpffaden) von rechts nach links über die Schlinge und unter dem linken Faden durchführen. Der Knüpffaden liegt parallel neben dem mittleren Faden.

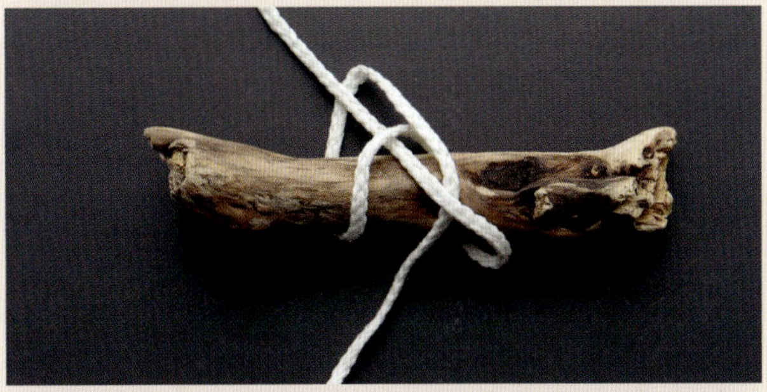

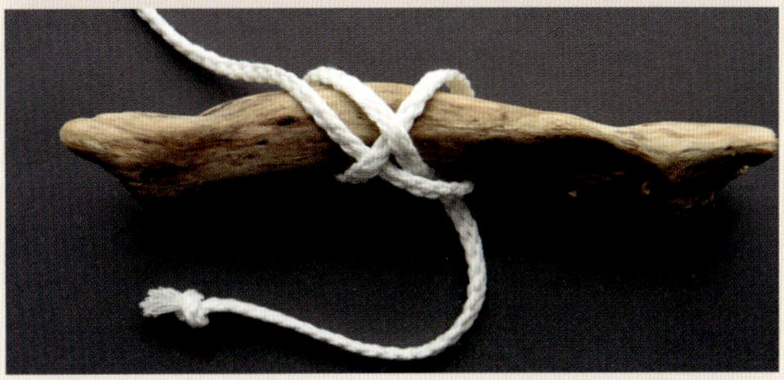

4 Holz oder Finger leicht drehen und den Knüpffaden von links nach rechts über den 1. und unter dem nächsten Faden durchweben.

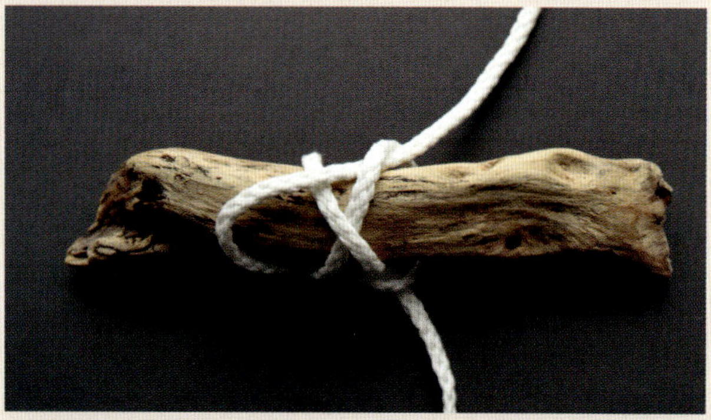

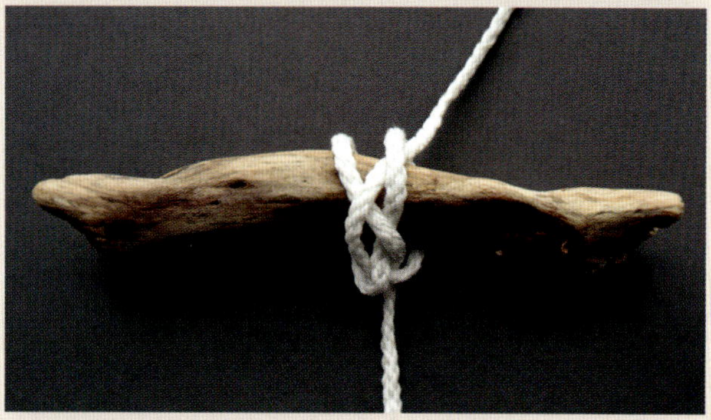

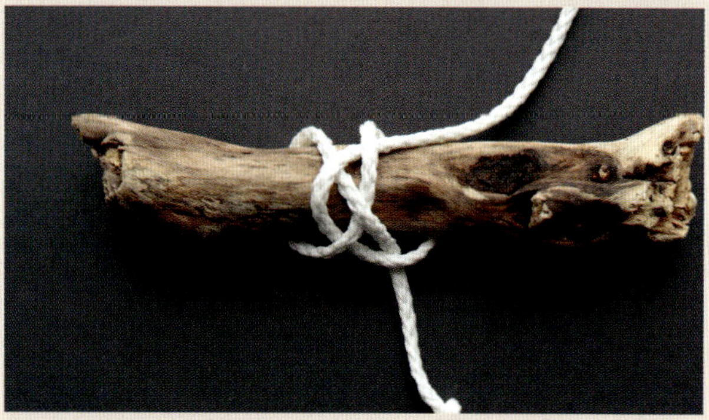

5 Nun liegen die beiden linken Fäden parallel nebeneinander.

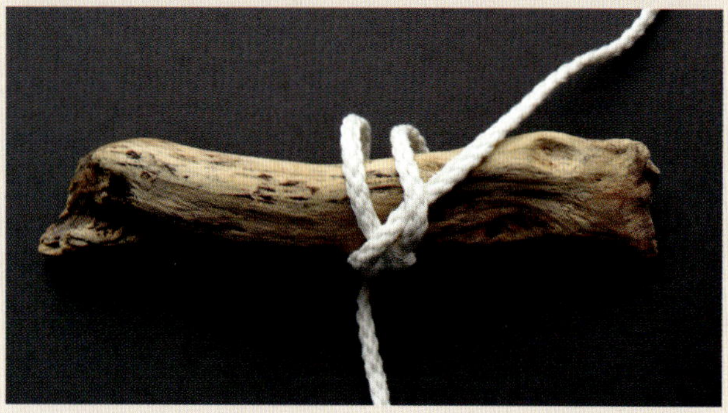

6 Mit dem linken Faden eine kleine Schlinge auf den danebenliegenden rechten Faden legen.

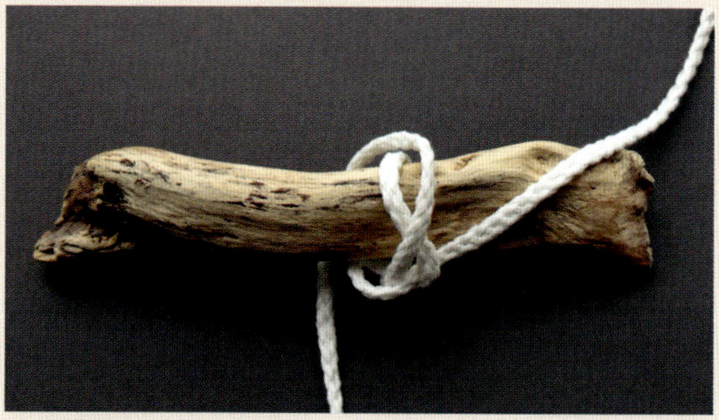

7 Mit dem rechten Faden (Knüpffaden) nach links über den nächsten und unter dem linken Faden durchweben.

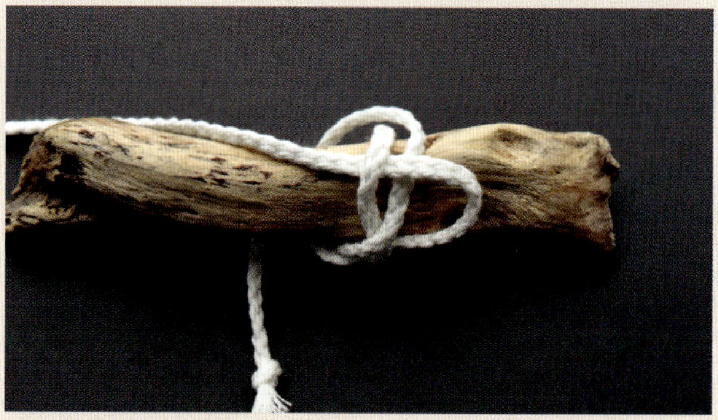

8 Ein nochmaliges leichtes Drehen und Durchführen des Knüpffadens von links nach rechts, führt den Knüpffaden wieder parallel neben den Anfangsfaden zurück. Der Knüpffaden liegt nun rechts neben dem Anfangsfaden.

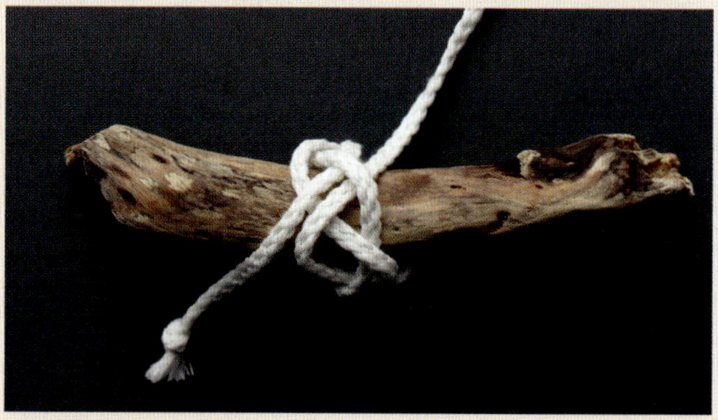

9 Den Bund vom Holz oder von den Fingern schieben und gleichmäßig lockern, damit eine weitere Runde durchwoben werden kann. Sind die Fäden in der 1. Runde zu straff gespannt, passt die 2. Runde nicht mehr daneben. Rechts vom Anfang beginnt nun die Vervielfachung. Den Knüpffaden parallel neben der 1. Runde ein weiteres Mal durchweben.

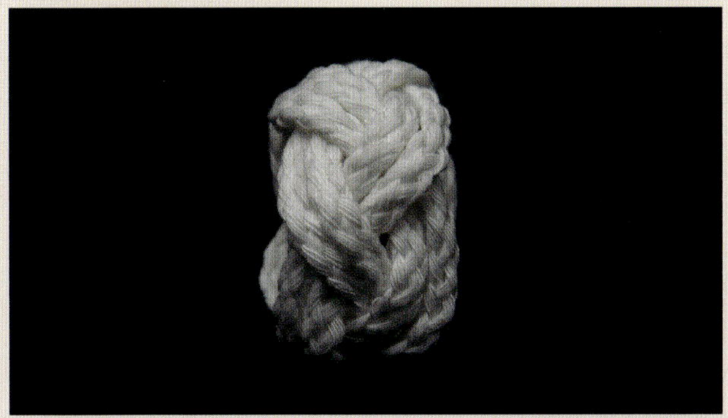

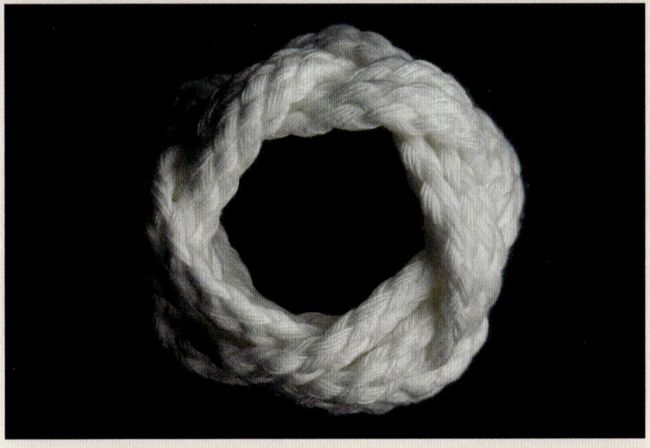

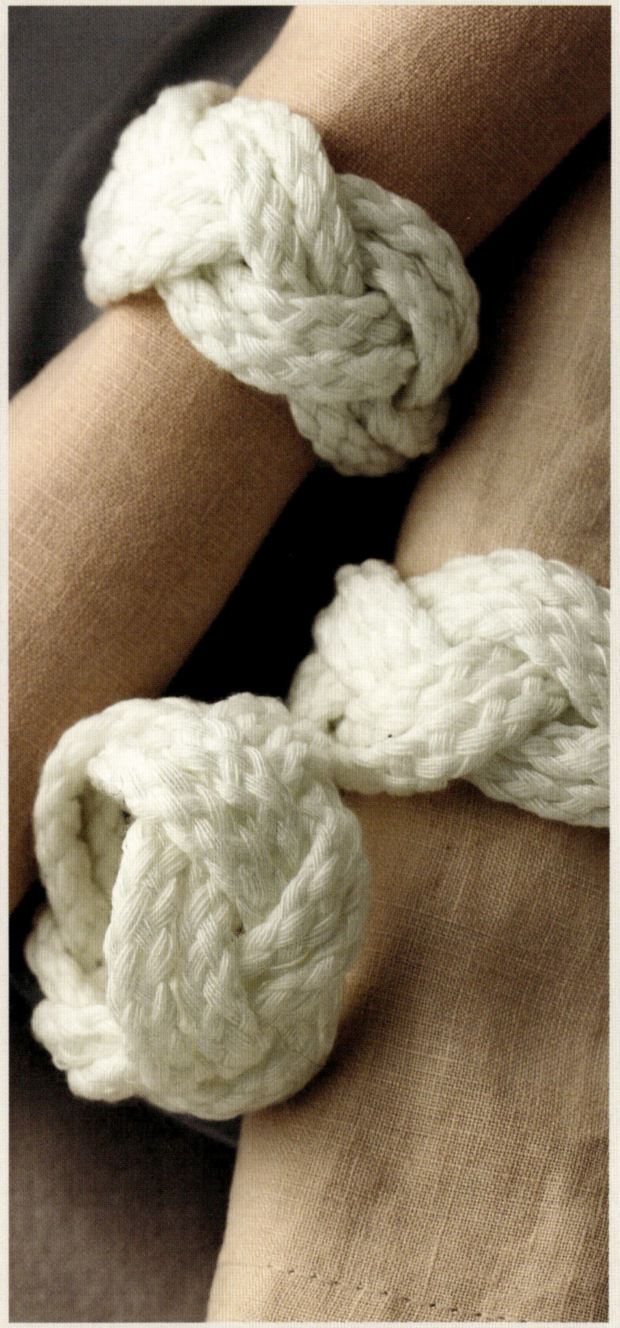

WICHTIG:

Den Faden nicht verdrehen. Ist der Serviettenring zu klein bzw. zu groß, Faden einfach nachspannen bzw. zurückziehen.
Die überstehenden Fadenenden auf der Innenseite des Serviettenrings abschneiden, verkleben oder vernähen.

Tipp

Den Serviettenring können Sie auch als Tischschmuck um kleine Flaschen legen. Wenn Sie den Serviettenring eine 3. Runde durchweben wollen, den Faden etwas länger lassen und auch nach der 1. Runde den Ring nochmals etwas mehr weiten. Mit dünnerem Faden gibt es auch süße Fingerringe für Kinder.

TISCHLÄUFER *in drei Farben*

MATERIAL

Baumwollgarn geflochten, ø 4 mm

Je 12 Fäden in Natur, Hellgrau und Anthrazit, 5,2 m lang

Je 12 Fäden in Natur, Hellgrau und Anthrazit, 4,5 m lang

4 Fäden in Anthrazit oder Natur, je 60 cm lang

GRÖSSE

ca. 100 cm x 50 cm

VERWENDETE KNOTEN

Mit Rippenknoten anknüpfen

Rippenknoten

Kreuzknoten

Versetzte Kreuzknoten

1 Die Fäden wie folgt an einem 60 cm langen Faden mit Rippenknoten anknüpfen. Dabei den 60 cm langen Faden gut feststecken, damit er immer straff angezogen werden kann:
a) Anthrazit: 1 langer Faden – 2 kurze Fäden – 2 lang – 2 kurz – 2 lang – 2 kurz – 1 lang
b) Hellgrau: 1 lang – 2 kurz – 2 lang – 2 kurz – 2 lang – 2 kurz – 1 lang
c) Natur: 1 lang – 2 kurz – 2 lang – 2 kurz – 2 lang – 2 kurz – 2 lang – 2 kurz – 2 lang – 2 kurz – 2 lang – 2 kurz – 1 lang
d) Hellgrau wie b)
e) Anthrazit wie a)

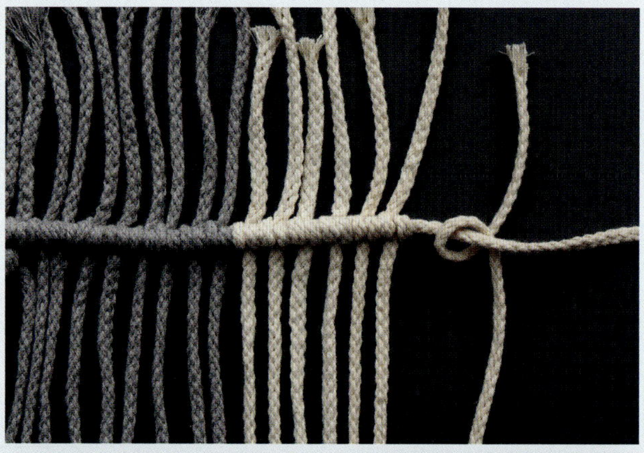

2 Den Leitfaden (Trägerfaden) waagrecht und die Knüpffäden senkrecht dahinter legen. Mit dem kurzen Faden (Länge der Fransen plus 10 cm) eine Schlinge nach links um den Leitfaden legen. Die zweite Schlinge nach rechts auf den Leitfaden legen und durch diese Schlinge den Faden wieder nach oben ziehen. Die restlichen Fäden genauso anknüpfen.

Zwischen dem Anknüpfen immer wieder den Leitfaden straff anziehen und die einzelnen Knoten gleichmäßig formen, d. h. die Knoten nicht zu straff anziehen. Wichtig ist, dass beide Schlingen gleich aussehen. Anschließend die Knüpfarbeit mit Nadeln auf der Knüpfunterlage feststecken.

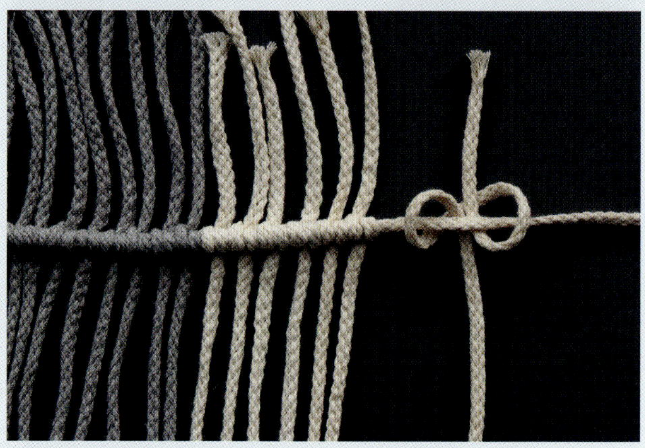

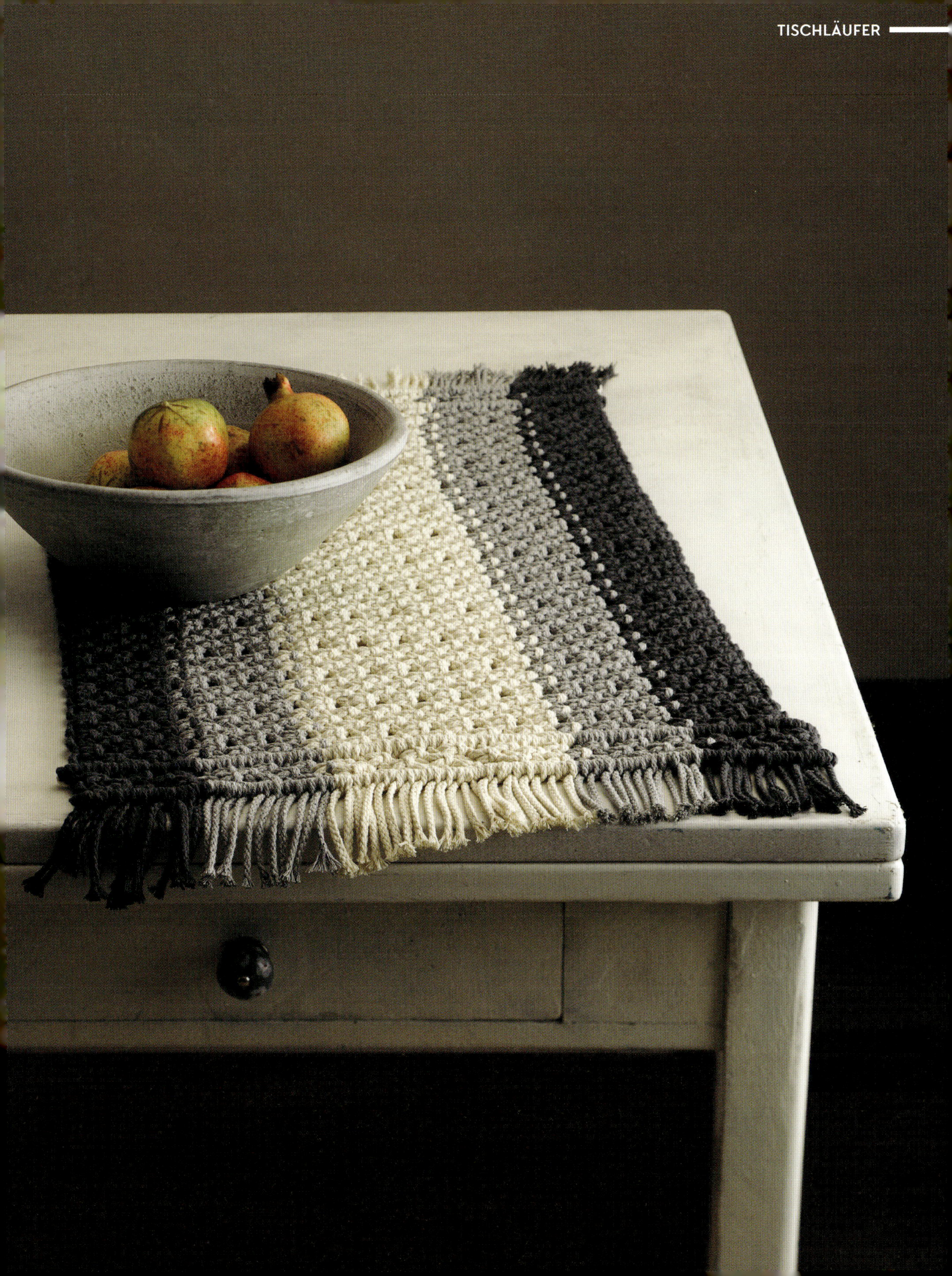

3 Aus je 4 Fäden 3 Reihen versetzte Kreuzknoten knüpfen, dabei zwischen den einzelnen Knoten etwas Abstand lassen. In jeder 2. Reihe die beiden äußeren Fäden nicht mitknüpfen.

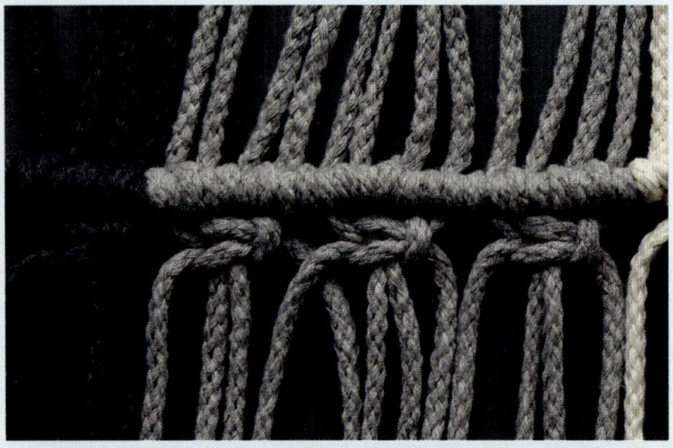

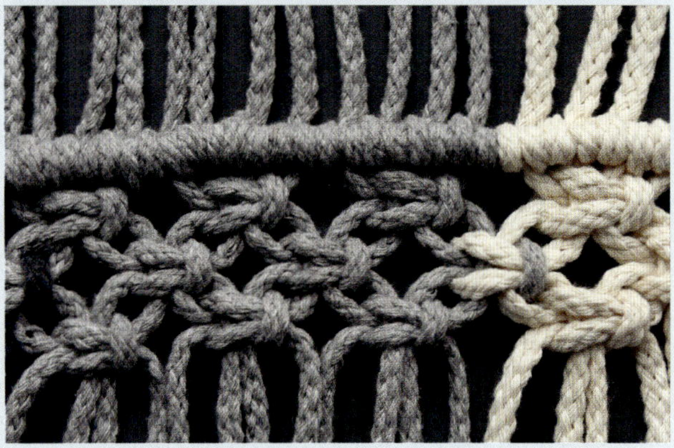

4 Alle Fäden mit Rippenknoten an einem 60 cm langen Faden anknüpfen. Auch hier wieder darauf achten, dass der Leitfaden stets straff gespannt ist und die Rippenknoten gleichmäßig geformt werden.

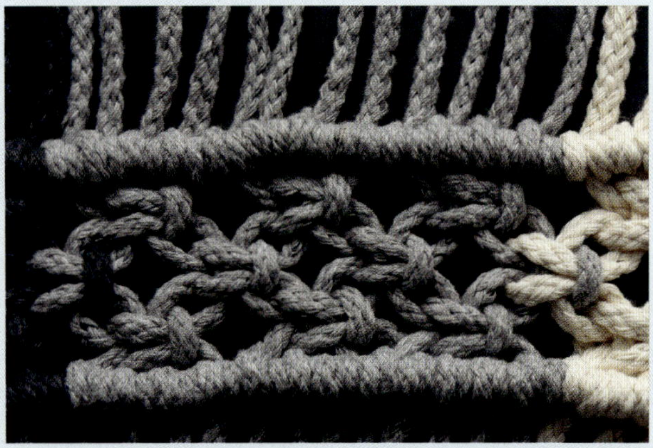

5 Zwei Reihen versetzte Kreuzknoten fertigen.

6 Aus je 4 Fäden 2 Kreuzknoten untereinander arbeiten.

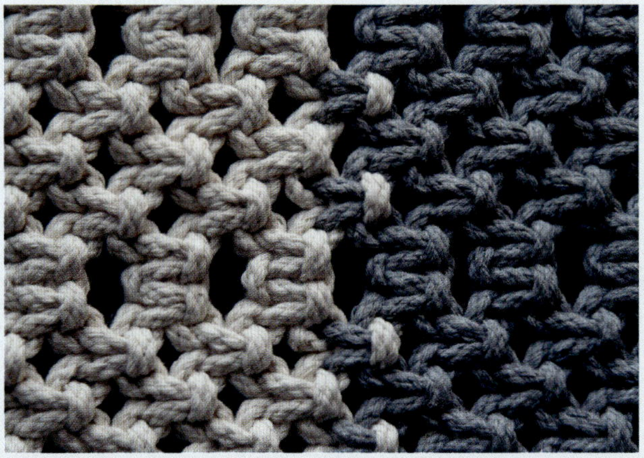

7 Drei Reihen versetzte Kreuzknoten knüpfen.

8 Schritt 6 und 7 noch 11-mal und Schritt 6 und 5 (Achtung: Reihenfolge wie beschrieben einhalten!) einmal wiederholen.

9 Die Schritte 4, 3 und 4 (Achtung: Reihenfolge wie beschrieben einhalten!) je einmal wiederholen.

10 Die Fadenenden als Fransen nach ca. 6 cm oder nach Belieben an beiden Seiten gleichmäßig abschneiden. Die Fadenenden der Leitfäden (Rippenknoten) auf der Rückseite vernähen oder mit einer Häkelnadel in die Knoten ziehen.

Tipp

Der Läufer kann ganz einfach verlängert bzw. verbreitert werden.

DREIERLEI BLUMENAMPEL

Blumenampel Weiß-Grau

MATERIAL

Baumwollgarn, geflochten, ⌀ 4 mm
- 4 Fäden in Weiß, 4,2 m lang
- 4 Fäden in Grau, 4,9 m lang
- 1 Faden in Weiß, 1,2 m lang (Einknüpfen des Rings)

1 Metallring, ⌀ 4 cm

GRÖSSE

ca. 75 cm lang, Blumentopf, ⌀14 cm

VERWENDETE KNOTEN

Schlingenknoten
Wellenknoten
Überhandknoten
Kreuzknoten
Kapuzinerknoten

1 Am Ring den kurzen Faden einhängen und den Ring mit Schlingenknoten gegenseitig umknüpfen. Fadenenden mit einem Kreuzknoten aus 2 Fäden zusammenknoten. Fadenenden als Leitfäden in einem Wellenknotenband mitknüpfen.

2 Alle Fäden mittig über den Ring und den Kreuzknoten legen. Die Fäden ordnen, dass die weißen Fäden oben liegen. Aus 2 weißen Knüpffäden einen Kreuzknoten über 14 Leitfäden knüpfen (plus Fadenenden vom Ring).

3 Aus je 2 weißen Knüpf- und 2 grauen Leitfäden 15 Wellenknoten fertigen (die beiden Fadenenden vom Ring umknüpfen können als Leitfäden mitgeführt werden).

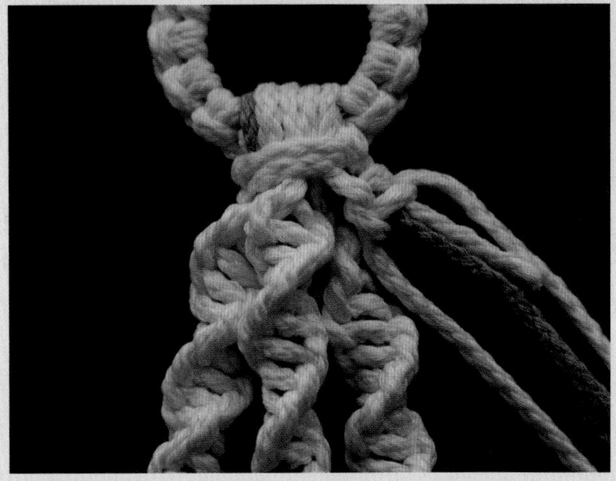

4 1,5 cm Abstand lassen. Die weißen Knüpffäden nach vorne legen und mit den grauen Fäden als Knüpf- über die weißen Fäden als Leitfäden einen Kreuzknoten ausführen. Wieder wechseln und nach ca. 1,5 cm die grauen Fäden als Leitfäden nach vorne legen und aus den weißen Fäden als Knüpffäden einen Kreuzknoten arbeiten.

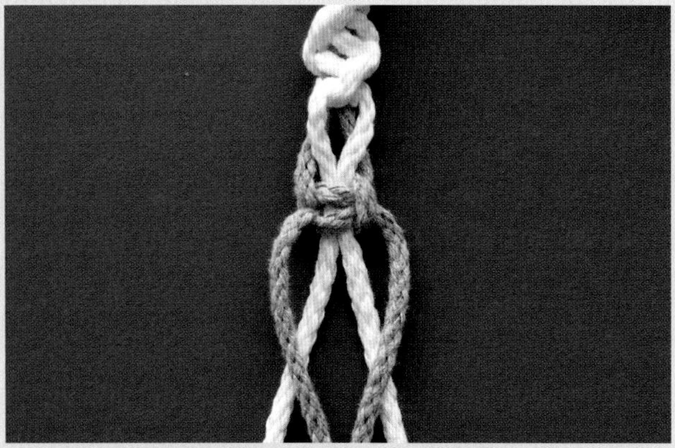

5 Schritt 4 noch dreimal wiederholen.

6 1,5–2 cm Abstand lassen, wieder wechseln und 13–15 Wellenknoten aus 2 grauen Knüpf- und 2 weißen Leitfäden knüpfen.

Variationen

7a (für Fortgeschrittene):
Fäden teilen und aus je einem Leit- und einem Knüpffaden 13 Schlingenknoten knüpfen. Beim 1. Band den grauen Faden als Leit- und den weißen Faden als Knüpffaden verwenden. Beim 2. Band ist der weiße Faden der Leit- und der graue Faden der Knüpffaden. Die anderen Bänder genauso knüpfen, dabei darauf achten, dass immer 2 gleichfarbige Spiralen nebeneinander liegen. Versetzt die weißen Spiralen mit einem Kreuzknoten aus weißen und die grauen Spiralen mit einem Kreuzknoten aus grauen Knüpffäden verbinden. Unter den weißen Kreuzknoten je 2 Spiralen aus 13 Schlingenknoten mit weißen Knüpffäden und unter den grauen Kreuzknoten je 2 Spiralen mit grauen Knüpffäden fertigen..

7b (einfachere Variante):
Aus je 2 Fäden 13 Schlingenknoten ausführen; dabei ist jeweils ein weißer Faden der Knüpf- und ein grauer Faden der Leitfaden. Jeweils 2 Spiralen versetzt mit einem Kreuzknoten aus 2 weißen Knüpf- und 2 grauen Leitfäden verbinden. Fäden wieder teilen und aus je einem grauen Knüpf- über einen weißen Leitfaden 13 Schlingenknoten knüpfen.

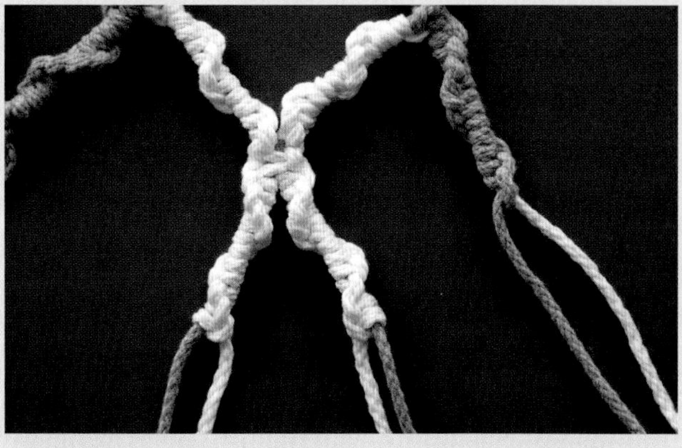

8 Jeweils 2 Bänder versetzt mit 5 Kreuzknoten verbinden. Die beiden längsten Fäden sind die Knüpffäden.

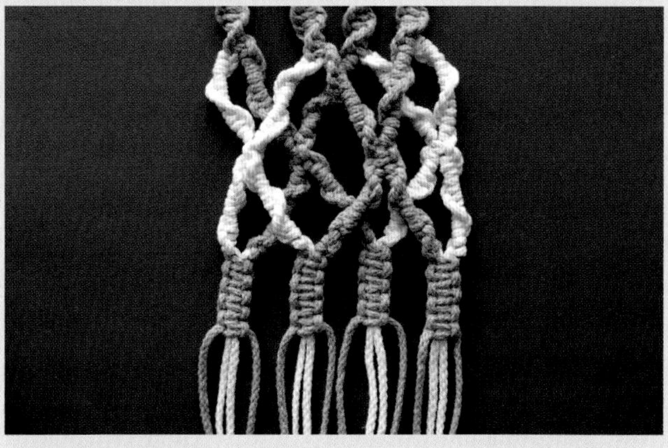

9 Alle 4 Bänder mit 5 Wellenknoten aus den beiden längsten Fäden als Knüpf- und 14 Leitfäden straff zusammenfassen. Die Knüpffäden direkt am Knoten mit je einem Überhandknoten versehen.

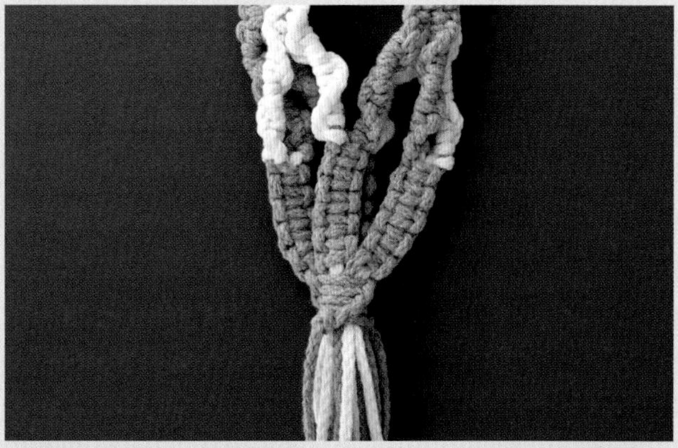

10 Alle Fadenenden nach ca. 15 cm ebenfalls mit Überhand- oder Kapuzinerknoten (je nach übriger Fadenlänge) verzieren. Fadenenden abschneiden.
Bei Variante 7b sind die weißen Fadenenden ca. gleich lang. Bei Variante 7a sind 4 weiße Fadenenden länger.

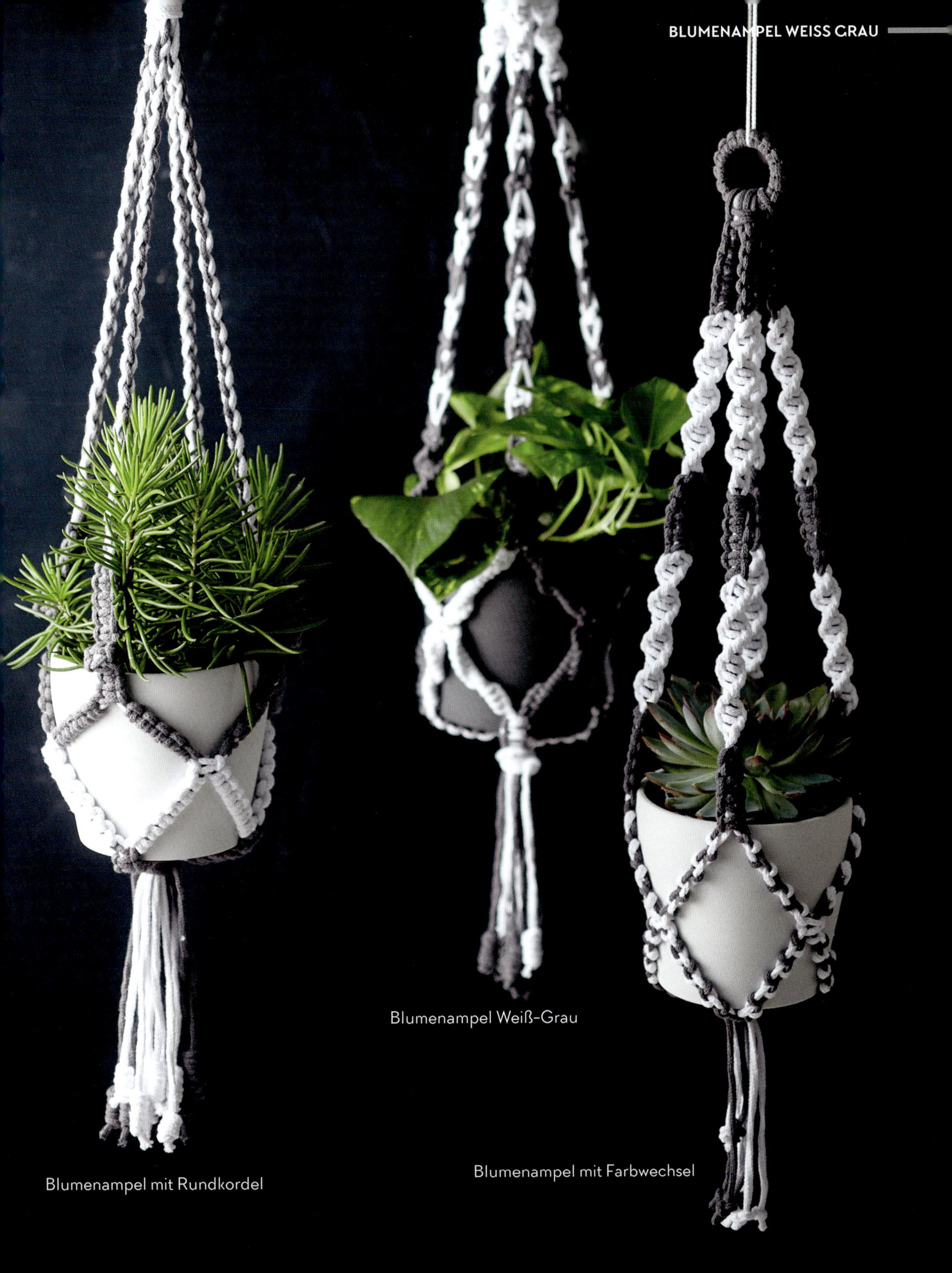

Blumenampel Weiß-Grau

Blumenampel mit Farbwechsel

Blumenampel mit Rundkordel

Blumenampel mit Rundkordel

MATERIAL

Baumwollgarn, geflochten, ø 4 mm

4 Fäden in Weiß, 3,9 m lang

4 Fäden in Grau, 5 m lang

1 Faden in Weiß, 2 m lang (Einknüpfen des Rings)

1 Metallring, ø 4 cm

GRÖSSE

ca. 75 cm lang, Blumentopf ø 14 cm

VERWENDETE KNOTEN

Schlingenknoten gegenseitig

Abbinden (Wickelknoten)

Rundkordel

Erbsknoten

Kapuzinerknoten

Kreuzknoten

Wellenknoten

1 Den 2 m langen Faden mittig am Ring einhängen, und mit einem Fadenende den Ring mit Schlingenknoten gegenseitig einknüpfen. Das kurze Fadenende nach ca. 3 cm abschneiden.

2 Alle Fäden mittig über den Ring und die beiden Fadenenden legen. Die Fäden so ordnen, dass die weißen Fäden oben liegen. Nun mit dem langen Fadenende A (vom Einknüpfen des Rings) abbinden. Das kurze Fadenende mit einwickeln. Mit Faden A eine Schlinge legen und von oben alle Fäden straff umwickeln. Den Faden durch die Schlinge ziehen. Fadenende nach ca. 3 cm abschneiden und mit der Schere in den Wickelknoten schieben.

3 Rundkordel: Aus je 2 weißen und 2 grauen Fäden 30 cm Rundkordel flechten. Beginnen Sie so, dass 2 weiße und 2 graue Fäden nebeneinander liegen. Beim Flechten möglichst einen Strang am Stück arbeiten.

4 Die eben geknüpfte Kordel mit 5 Kreuzknoten aus 2 grauen Knüpf- und 2 weißen Leitfäden sichern. Dabei den ersten Knoten vorsichtig anziehen damit sich die Rundkordel nicht verformt. Die Rundkordel evtl. mit einer Wäscheklammer solange fixieren, bis der 1. Kreuzknoten fertig geknotet ist und sauber anliegt.

5 Mit 1 cm Abstand 1 Erbsknoten aus 4 Kreuzknoten knüpfen. Achten Sie dabei darauf, dass der Erbsknoten mit einem straffen Kreuzknoten unter der Kugel endet.

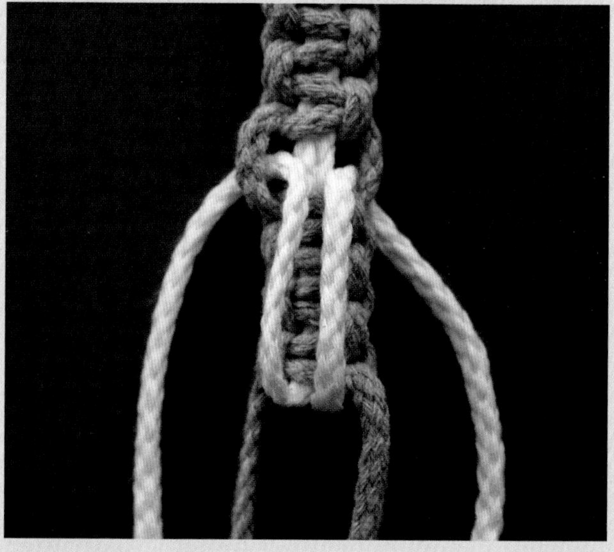

6 Weitere 2 Kreuzknoten fertigen.,

7 Mit den grauen Fäden als Knüpffäden über die weißen Leitfäden je 5 Schlingenknoten gegenseitig knüpfen.

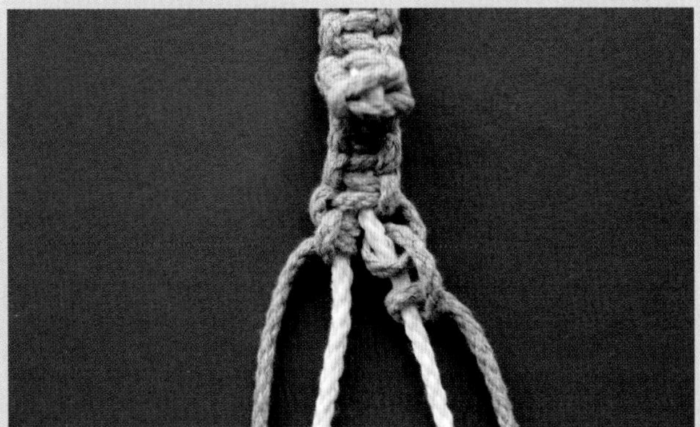

8 Versetzt je 2 Bänder mit einem Kreuzknoten aus 2 weißen Knüpf- und 2 grauen Leitfäden verbinden.

9 Nun über die grauen Leit- mit weißen Knüpffäden je 6 Schlingenknoten gegenseitig fertigen.

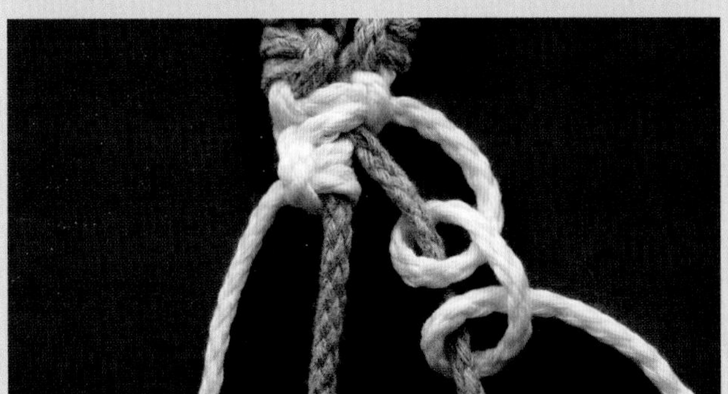

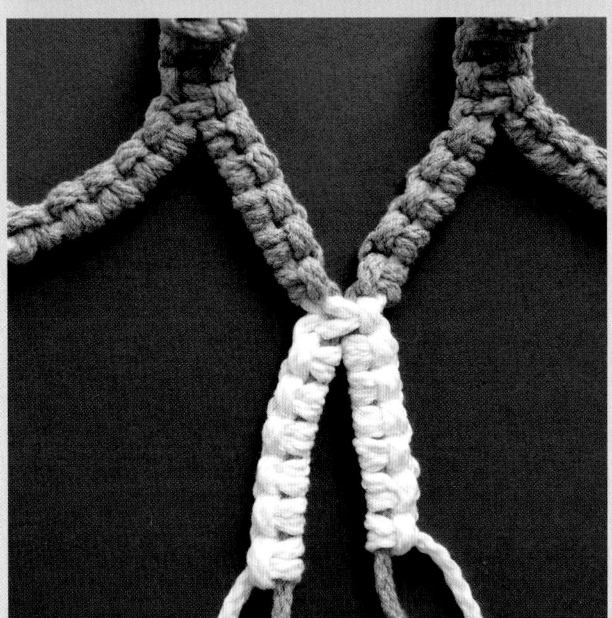

10 Versetzt je 2 Bänder mit 5 Kreuzknoten aus 2 grauen Knüpf- und 2 weißen Leitfäden verbinden.

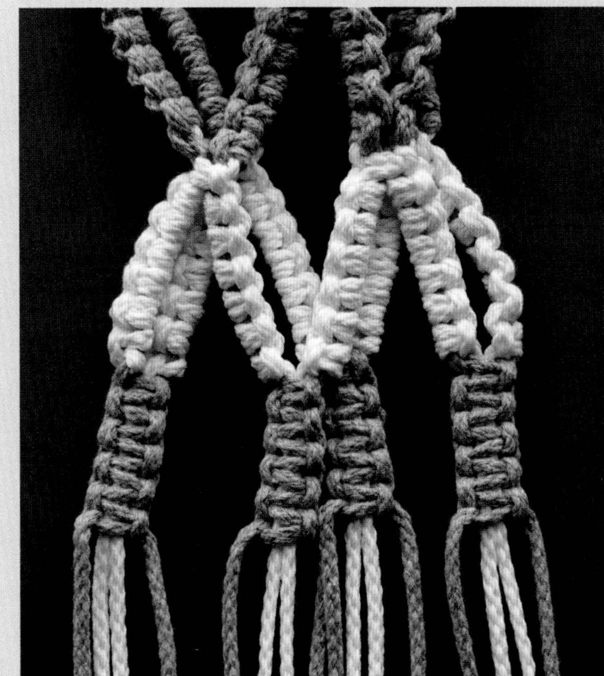

11 Aus 2 grauen Knüpf- über 14 Leitfäden 3 Wellenknoten knüpfen. Die Fadenenden mit einem straffen Überhandknoten sichern.

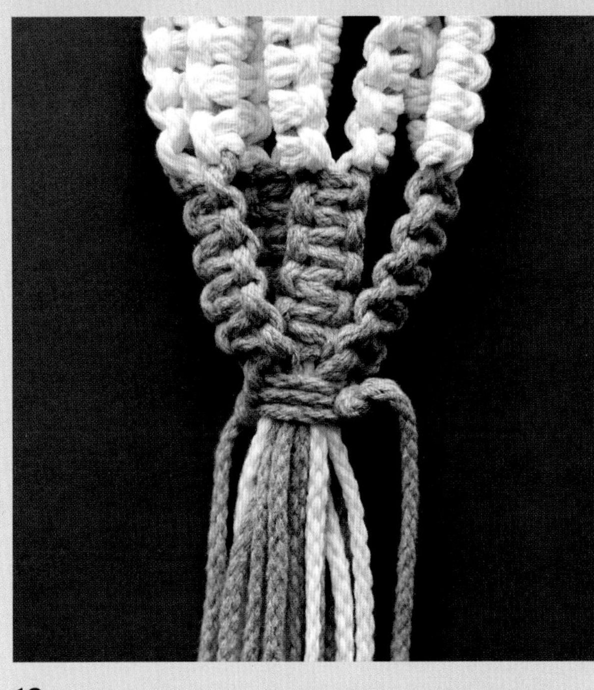

12 Nach ca. 10 cm alle Fadenenden mit Kapuzinerknoten verzieren. Fadenenden nach ca. 1 cm abschneiden.

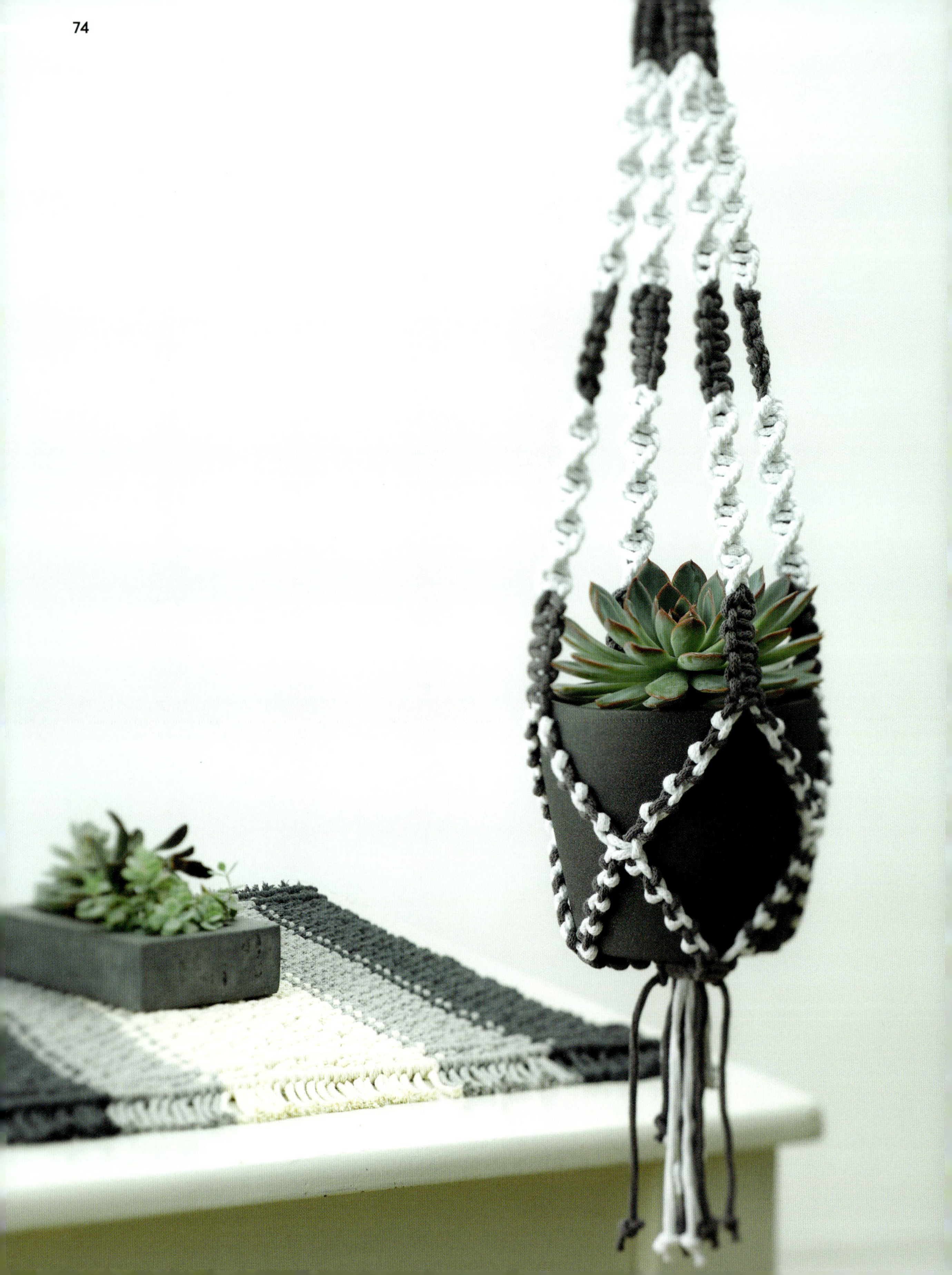

Blumenampel mit Farbwechsel

MATERIAL

1 Metallring, ⌀ 4 cm

Makrameegarn, geflochten, ⌀ 4 mm

- 4 Fäden in Weiß, 5,4 m lang
- 4 Fäden in Grau, 5,4 m lang
- 1 Faden in Grau, 1,2 m lang (Einknüpfen des Rings)

GRÖSSE

Länge ca. 70 cm, Topfdurchmesser Ø 14 cm

VERWENDETE KNOTEN

Schlingenknoten gegenseitig

Kettknoten

Wellenknoten

Überhandknoten

Kreuzknoten evtl. Kapuzinerknoten

1 Den Ring mit Schlingenknoten gegenseitig mit dem 1,2 m langen Faden umknüpfen. Fadenenden mit einem Kreuzknoten aus 2 Fäden zusammenknoten. Fadenenden im 1. Knotenband mit den Leitfäden mitführen.

2 Alle Fäden mittig über den Ring bzw. den Kreuzknoten legen. Die Fäden ordnen, dass die grauen Fäden oben liegen. Aus 2 grauen Knüpffäden einen Kreuzknoten über 14 Leitfäden knüpfen.

3 Aus je 2 grauen Knüpf- und 2 weißen Leitfäden 5 Kreuzknoten arbeiten. (Die beiden kurzen Fäden vom Ring sind parallel neben den Leitfäden in einem Band).

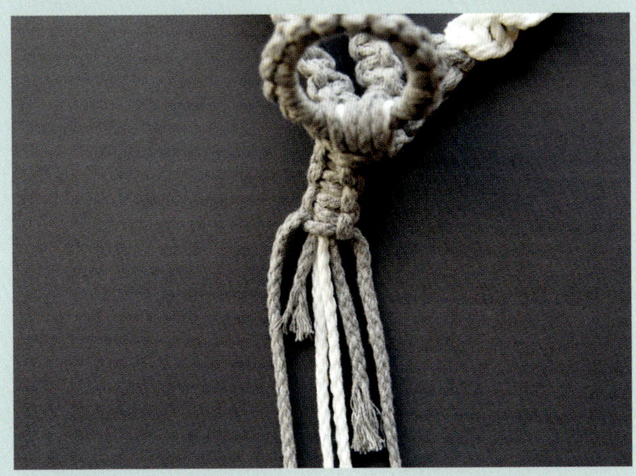

4 Fäden tauschen, d. h. die grauen Fäden werden als Leitfäden in die Mitte gelegt und mit den weißen Fäden als Knüpffäden 20 weiße Wellenknoten fertigen. Die Wellenknoten immer von der gleichen Seite beginnen; Wenn sich das Band leicht dreht, drehen lassen und von der gleichen Seite weiter knüpfen wie vorher.

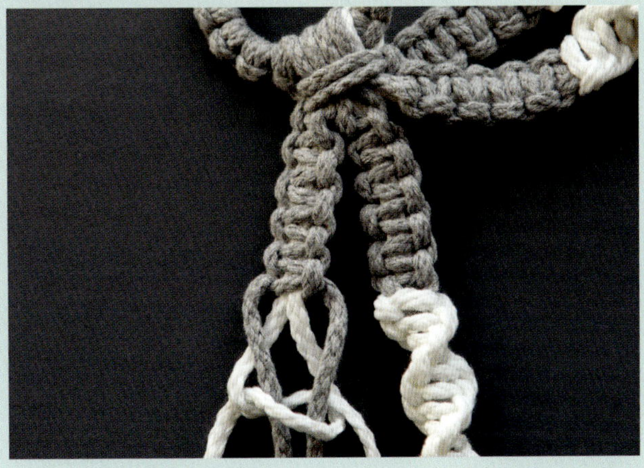

5 Fäden wieder tauschen und Schritt 3 und 4 wiederholen.

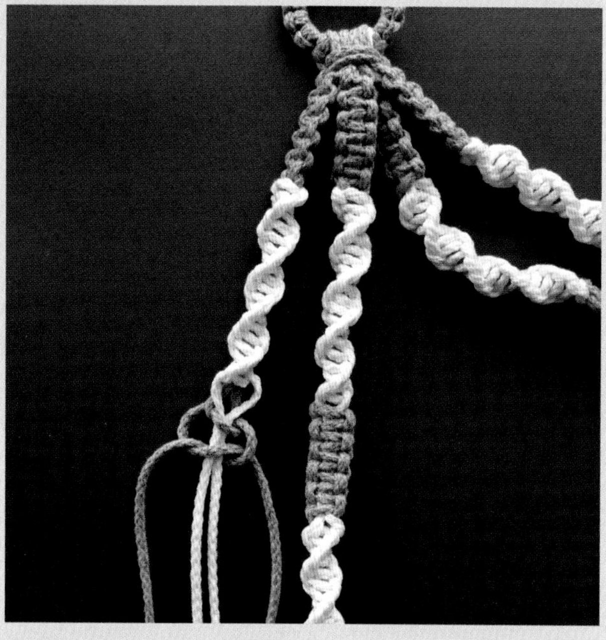

6 Fäden tauschen und Schritt 3 nochmals wiederholen.

7 Aus je einem weißen und grauen Faden ein Kettknotenband aus 4 Kettknoten knüpfen (1 Kettknoten besteht aus einem Knoten nach rechts und einem Knoten nach links).

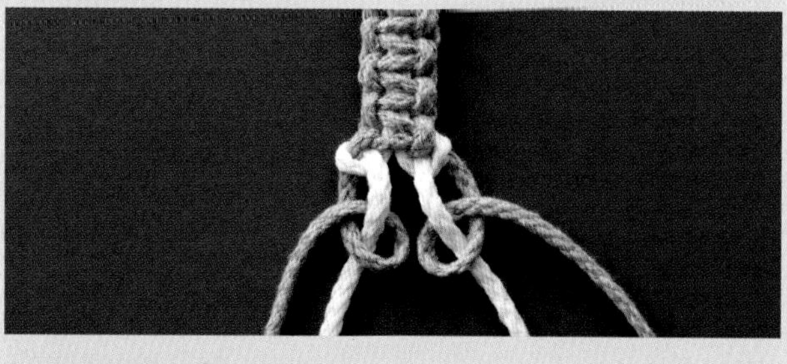

8 Versetzt je 2 Kettknotenbänder mit einem Kreuzknoten aus 2 weißen Knüpf- und 2 grauen Leitfäden verbinden.

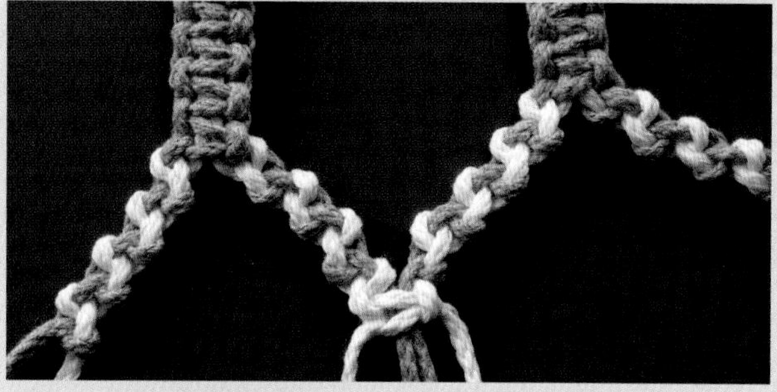

9 Schritt 7 einmal wiederholen.

10 Versetzt je 2 Kettknotenbänder mit 4 Kreuzknoten aus 2 grauen Knüpf- und 2 weißen Leitfäden zusammenfassen.

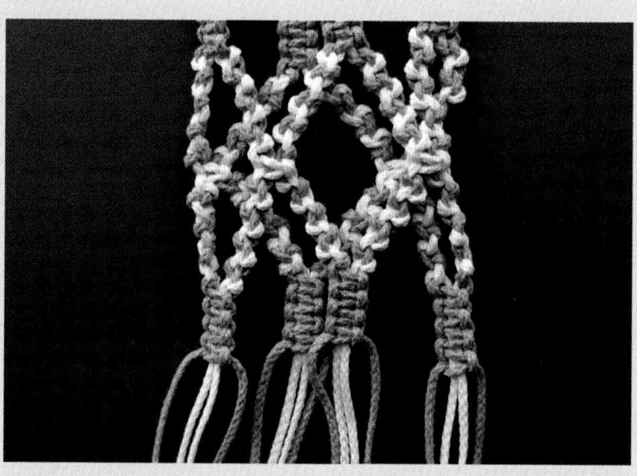

11 Alle 4 Bänder mit 1 Kreuzknoten aus 2 grauen Knüpf- und 14 Leitfäden straff verbinden. Die Knüpffäden direkt am Knoten mit je einem Überhandknoten versehen. Variation: Sind noch 2 Fäden lang genug, können auch alle 4 Bänder mit 5–10 Wellenknoten anstelle eines Kreuzknotens geknüpft werden.

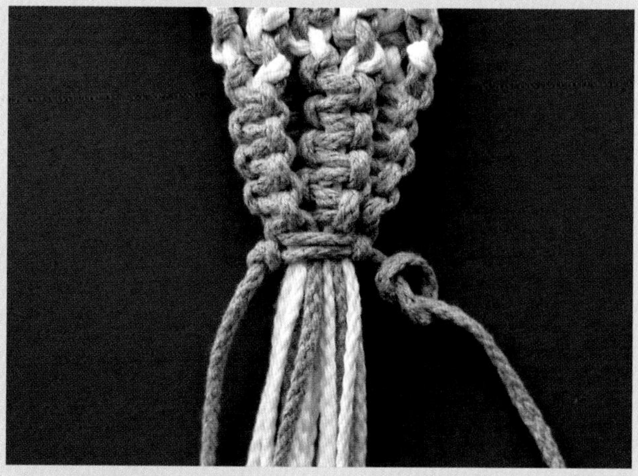

12 Die restlichen Fadenenden nach ca. 15 cm ebenfalls mit Überhand- oder Kapuzinerknoten (je nach Restfäden) verzieren. Fadenenden nach ca. 1 cm abschneiden.

DOPPELTE BLUMENAMPEL

schnell geknüpft

MATERIAL

Baumwollgarn in Weiß, ⌀ 6 mm
- 8 Fäden, 6,5 m lang
- 1 Faden, 1,6 m lang

Baumwollgarn in Weiß, ⌀ 4 mm
- 8 Fäden, 2,6 m lang

2 Blumentöpfe, ⌀ 10 cm und 14 cm

2 Holzringe, ⌀ 8 cm und 5 cm

GRÖSSE

ca. 95 cm lang

VERWENDETE KNOTEN

Doppelt Einhängen Schlingenknoten gegenseitig
Kettknoten
Anknüpfen mit Rippenknoten am Ring
Kreuzknoten
Kreuzknoten aus 2 Fäden
Versetzte Kreuzknoten
Wellenknoten
Überhandknoten
Schlingenknoten
Kettknoten
Rippenknoten
Kapuzinerknoten

1 Je 2 Fäden, 2,6 m lang, im Winkel von 90 Grad am großen Holzring doppelt einhängen.

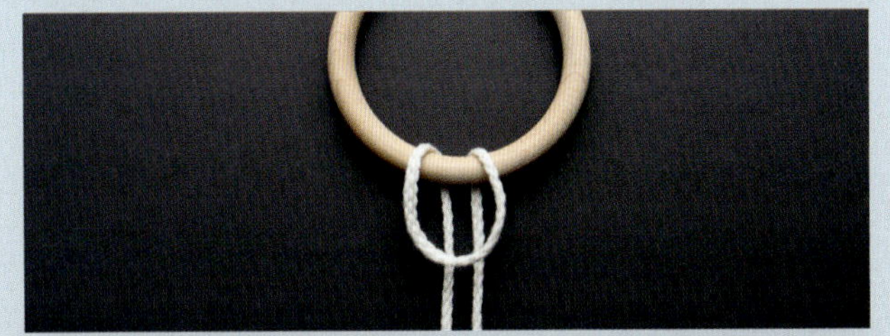

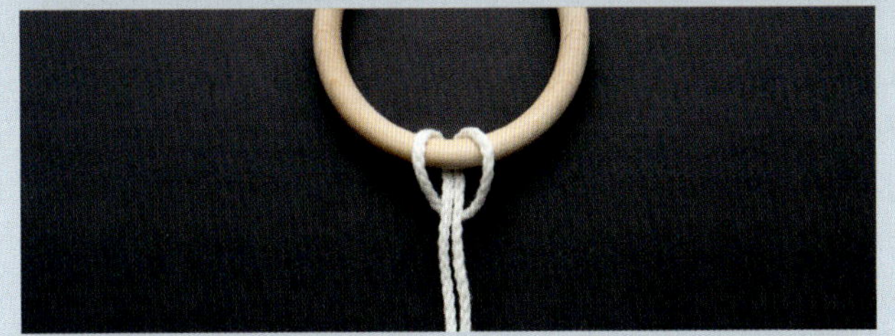

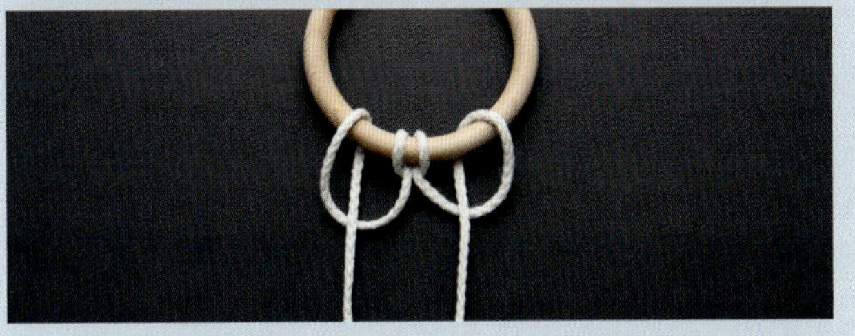

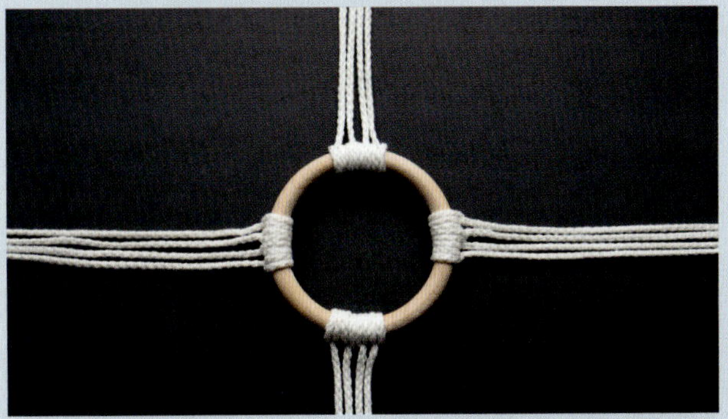

2 Aus je 4 Fäden 4 Kreuzknoten knüpfen.

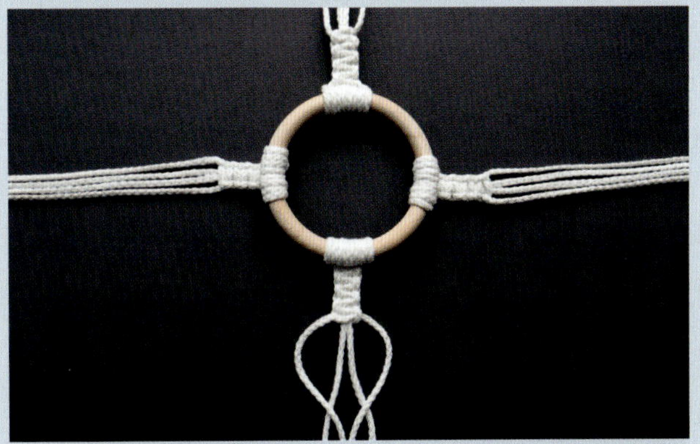

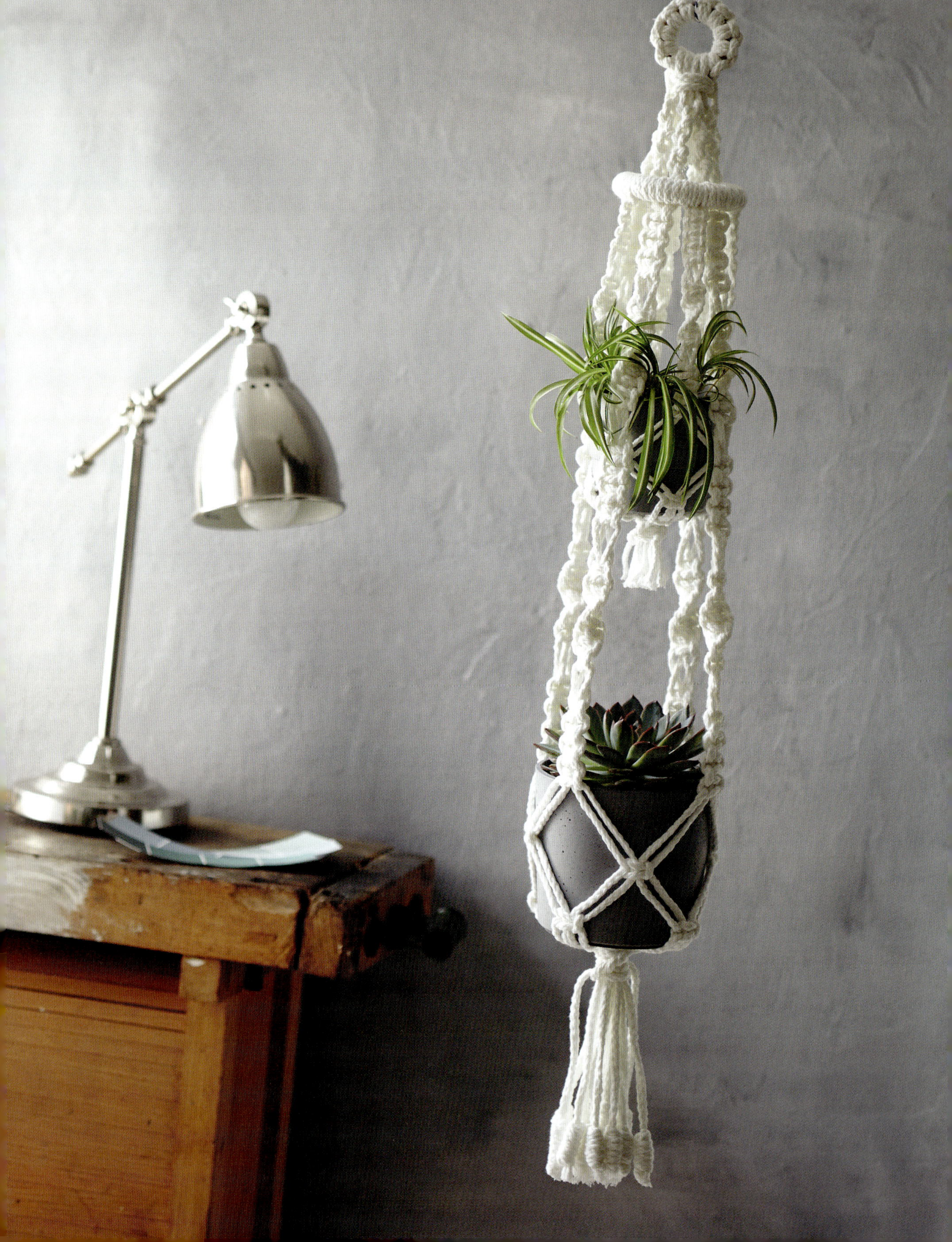

3 Ca. 2,5 cm Abstand lassen, Knüpf- und Leitfäden tauschen, d. h. Knüpffäden nach vorne in die Mitte legen und aus den bisherigen Leitfäden 1 Kreuz- 6 Wellen- und wieder einen Kreuzknoten knüpfen.

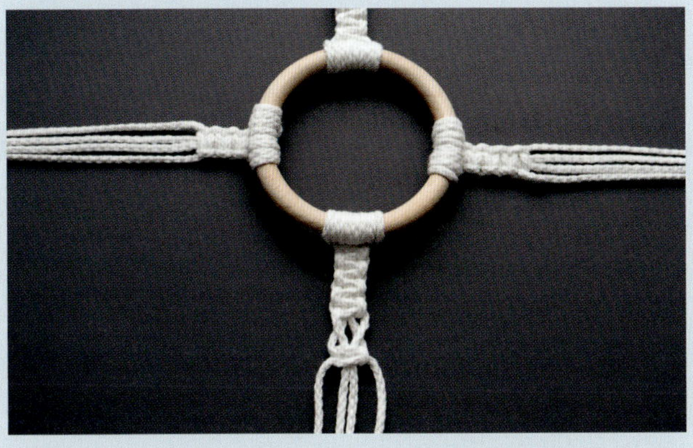

4 Fäden tauschen und 4 Kreuzknoten knüpfen.

5 Nach 4 – 5 cm versetzt einen Kreuzknoten knüpfen. Dabei von 2 nebeneinanderliegenden Strängen je 2 Fäden verwenden.

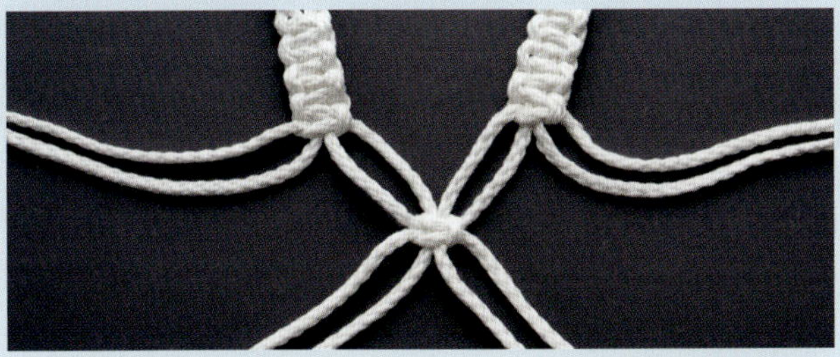

6 Schritt 5 noch zweimal wiederholen. Bei der 2. Wiederholung nur 3 cm Abstand lassen.

7 Mit den beiden längsten Fäden als Knüpffäden über 14 Leitfäden 5 Wellenknoten knüpfen. Beide Fadenenden mit einem Überhandknoten sichern.

8 Fadenenden gleich ziehen und nach ca. 4 cm abschneiden, alternativ mit Überhandknoten verzieren.

9 Ring einknüpfen: Den kurzen Faden am kleinen Ring einhängen und beidseitig mit Schlingenknoten gegenseitig umknüpfen. Beide Fadenenden mit einem Kreuzknoten aus 2 Fäden zusammenknoten. Fadenenden abschneiden, evtl. mit Klebstoff sichern.

10 Die restlichen 8 Fäden über den Ring und die Knotenstelle des Kreuzknotens legen und mitteln. Mit einem Kreuzknoten aus 14 Leit- und 2 Knüpffäden zusammenfassen.

11 Jeweils aus 2 Fäden 8 Bänder aus je 3 Kettknoten knüpfen.

12 Den Ring aufhängen und alle Fäden in den großen Ring ziehen. Jeweils zwischen ein bestehendes Knotenband der kleinen Ampel 4 Fäden mit Rippenknoten anknüpfen.

13 Schritt 2 und 3 je zweimal wiederholen, dann noch einmal Schritt 2 wiederholen. Dazwischen jeweils Abstand lassen.

14 Schritt 5 nach ca. 6 cm zweimal wiederholen.

15 Schritt 7 wiederholen. Alle Fäden nach ca. 10 – 12 cm mit Kapuzinerknoten verzieren. Fadenenden nach ca. 1 cm abschneiden.

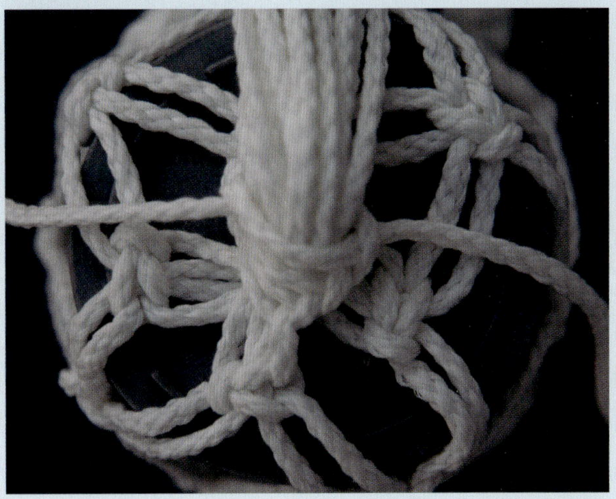

KLEINE Netztasche

MATERIAL

Baumwollgarn, geflochten, ⌀ 4 m
- 20 Fäden in Natur, 5 m lang
- 4 Fäden in Hellgrau, 5 m lang
- 4 Fäden in Anthrazit, 5 m lang
- 4 Fäden in Schwarz, 5,8 m lang
- 4 Fäden in Schwarz, 5 m lang
- 2 Fäden in Schwarz, 3,5 m (Griffe)

2 runde Taschengriffe, ⌀ 15 cm

GRÖSSE

ca. 50 cm x 28 cm

VERWENDETE KNOTEN

Doppelt einhängen
Schlingenknoten gegenseitig
Kettknoten
Kreuzknoten
Versetzte Kreuzknoten
Wellenknoten
Überhandknoten

1 An einem der beiden Holzringe einen 3,5 m langen Faden so einhängen, dass an einer Seite ca. 10 cm Faden übrig sind. Mit dem langen Fadenende 22–26 Schlingenknoten gegenseitig um den Ring knüpfen, sodass ca. die Hälfte des Rings bedeckt ist. Den anderen Ring genauso arbeiten. Dies werden die Griffe der Tasche.

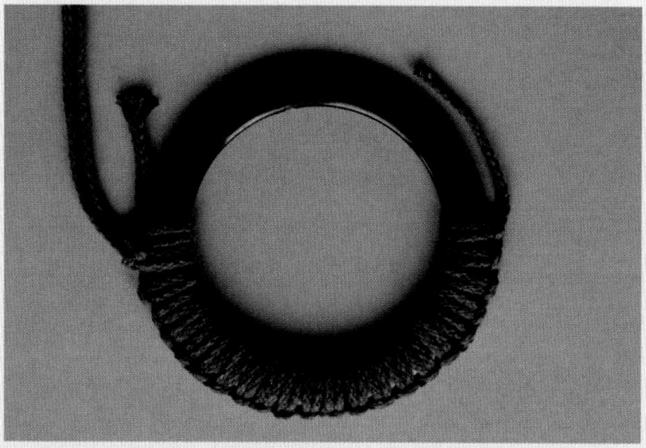

2 Das kurze Fadenende an den Ring legen und die Fäden wie folgt doppelt einhängen: Die ersten Fäden werden über Taschengriff und Fadenende in folgender Reihenfolge eingehängt: 1 Faden in Schwarz (5,8 m lang) – 1 Anthrazit – 1 Hell rau – 10 Natur – 1 Hellgrau – 1 Anthrazit – 1 Schwarz (5,8 m lang). Bei den letzten 5 Fäden das ca. 10 cm lange Fadenende (vom Umknüpfen der Griffe) wieder mit einknüpfen. So sind die Fadenenden gleich versäubert.

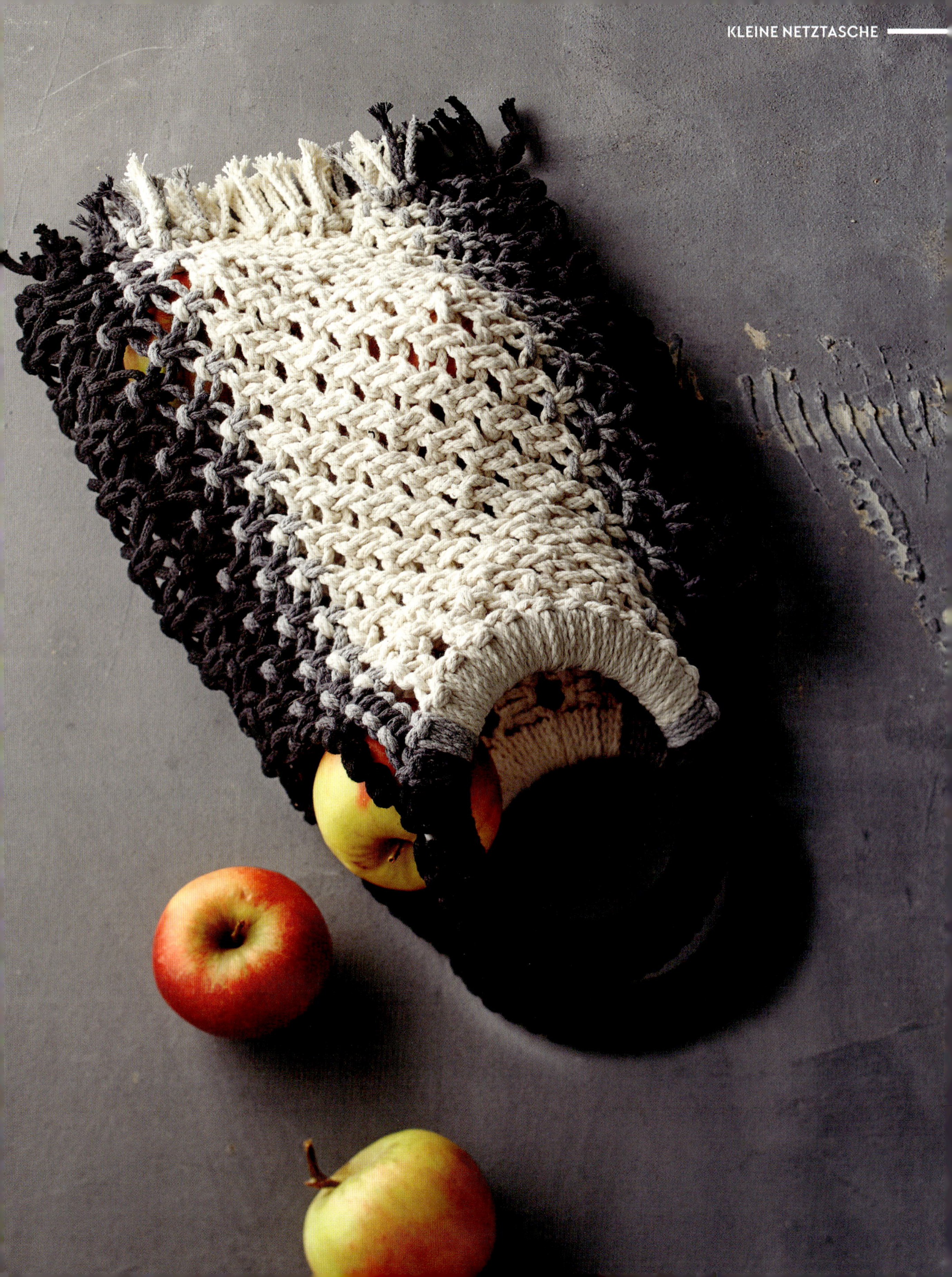

3 Aus je 2 schwarzen Fäden 3 Kettknoten, daneben aus je einem anthrazitfarbenen und hellgrauen Faden 3 Kreuzknoten, dazwischen aus je 4 Fäden 2 Kreuzknoten knüpfen.

4 Versetzt darunter eine Reihe Kreuzknoten ausführen. Zwischen den Knoten immer etwas Abstand lassen. Der Abstand vergrößert sich zur Seite.

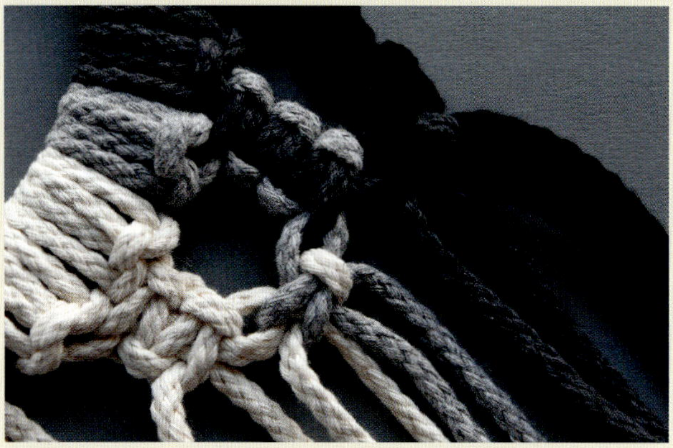

5 Am Rand die beiden äußeren schwarzen Fäden spannen und in ca. 1,5 cm Abstand jeweils einen 5 m langen Faden mitteln und mit einem Kreuzknoten anknüpfen. Dabei sind die seitlichen Fäden die Leitfäden.

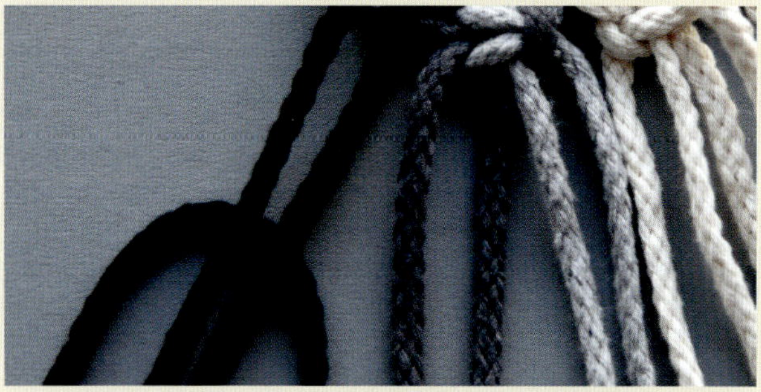

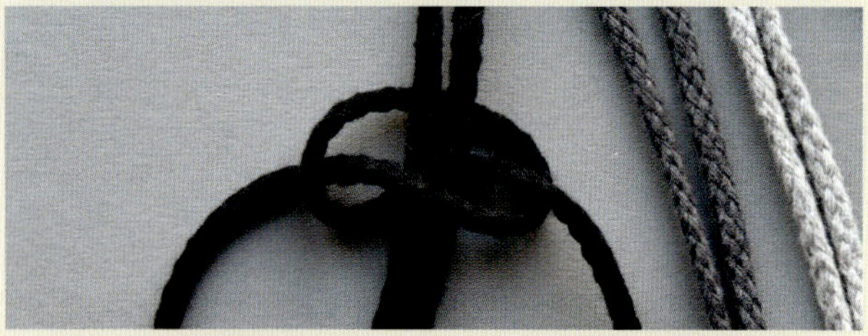

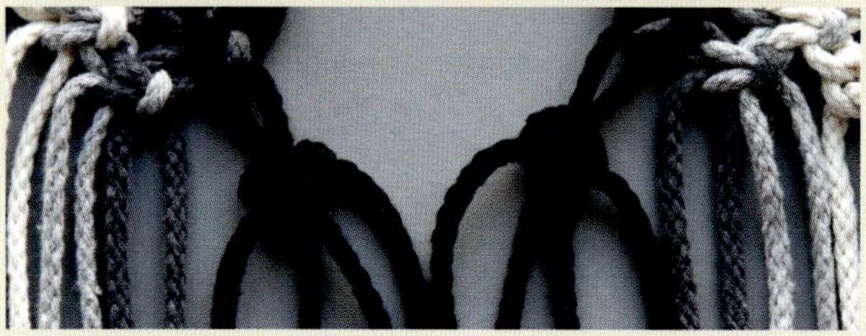

6 Knotenmuster: Aus den danebenliegenden hellgrauen und anthrazitfarbenen Fäden jeweils 1 Kreuzknoten und aus den naturfarbenen Fäden je 2 Wellenknoten knüpfen.

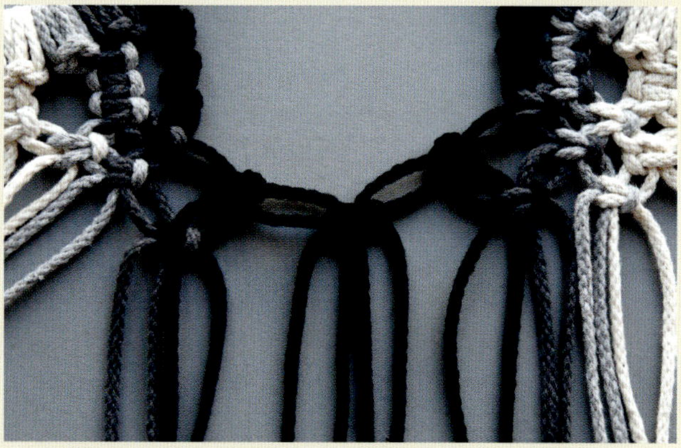

7 In der nächsten Runde die beiden Taschenteile miteinander verbinden. Beide Taschengriffe nebeneinander legen, jeweils die beiden äußeren Fäden spannen und in ca. 2,5 cm Abstand mit einem Kreuzknoten (2 Fäden von jeden Taschenteil) verbinden. Dazwischen das Knotenmuster fortsetzen.

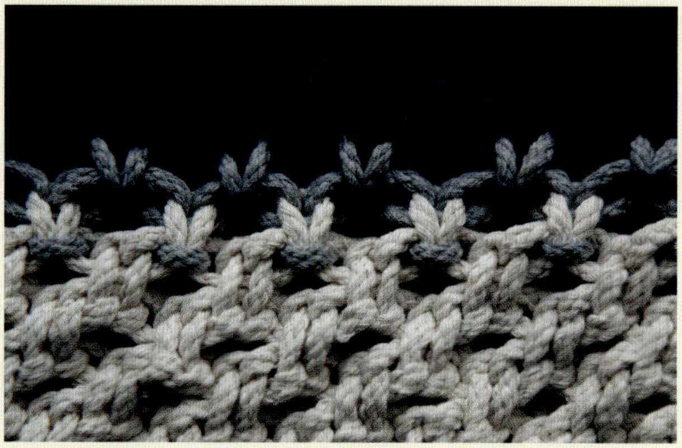

8 Das Knotenmuster noch weitere 22 Runden jeweils versetzt wiederholen. Zwischen den Knoten immer etwas Abstand lassen.

9 Abschluss: Versetzt unter die letzte Reihe aus je 4 Fäden von vorne und 4 Fäden von hinten 1 festen Kreuzknoten knüpfen (2 x 2 Knüpf- und 4 Leitfäden). Die Fadenenden straff anziehen. Versetzt aus den 4 Knüpffäden einen weiteren Kreuzknoten aus 2 Knüpf- und 2 Leitfäden fertigen, Knüpffäden mit je einem straffen Überhandknoten versehen. Fadenenden kürzen.

ZEITUNGSSTÄNDER

im Kreis

MATERIAL

Jute in Hellbeige, ⌀ 6 mm
- 28 Fäden, je 2,8 m lang
- 2 Fäden, je 12 m lang

Jute in Natur, ⌀ 4 mm
- 4 Fäden, 2 m lang
- 4 Fäden, 3,6 m lang

2 Metallringe, ⌀ 50 cm

Teller, ⌀ 20 cm

12 längliche Perlen in Anthrazit, ca. 20 mm lang, ⌀ ca. 12 mm

8 längliche Perlen in Anthrazit, ca. 16 mm lang, ⌀ ca. 8 mm

GRÖSSE

ca. ⌀ 50 cm

VERWENDETE KNOTEN

Doppelt Einhängen
Versetzte Kreuzknoten
Rippenknoten
Überhandknoten
Schlingenknoten
Kreuzknoten
Wellenknoten
Abbinden

1 An einem Ring die 28 Fäden doppelt einhängen und 24 Reihen versetzte Kreuzknoten aus je 2 Knüpf- und 2 Leitfäden knüpfen (28 cm breit).

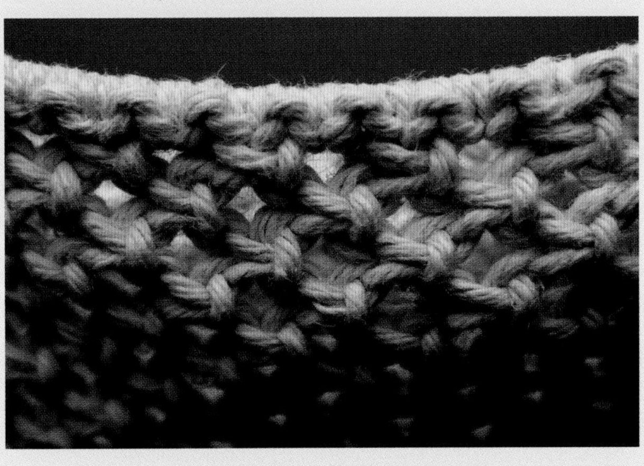

2 Am Rand in der 2., 6. 10., 14., 18. und 22. Reihe jeweils den äußeren Faden durch eine Perle (20 mm lang) ziehen. Die Kreuzknoten jeweils straff festziehen

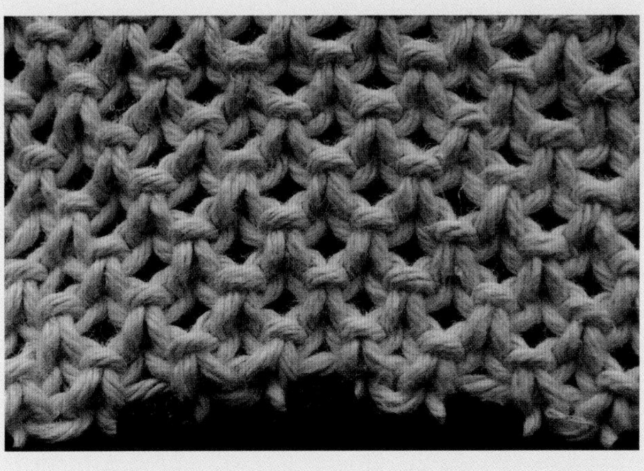

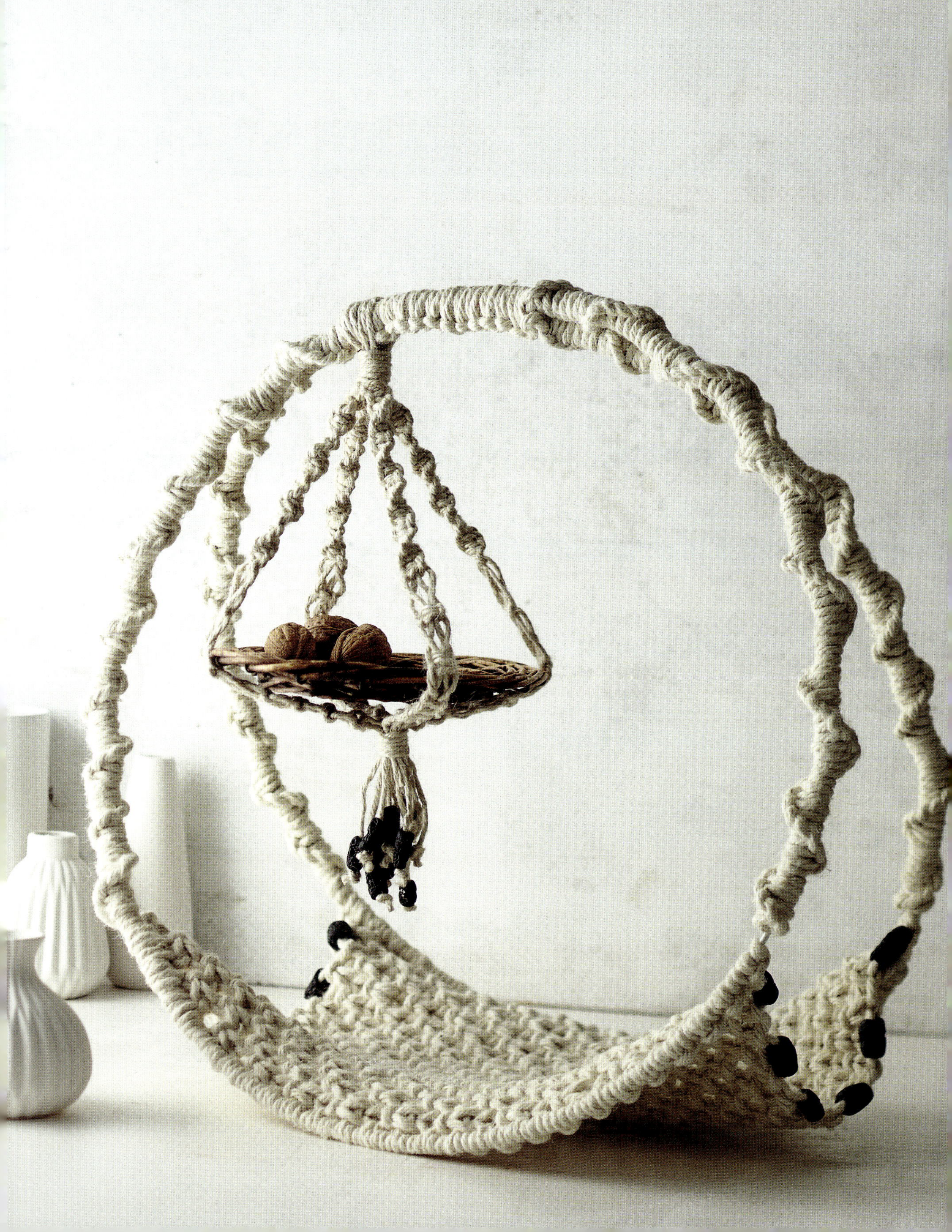

3 Alle Fäden am 2. Ring mit Rippenknoten straff anknüpfen. Je 4 Fäden auf der Rückseite mit einem sehr festen Kreuzknoten versehen. Jedes Fadenende mit einem Überhandknoten fixieren. Zusätzlich evtl. mit Klebstoff absichern.

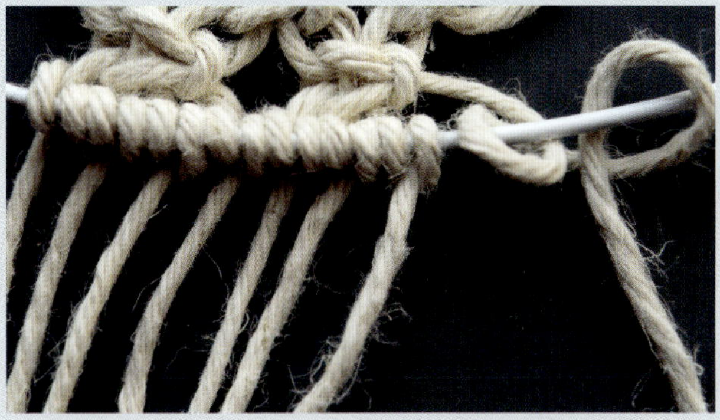

4 Ring umknüpfen: An jedem Ring einen langen Faden so anlegen, dass ein Fadenende ca. 10 cm lang ist. Das lange Fadenende mit einem Gummi aufwickeln. Mit dem langen Faden über den Ring und das kurze Fadenende bis fast zur Ringmitte knüpfen. Beide Ringe zusammenführen, einen Faden als Leitfaden entlang des Ringes legen. Mit dem anderen über beide Ringe 11 Schlingenknoten knüpfen. Die Schlingenknoten nicht drehen, dann jeden Ring einzeln weiter knüpfen. Fadenenden mit einer Häkelnadel in die Knoten ziehen.

Tipp

Um die Ringe können auch vor dem Umknüpfen Garnreste (ca. 1,2 m lang) mit Klebeband festgeklebt werden, so wirkt der Ring voller.

5 Hängender Teller: Die restlichen Fäden mitteln und nach Foto über die beiden Ringe legen Mit einem langen Faden eine Schlinge über alle Fäden legen und von oben siebenmal straff umwickeln, den Faden durch die Schlinge ziehen.

6 Aus je 2 langen Knüpf- und 2 kurzen Leitfäden 1 Kreuz- und 4 Wellenknoten knüpfen. Dreimal wiederholen und mit einem Kreuzknoten abschließen.

7 Fäden spannen und in 2,5 cm Abstand die Knüpffäden in die Mitte als Leitfäden legen und einen Kreuzknoten knüpfen. Zweimal wiederholen.

8 Drei weitere Kreuzknoten anschließen, jeweils ca. 1 cm Abstand zwischen den Knoten lassen.

9 Alle Fäden mit dem längsten Faden abbinden. Die kleinen Perlen auf die Fadenenden fädeln und mit Überhandknoten fixieren.

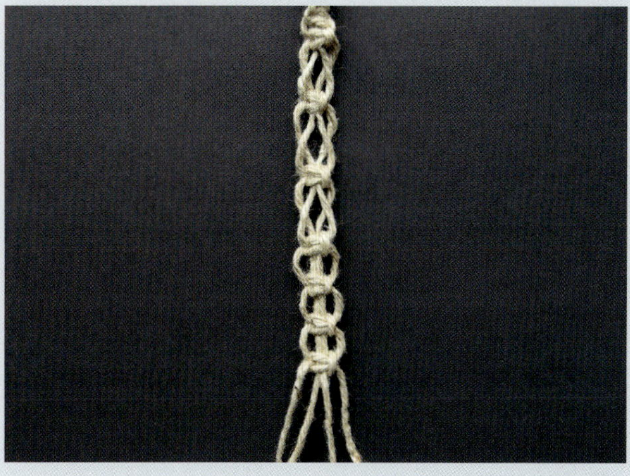

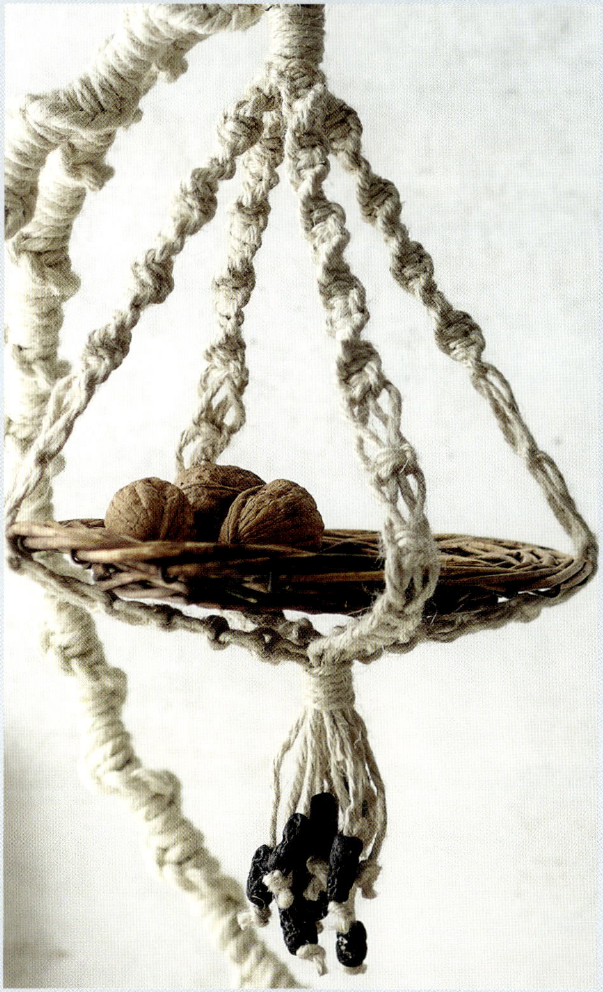

BLUMENAMPEL

in zwei Ringen

MATERIAL

Baumwollgarn in Grau, ⌀ 6 mm
- 2 Fäden, je 13,8 m lang
- 4 Fäden, je 4,6 m und 3,1 m lang

2 Metallringe, ⌀ 40 cm

GRÖSSE

ca. 1,10 m lang

VERWENDETE KNOTEN

Kreuzknoten
Wellenknoten
Kettknoten
Schlingenknoten gegenseitig
Überhandknoten
Abbinden

1 2 Bänder aus je zwei 4,6 m und 3,1 m langen Fäden knüpfen: Alle Fäden mitteln, mit einem Fadenrest zusammenbinden und von der Mitte nach außen knüpfen. In der Mitte die Fäden nur spannen und mit ca. 2,5 cm Abstand beidseitig mit je 1 Kreuzknoten aus 2 langen Fäden als Knüpf- und den kurzen Fäden als Leitfäden beginnen.

2 Anschließend 27 cm Wellenknoten fertigen. Nun die Fäden jeweils teilen und aus je 2 Fäden 5 Kettknoten knüpfen.

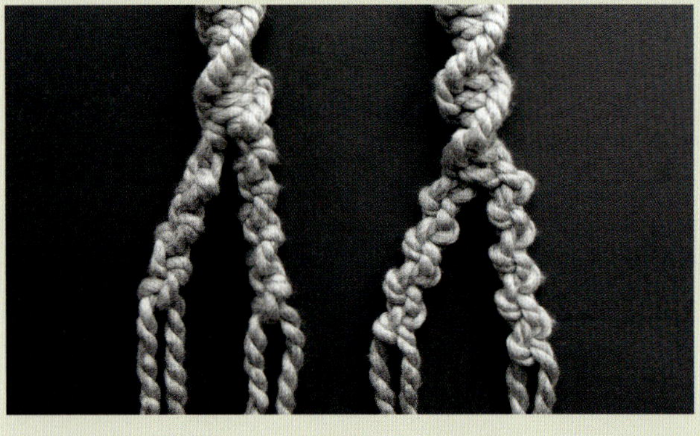

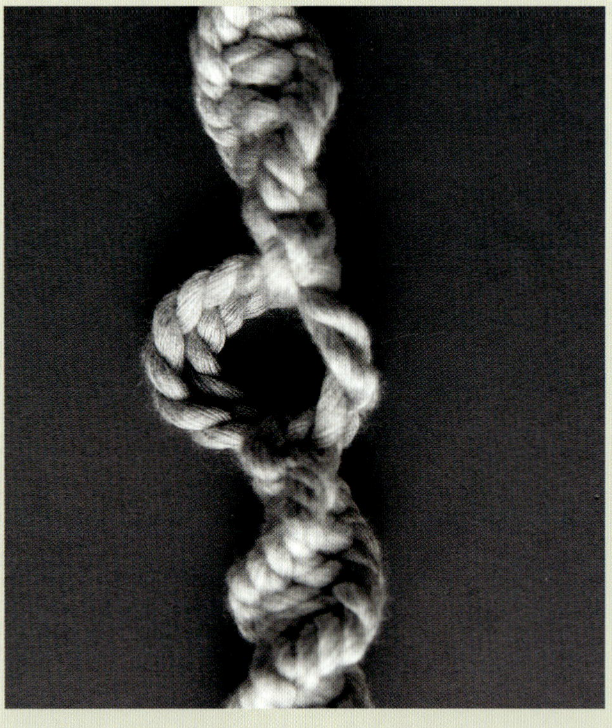

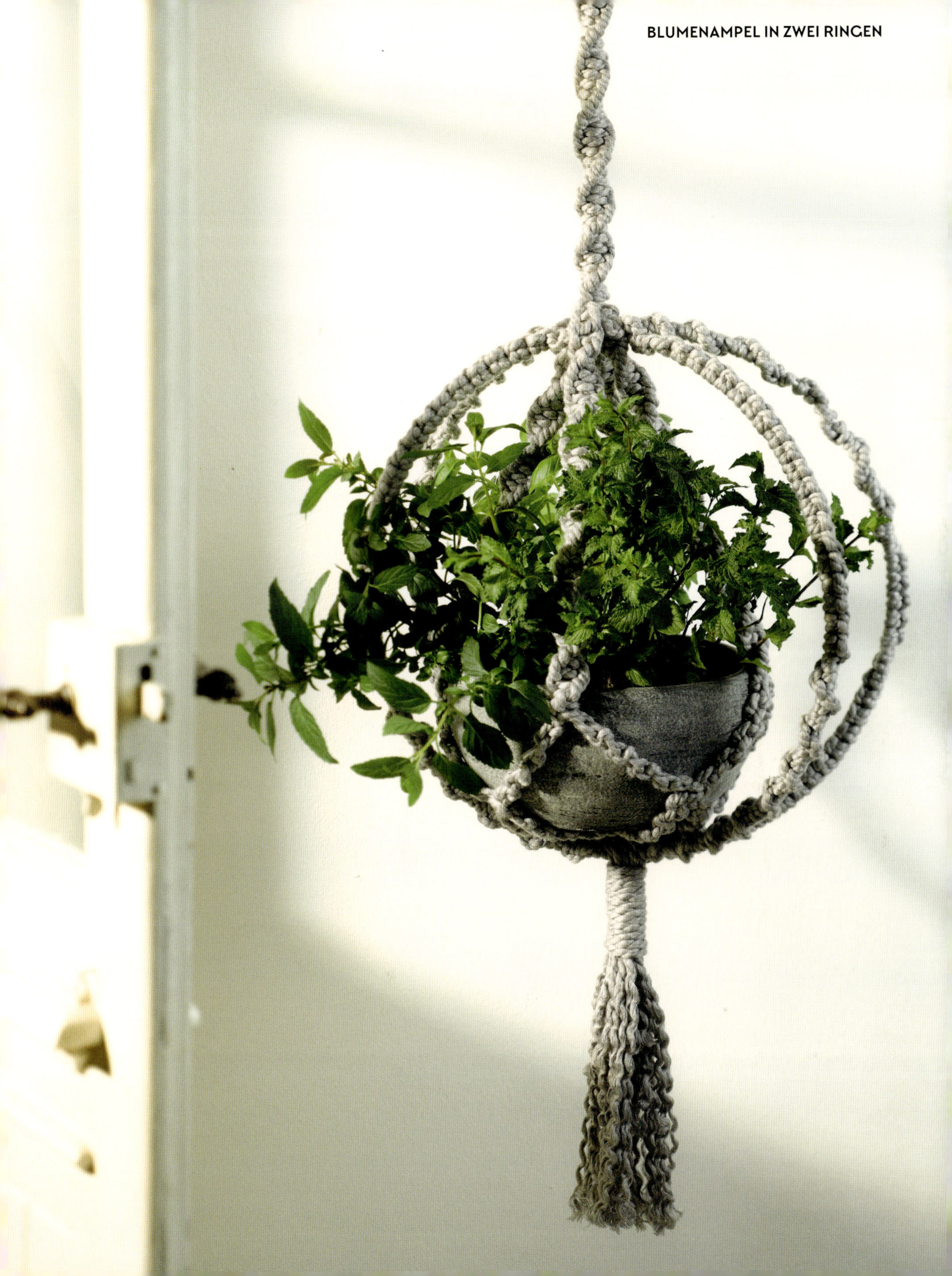

3 Ringe einknüpfen: Je einen 13,8 m langen Faden am Ring einhängen, sodass an einer Seite ca. 1 m Faden übrig ist. Den langen Faden mit einem Gummi aufwickeln. Den Ring mit Schlingenknoten gegenseitig (je ca. 20–25) und Schlingenknoten (je ca. 40–45) umknüpfen. Jeweils nach ca. ¼ die Knoten wechseln. Alternativ kann auch der ganze Ring entweder mit Schlingenknoten oder mit Schlingenknoten gegenseitig eingeknüpft werden.

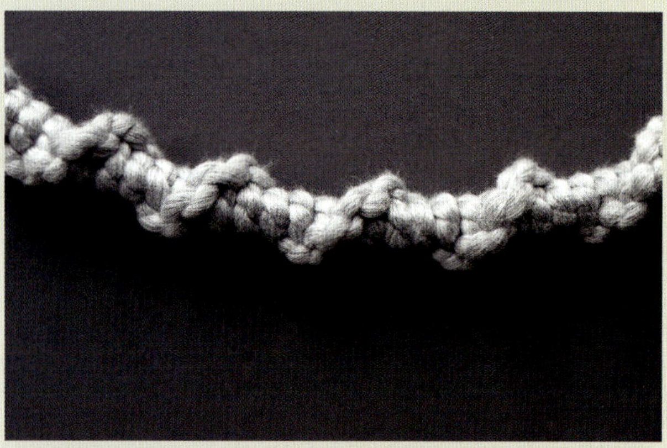

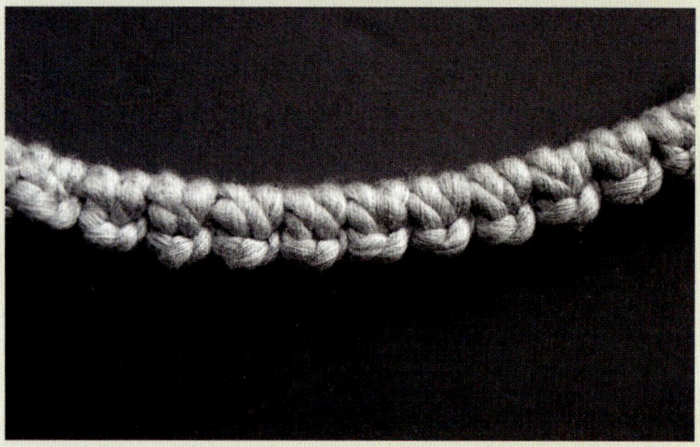

4 Mit einer Häkelnadel einen Faden durch den Anfangsknoten führen.

5 Beide Ringe aufeinanderlegen und die Aufhängung aus den beiden kurzen Fäden als Leit- und den langen Fäden als Knüpffäden mit 27 cm Wellenknoten knüpfen. Die Wellenknoten direkt an den Ringen etwas nach oben schieben.

6 Die beiden Wellenknotenstränge (durch die Öse in der Mitte des Bandes) über die Aufhängung ziehen.

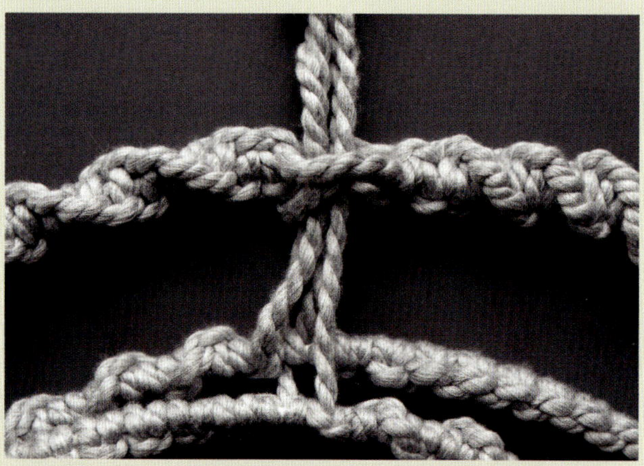

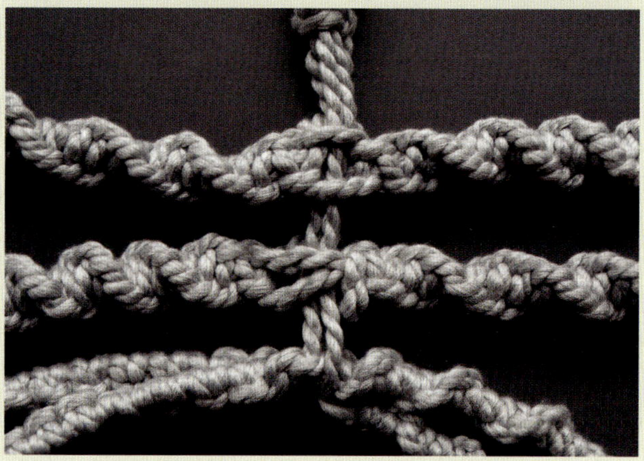

7 Die Knoten wieder nach unten schieben. Fäden nach den Wellenknoten spannen und in ca. 2 cm Abstand eine Kreuzknotenschlaufe aus 10 Kreuzknoten anschließen. Die Schlaufe zu einer Öse formen und über den gespannten Fäden mit einem straffen Kreuzknoten zusammenknoten. Die Knüpffäden mit straffen Überhandknoten versehen.

8 Die vier Enden der Wellenknotenstränge zwischen den Ringen, vor und dahinter durchführen.

9 Die Ampel aufhängen und die Knotenstränge auf die gleiche Länge bringen.

10 Je 2 Kettknotenbänder versetzt mit einem Kreuzknoten zusammenknüpfen, Fäden wieder teilen und weitere 4–5 Kettknoten aus je 2 Fäden fertigen.

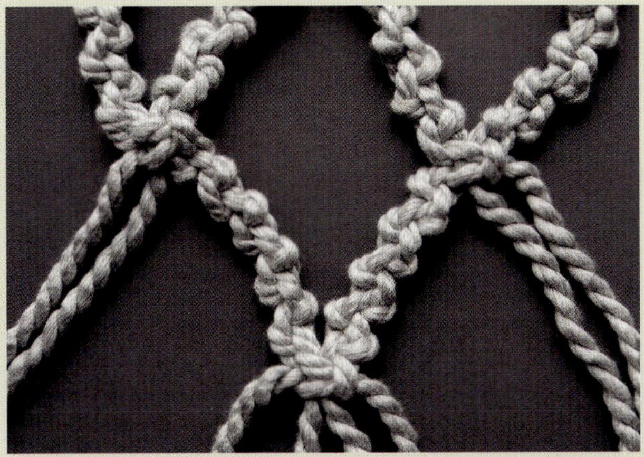

11 Je 2 Kettknotenstränge versetzt mit 1 Kreuzknoten verbinden. Die Schale einpassen, evtl. die Kettknotenstränge kürzen bzw. mehrere Kreuzknoten untereinander anschließen.

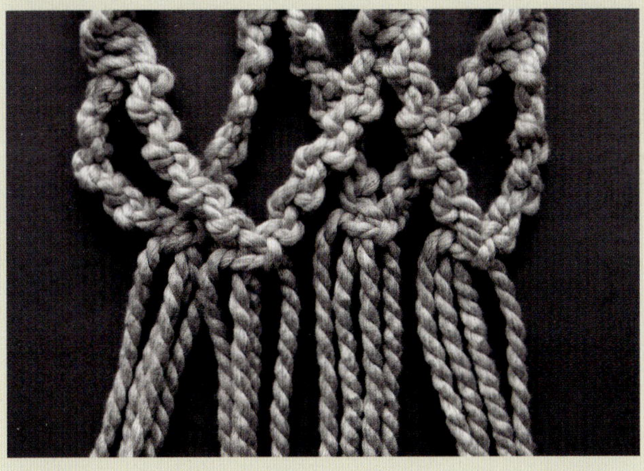

12 Mit dem längsten Faden über allen Fäden abbinden, d. h. eine kleine Schlinge legen und von oben alle Fäden ca. viermal straff umwickeln, den Faden durch die Schlinge ziehen.

13 Fadenenden entweder ausfransen oder mit Überhandknoten verzieren.

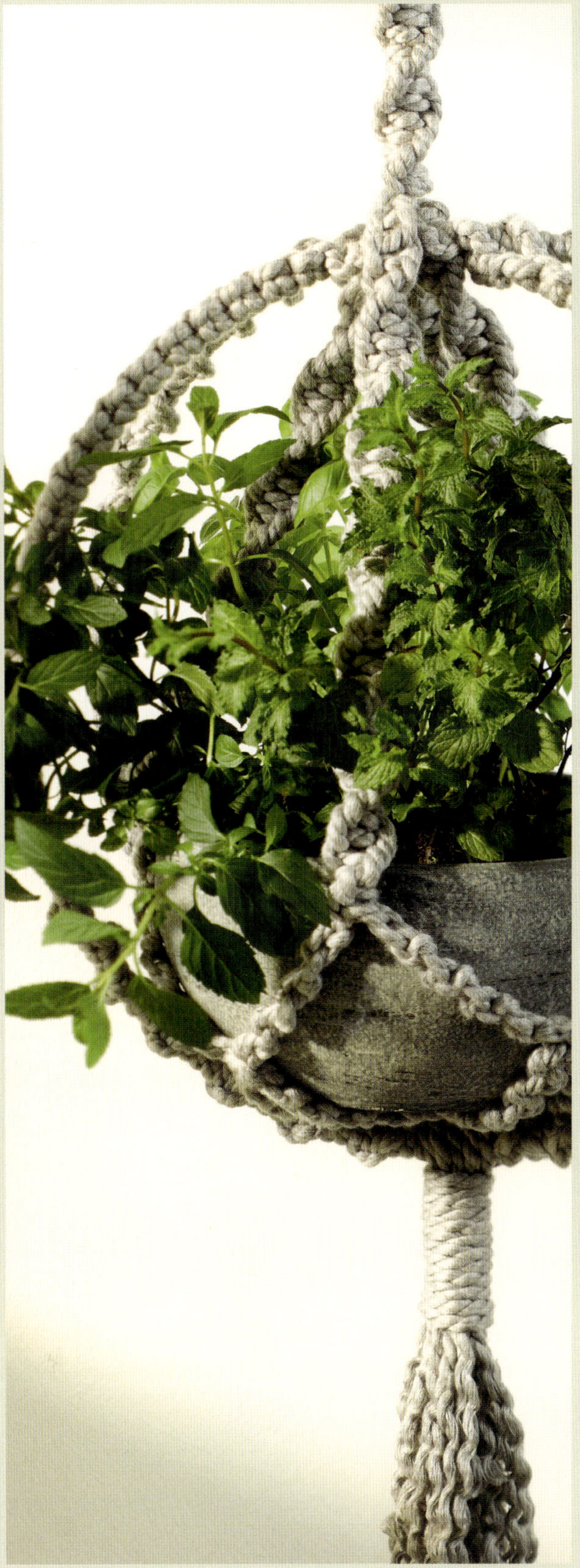

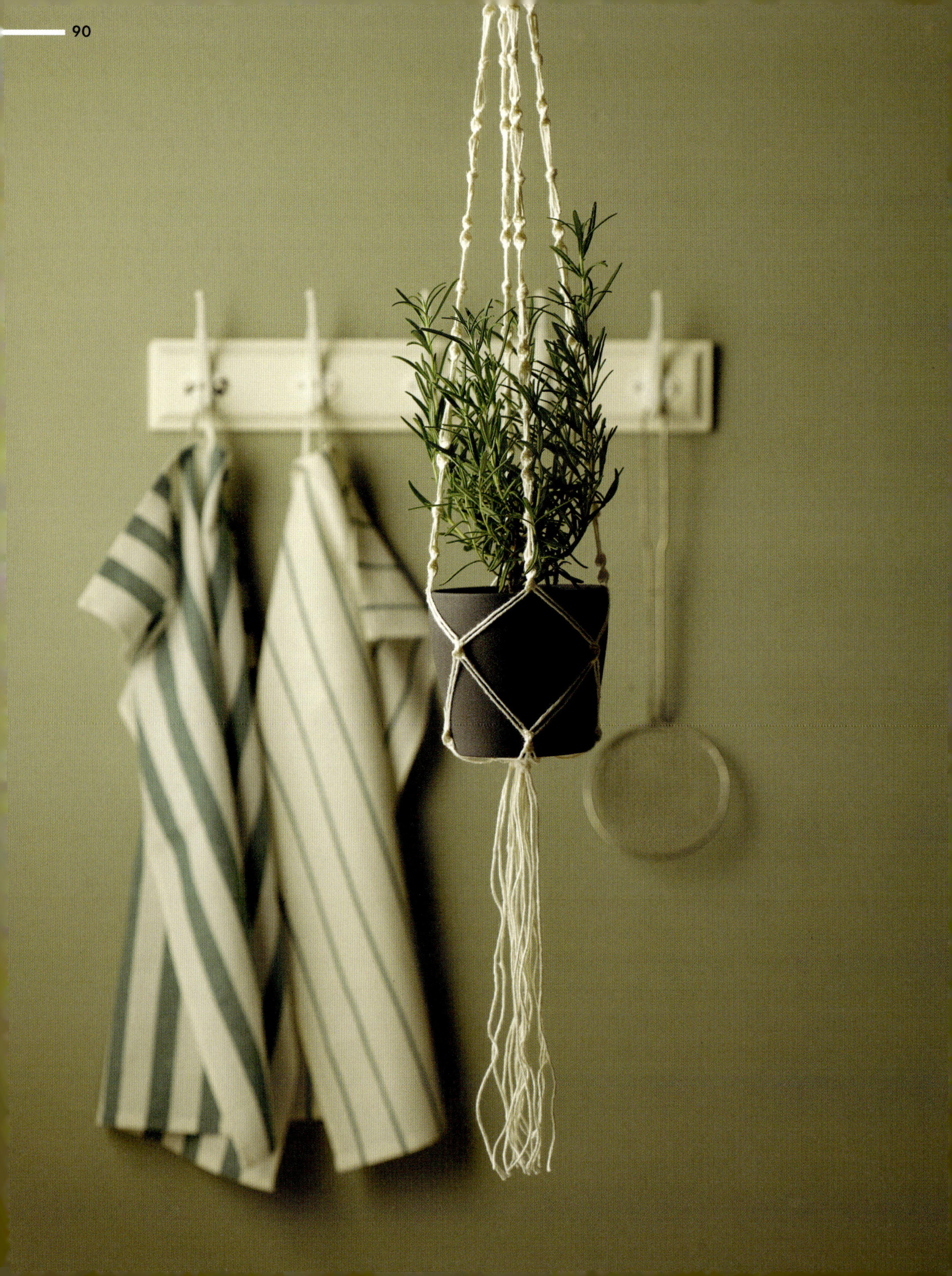

KLEINE Blumenampel

MATERIAL

Makrameegarn in Natur, ø 1–1,5 mm
8 Fäden, je 4,5 m lang
1 Faden, 1,2 m lang
Blumentopf, ø ca. 10 cm
1 Metallring

GRÖSSE

ca. 80 cm lang

VERWENDETE KNOTEN

Einhängen Schlingenknoten gegenseitig
Wellenknoten
Überhandknoten
Kreuzknoten

1 Den 1,2 m langen Faden am Ring einhängen und den Ring mit Schlingenknoten gegenseitig umknüpfen. Beide Fadenenden bis auf ca. 3 cm kürzen und in einem folgenden Wellenknotenband mit den Leitfäden weiterführen. So müssen die Fäden nicht vernäht werden.

2 Alle Fäden über den Ring legen und mitteln; 1 Kreuzknoten knüpfen.

3 Aus je 4 Fäden 10 Wellenknoten knüpfen. Fäden ca. 2 cm spannen und aus 4 Fäden einen Überhandknoten knüpfen. Darauf achten, dass alle 4 Fäden parallel nebeneinander liegen. Fäden ca. 2 cm spannen.

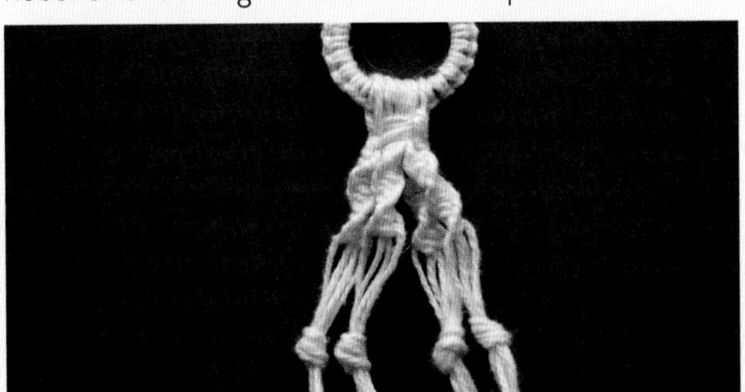

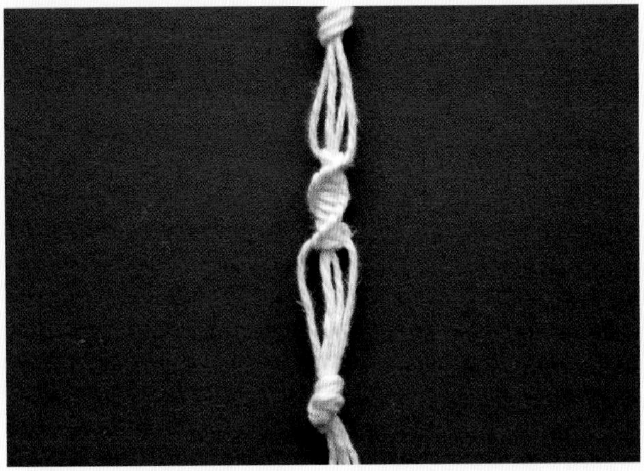

4 Schritt 3 noch fünfmal wiederholen, 10 weitere Wellenknoten fertigen.
Beim Knüpfen ab der 3. Wiederholung darauf achten, dass die Knüpffäden der Wellenknoten immer die längsten Fäden sind.

5 Fäden 5 cm spannen und versetzt, d. h. aus 2 Fäden von einem und 2 Fäden vom danebenliegenden Strang, 5 Wellenknoten knüpfen.

6 Schritt 5 einmal wiederholen.

7 Fäden 3 cm spannen und versetzt 4 Kreuzknoten aus je 4 Fäden knüpfen.

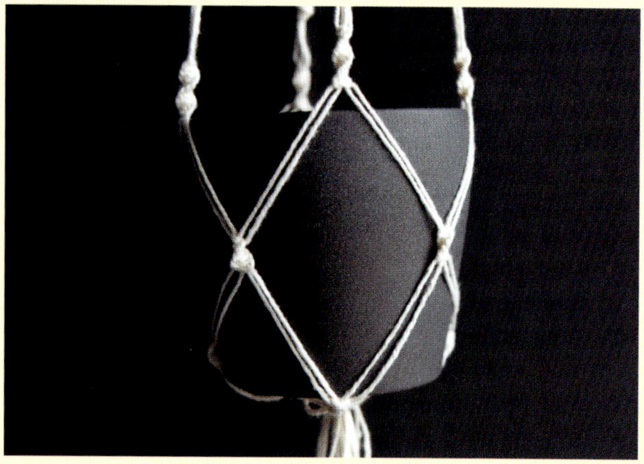

8 Alle 4 Knotenstränge mit einem Kreuzknoten aus 2 x 2 Knüpf- und 12 Leitfäden zusammenfassen. Knüpffäden mit einem Überhandknoten versehen. Fadenenden nach ca. 28 cm abschneiden.

Tipp

Sind die Fadenenden lang genug kann auch mit Kapuzinerknoten abgeschlossen werden.

Tipp

Diese Blumenampel können Sie auch schön aus dickerem Makrameegarn knüpfen.

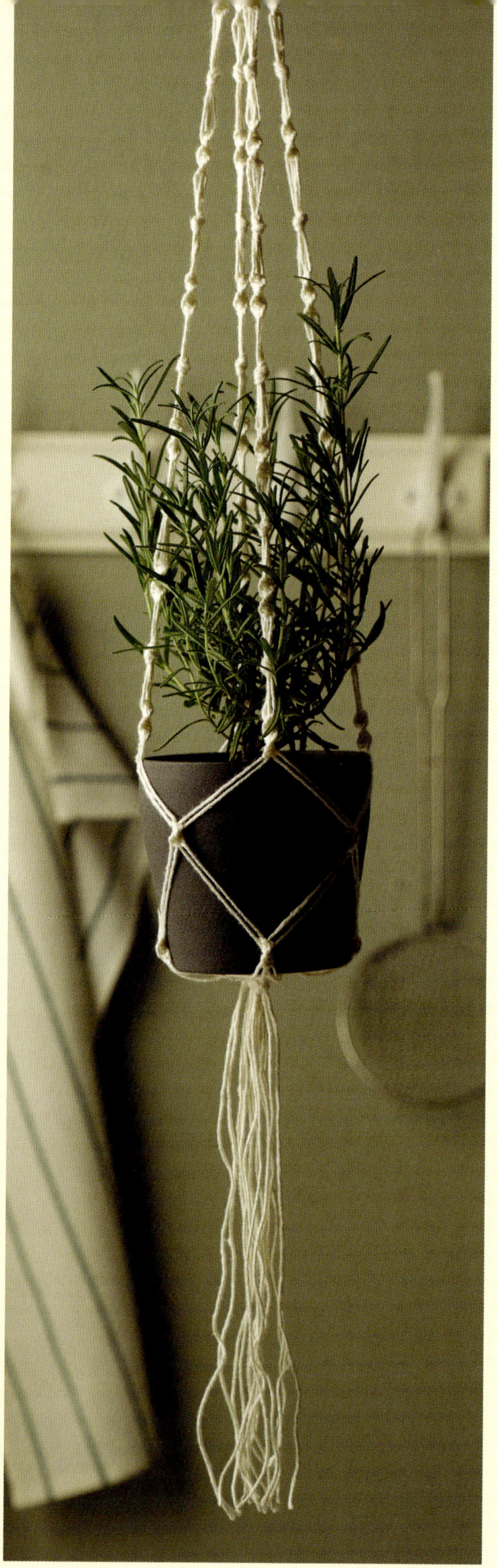

WANDBEHANG *mit Kugeln*

MATERIAL

Baumwollgarn in Natur, ⌀ 4 mm
- 14 Fäden, 3,8 m lang
- 6 Fäden, 5,5 m lang
- 2 Fäden, 1,5 m lang (Aufhängung)
- 2 Fäden, 0,5 m lang (Aufhängung)

1 Stück Treibholz, ca. 40 cm lang
10 Styroporkugeln, ⌀ 5 cm
Nähgarn in verschiedenen Blau- und Gelbtönen

GRÖSSE

ca. 40 cm x 75 cm

VERWENDETE KNOTEN

Einhängen
Kreuzknoten versetzt
Erbsknoten

1 Beidseitig außen am Holz je zwei 3,8 m und in der Mitte zwei 5,5 m lange Fäden einhängen.

2 Aus den mittleren 4 Fäden 1, versetzt darunter 2 und wieder versetzt darunter 3 Kreuzknoten knüpfen. Zwischen den Knoten immer etwas Abstand lassen.

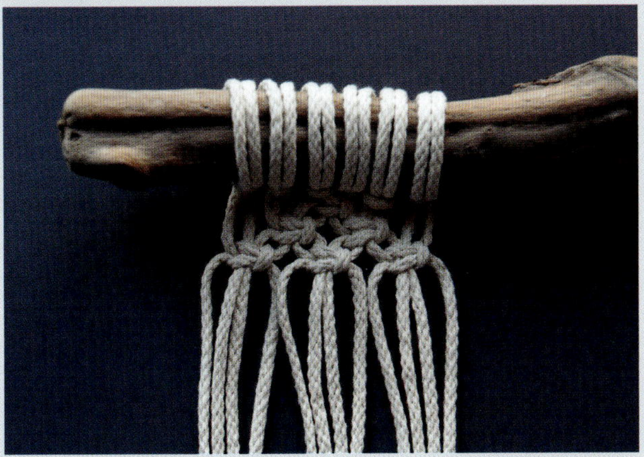

3 Am Rand jeweils 2 Fäden hängen lassen und versetzt 2 Kreuzknoten knüpfen, versetzt darunter aus den mittleren 4 Fäden 1 Kreuzknoten ausführen.

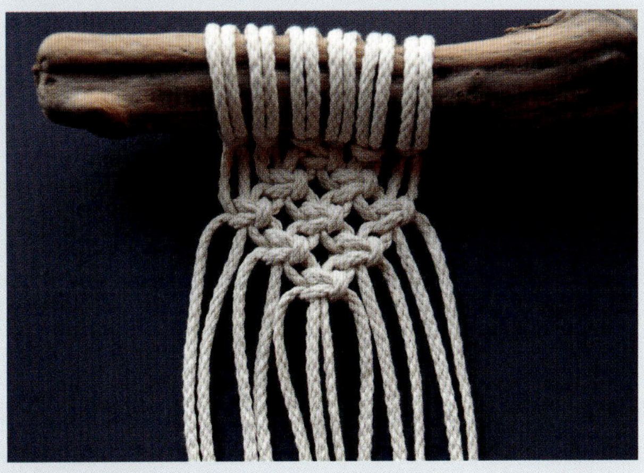

4 Versetzt darunter außen je 2 Fäden hängen lassen und 2 Kreuzknoten knüpfen.

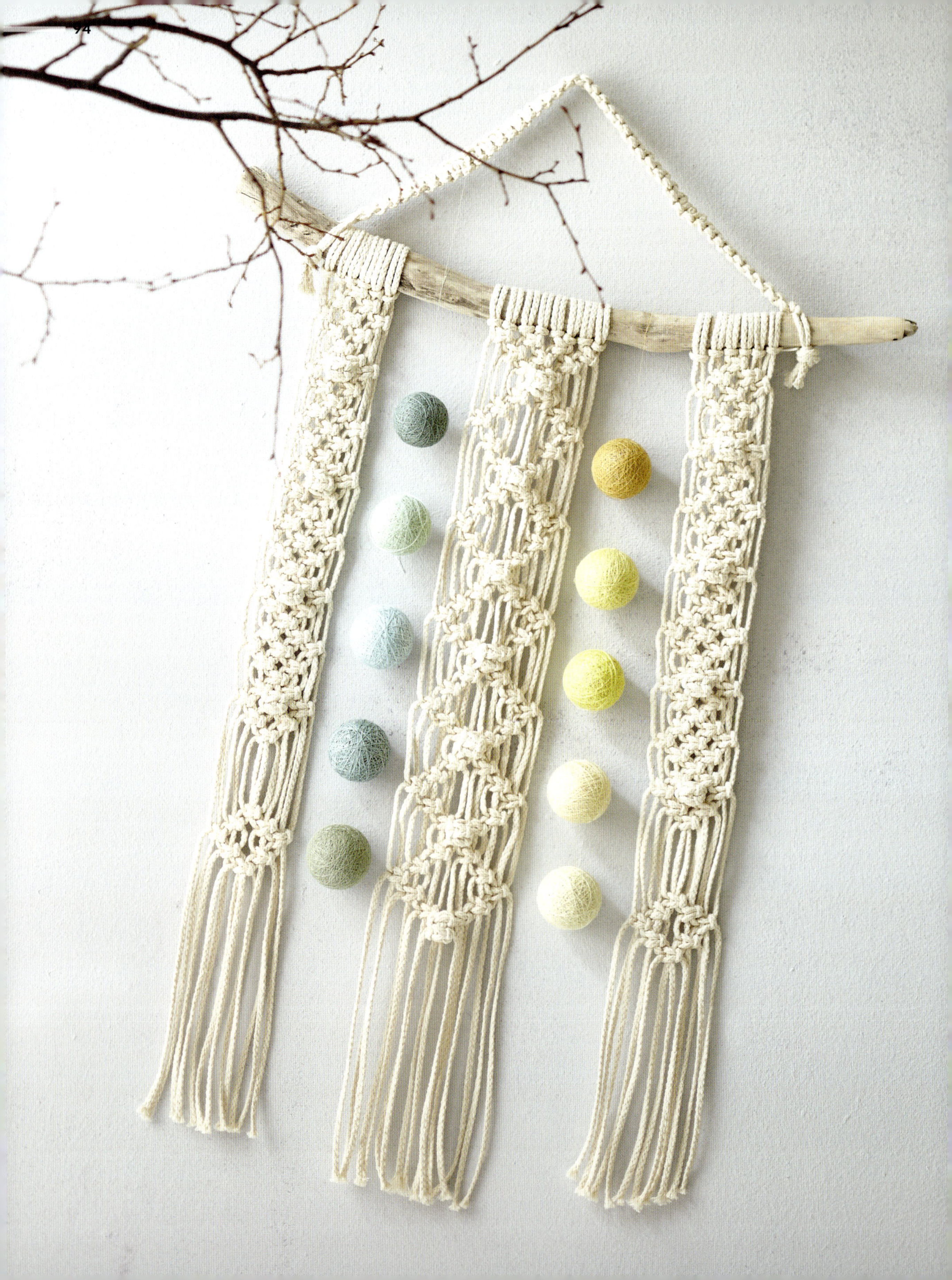

5 Wiederum versetzt unter die beiden Knoten beidseitig je 1 Kreuzknoten und aus den mittleren 4 Fäden 1 Erbsknoten aus 4 Kreuzknoten knüpfen. Der Erbsknoten endet mit einem straffen Kreuzknoten direkt unter der Kugel.

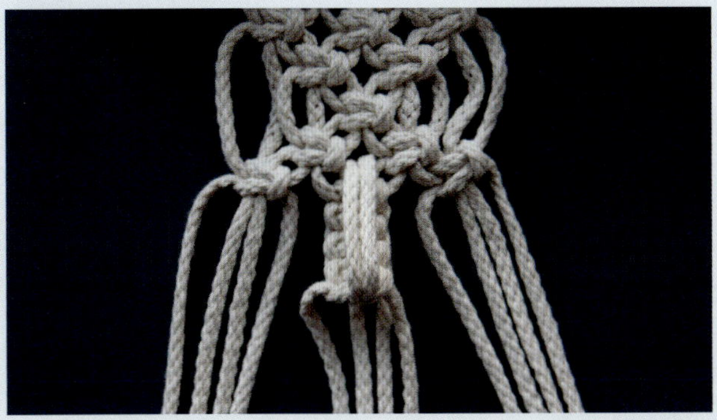

6 Versetzt darunter 2 Kreuzknoten, darunter wiederum 1 Kreuzknoten knüpfen; am Rand hängen je 4 Fäden.

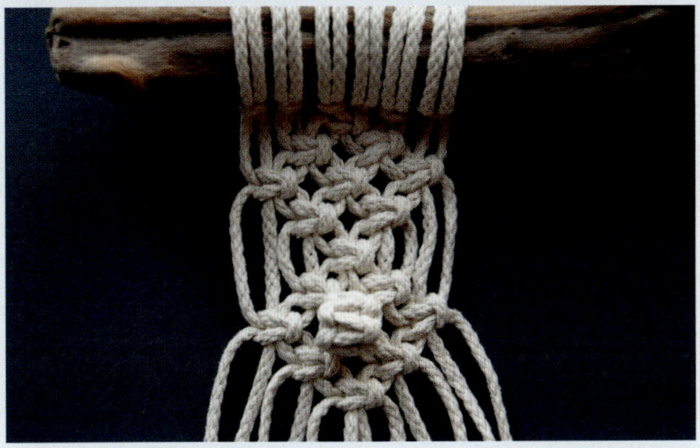

7 Schritt 2 (ab den zwei versetzten Kreuzknoten) bis 6 noch dreimal wiederholen.

8 Mit ca. 7 cm Abstand eine Raute aus versetzten Kreuzknoten knüpfen.
1. Reihe: aus den mittleren 4 Fäden 1 Kreuzknoten,
2. Reihe: versetzt darunter 2 Kreuzknoten; dabei die beiden äußeren Fäden hängen lassen,
3. Reihe: versetzt darunter die mittleren 4 Fäden hängen lassen und am Rand je einen Kreuzknoten,
4. Reihe: wie 2. Reihe
5. Reihe wie 1. Reihe knüpfen.
Jeweils zwischen den Knoten etwas Abstand lassen.

9 Mittleres Knotenband: Fäden wie folgt mitteln und einhängen:
3 Fäden je 3,8 m lang
2 Fäden je 5,5 m lang
3 Fäden je 3,8 m lang

10 Eine Reihe versetzte Kreuzknoten aus je 4 Fäden, versetzt darunter 3 Knoten, je 2 Fäden am Rand hängen lassen, versetzt darunter 2 Knoten, je 4 Fäden am Rand hängen lassen.

11 Einen Erbsknoten knüpfen (aus 3-4 Kreuzknoten und einem weiteren Kreuzknoten unter der Kugel)
1. Reihe: versetzt darunter 2 Kreuzknoten; 4 Fäden am Rand hängen lassen,
2. Reihe: die mittleren 4 Fäden hängen lassen, Fäden spannen, 2 Kreuzknoten; am Rand je 2 Fäden hängen lassen.
3. Reihe: Fäden spannen und 2 Kreuzknoten aus den äußeren 4 Fäden arbeiten,
4. Reihe: Fäden spannen, wie 2. Reihe fertigen,
5. Reihe: Fäden spannen, wie 1. Reihe knüpfen.

12 Schritt 11 noch fünfmal wiederholen und mit einem Erbsknoten abschließen. Die Fadenenden nach ca. 20 – 30 cm abschneiden.

13 Für die Aufhängung je zwei Fäden, 0,5 m lang und 1,5 m lang, mit einem Überhandknoten am Stab anknüpfen.

14 2 Fäden vor und 2 hinter den Stab legen und ca. 40 Kreuzknoten knüpfen. Wieder 2 Fäden vor und 2 hinter den Stab legen und mit einem straffen Überhandknoten fixieren. Fadenenden abschneiden.

15 Die Styroporkugeln mit Nähgarn umwickeln: Die Styroporkugeln mit dem farblich abgestimmten Nähgarn fest umwickeln, zu Beginn den Anfangsfaden gut festhalten. Während des Wickelns die Kugel laufend drehen, damit die aufgewickelten Fäden nicht parallel nebeneinander liegen. Darauf achten, dass die Kugel mit einer Hand zwischen Daumen und Zeigefinger gut festgehalten wird, damit sie während des Wickelns nicht aus der Hand rutscht. Ist kein Styropor mehr sichtbar, das Fadenende mit der Nadel vernähen.
Zum Aufhängen einen ca. 1 m langen Faden auf eine mindestens 7 cm lange Nadel auffädeln und mit einem starken Knoten versehen. Durch die unterste Kugel stechen und die Nadel mithilfe einer Zange wieder aus der Kugel ziehen. Kugelabstand ca. 3,5 cm. An der nächsten Kugel einstechen und am anderen Ende wieder herausziehen. Sollte die Mitte nicht ganz getroffen sein, kann problemlos zwischen den Fäden solange hin und her genäht werden bis die Kugeln mittig hängen.

16 Jeweils 5 Kugeln zwischen den geknüpften Bändern am Holz anknoten.

BLUMENAMPEL
mit Treibholz-Elementen

MATERIAL

Baumwollgarn in Natur, gedreht, ø 4 mm
- 1 Faden, 1,3 m
- 16 Fäden, 6 m lang
- 6 Fäden, 6,8 m lang
- 4 Fäden, 2 m lang

Schale, ø 30 cm
Metallring, ø 3 cm
8 verschiedene kleine Treibholzstücke oder Ästchen

GRÖSSE

ca. 1 m lang

VERWENDETE KNOTEN

Einhängen Schlingenknoten gegenseitig
Kreuzknoten
Versetzte Kreuzknoten
Anknüpfen mit Kreuzknoten
Rippenknoten
Abbinden
Überhand- oder Kapuzinerknoten

1 Den 1,3 m langen Faden am Ring einhängen. Den Ring mit Schlingenknoten gegenseitig umknüpfen. Fadenenden mit einem Kreuzknoten aus 2 Fäden verbinden. Fadenenden abschneiden.

2 Die 6 m langen Fäden über den Ring legen und mitteln. Mit einem Kreuzknoten aus 2 x 2 Knüpf- über 28 Leitfäden fixieren.

3 Zwei Bänder aus je 16 Fäden knüpfen: Jeweils die beiden äußeren Fäden hängen lassen und eine Reihe Kreuzknoten aus je 4 Fäden knüpfen → 3 Knoten. Zweite Reihe versetzt darunter → 4 Knoten.

4 Weitere 8 Reihen versetzte Kreuzknoten knüpfen. Die letzte Reihe besteht aus 4 Kreuzknoten.

5 Ein Stück Treibholz auf die Knüpffäden legen, die Leitfäden über das Holz spannen und direkt unter dem Holz einen weiteren Kreuzknoten knüpfen.

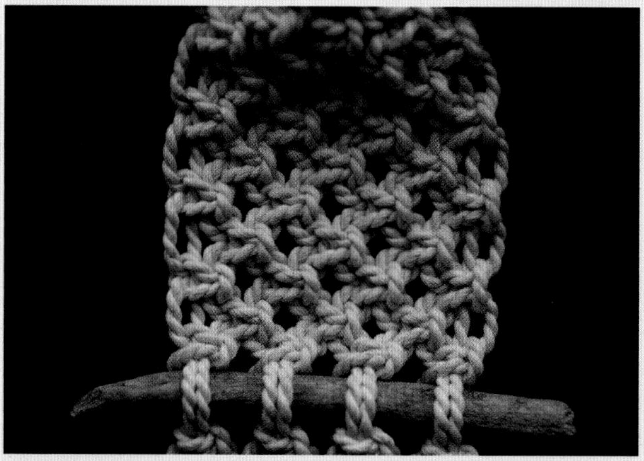

6 Weitere 12 Reihen versetzte Kreuzknoten arbeiten.

7 In der nächsten Reihe jeweils am Rand 2 Fäden hängen lassen und je einen Kreuzknoten knüpfen. In der folgenden Reihe aus den äußeren 4 Fäden je einen Knoten fertigen.

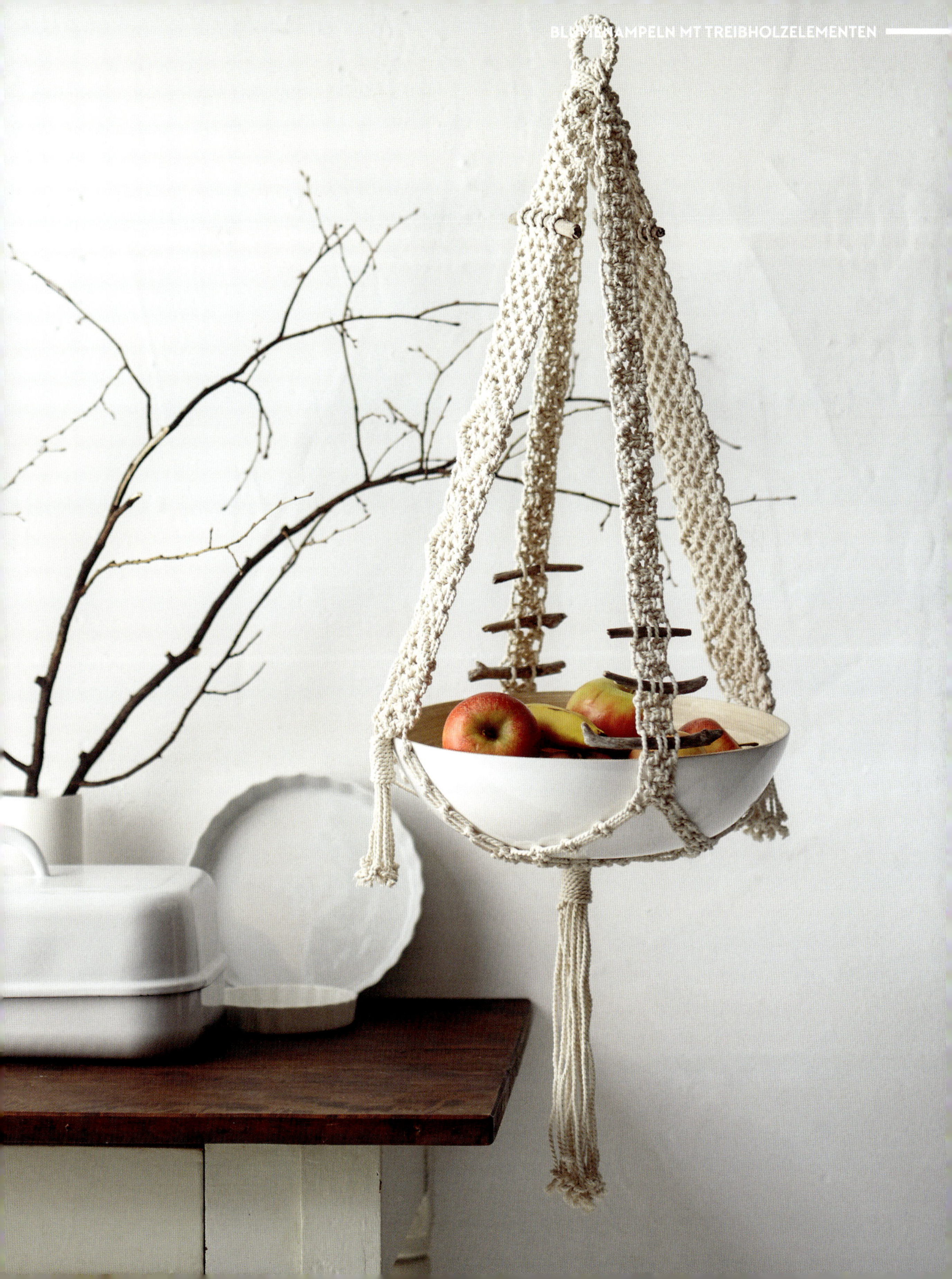

8 Nun geht es an die Raute: Die beiden mittleren Fäden überkreuzen und jeweils als Leitfaden für eine Rippenknotenreihe schräg nach außen verwenden (Leitfaden auf die Knüpffäden legen und mit jedem Faden zweimal den Leitfaden umschlingen, Leitfaden bei jedem Knoten straff spannen). Aus den mittleren 4 Fäden 1 – versetzt darunter 2 –, versetzt darunter 3 Kreuzknoten knüpfen. Wieder versetzt darunter 2 und in der Mitte einen Kreuzknoten fertigen. Leitfäden auf der Knüpfunterlage gut feststecken. Nun mit den Leitfäden von außen schräg zur Mitte hin (bis unter den mittleren Kreuzknoten) die Rippenknotenraute schließen. Fäden in der Mitte wieder kreuzen.

9 Mit den äußeren 4 Fäden jeweils 1 Kreuzknoten, versetzt darunter 2 Fäden am Rand hängen lassen und wieder je einen Kreuzknoten knüpfen. Versetzt darunter 1 Reihe → 4 Knoten ausführen.
Versetzt darunter am Rand je 2 Fäden hängen lassen, 1 Kreuzknoten, versetzt darunter wieder einen Kreuzknoten aus den äußeren 4 Fäden arbeiten.

10 Schritt 8 und 9 und dann noch ein weiteres Mal Schritt 8 wiederholen.

11 Beidseitig je 1, versetzt darunter wieder 1 Kreuzknoten und versetzt darunter 2 Reihen versetzte Kreuzknoten knüpfen.

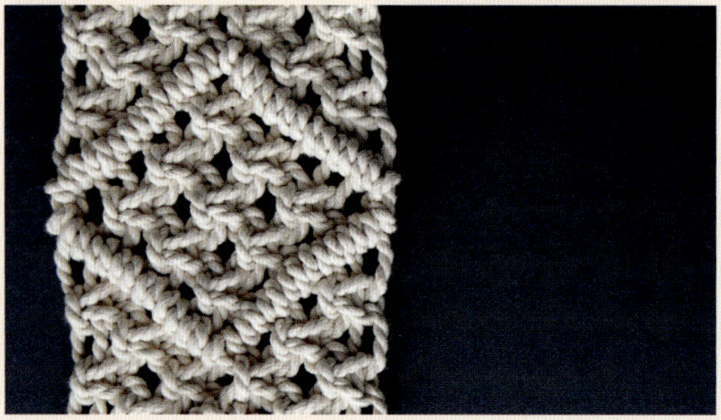

12 Jeweils den äußeren Faden hängen lassen, alle restlichen 14 Fäden mit dem längsten Faden abbinden, dazu eine Schlinge legen und von oben über allen Fäden straff umwickeln. Fadenende durch die Schlinge ziehen. Nach ca. 7 cm alle Fadenenden mit einem Überhandknoten versehen. Fadenenden nach ca. 1 cm abschneiden.

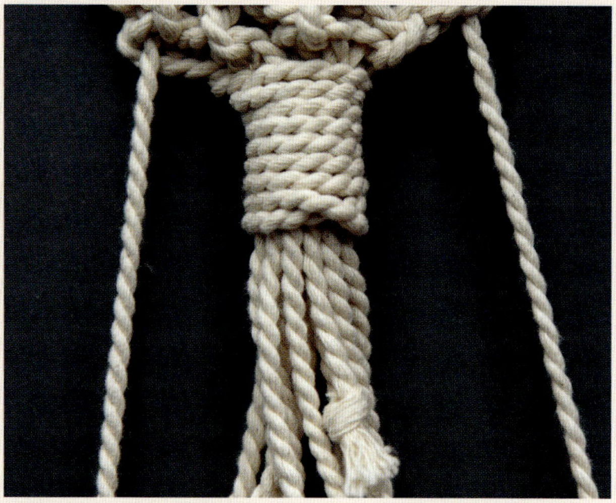

13 Hinter die beiden Fäden am Rand je einen 2 m langen Faden legen und mit einem Kreuzknoten anknüpfen. Darunter mit jeweils ca. 1,5 cm Abstand 3 weitere Kreuzknoten ausführen. Fäden hängen lassen

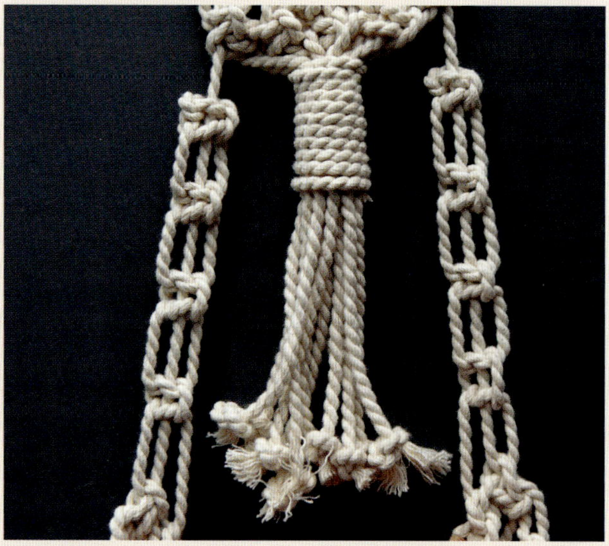

14 Fäden einhängen für die beiden schmalen Knotenstränge unterhalb des Rings:
Zwischen den breiten Bändern an den seitlichen Schlingen der 1. Kreuzknotenreihe beidseitig jeweils 3 Fäden, 6,8 m lang, durch beide Schlingen ziehen und mitteln. Mit einem Kreuzknoten aus 2 Knüpf- und 4 Leitfäden fixieren.

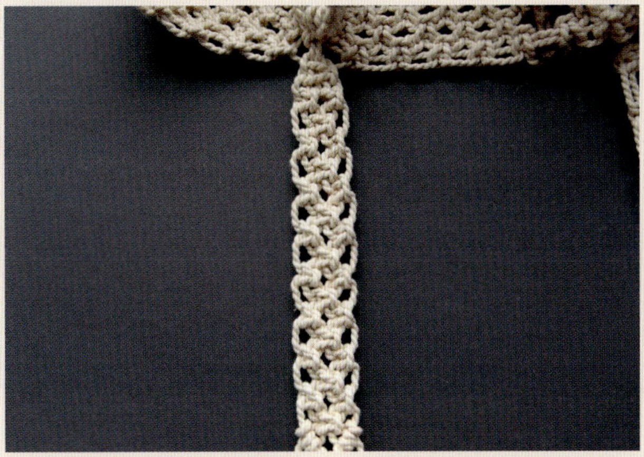

15 2 Kreuzknoten aus je 2 Knüpf- und 1 Leitfaden, versetzt darunter in die Mitte 1 Kreuzknoten aus 2 Knüpf- und 2 Leitfäden knüpfen, die beiden äußeren Fäden hängen lassen.

16 Schritt 15 noch siebenmal wiederholen.

17 Die beiden äußeren Fäden sind jeweils die Leitfäden für 2 Rippenknoten schräg zur Mitte.

18 Leitfäden überkreuzen und beidseitig je einen Kreuzknoten aus 3 Fäden knüpfen. Von der Mitte schräg nach außen je 2 Rippenknoten arbeiten. Aus den mittleren 4 Fäden 1 Kreuzknoten knüpfen. Die Leitfäden schräg zur Mitte legen und je 2 Rippenknoten fertigen.

19 Schritt 18 noch zweimal wiederholen. Anschließend von der Mitte nach außen je 2 Rippenknoten knüpfen. Aus den mittleren 4 Fäden 1 Kreuzknoten ausführen.

20 2 Kreuzknoten, versetzt darunter 1, versetzt darunter 2 Kreuzknoten knüpfen.

21 Auf die 2 Leitfäden ein Holzstückchen legen, die Knüpffäden straff darüber spannen.

22 Schritt 20 und 21 zweimal wiederholen. Danach 5 Reihen versetzte Kreuzknoten knüpfen.

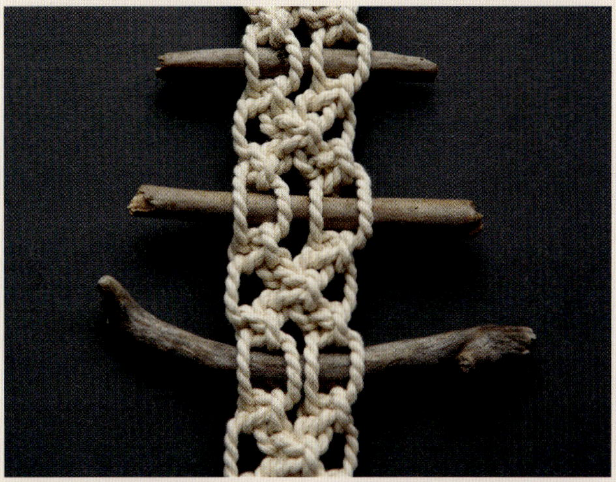

23 Fäden teilen und aus je 3 Fäden 4 Kreuzknoten mit jeweils 1,5 cm Abstand zwischen den Knoten knüpfen. Mit zusätzlichen bzw. weniger Kreuzknoten kann die Länge angepasst werden, sodass alle 4 Knotenstränge gleich lang sind.

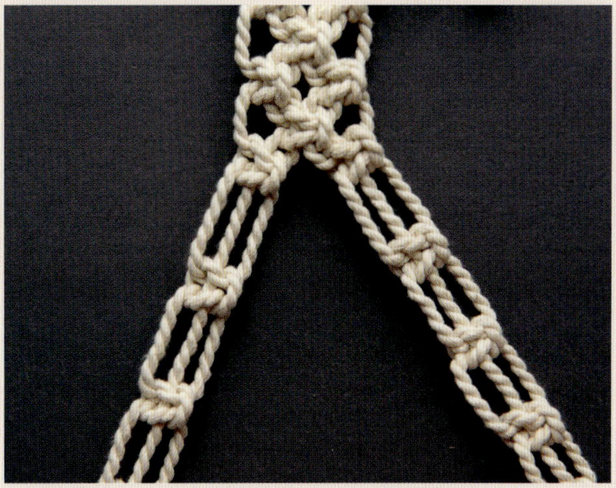

24 Versetzt jeweils 2 Knotenstränge mit einem Kreuzknoten verbinden. Fäden teilen und aus je drei Fäden 4 weitere Kreuzknoten mit etwas Abstand knüpfen.

25 Versetzt wieder je 2 Knotenstränge mit je 4 Kreuzknoten verbinden, dabei sind die längsten Fäden die Knüpffäden.

26 Über allen Fäden mit dem längsten Faden abbinden, d. h. eine Schlinge legen, alle Fäden straff umwickeln, und das Fadenende durch die Schlinge ziehen.

27 Die Fadenenden mit Überhand- oder Kapuzinerknoten versehen. Fadenenden nach ca. 1 cm abschneiden.

RING-WANDBEHANG

mit bunten Kugeln

MATERIAL

Baumwollgarn, in Natur, geflochten, ø 4 mm
- 1 Faden, 14 m lang
- 1 Faden, 7 m lang

1 Metallring, ø 30 cm

1 Metallring, ø 20 cm

7 Styroporkugeln, ø 5 cm

Nähgarn, hier: in Rot, Koralle, Orange, Altrosa, Senfgelb, Sonnengelb und Hellgelb

Lange Nähnadel

GRÖSSE

ca. 75 cm lang

VERWENDETE KNOTEN

Wellenknoten

Erbsknoten

Kreuzknoten

Überhandknoten

1 Den langen Faden mittig unter den großen Metallring legen und mit einem Wellenknoten anknüpfen. Jedes Fadenende über Kreuz zwischen Daumen und kleinem Finger aufwickeln und mit einem Gummi fixieren. Den Ring komplett mit Wellenknoten einknüpfen. Wenn sich der Knoten zur Seite dreht, einmal drehen und wieder von der gleichen Seite weiter knüpfen.

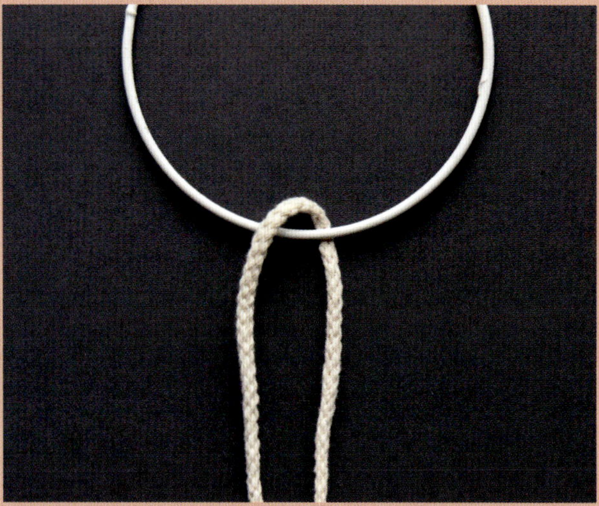

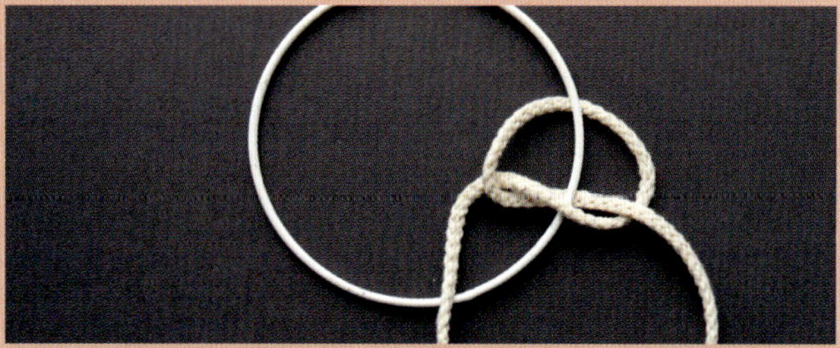

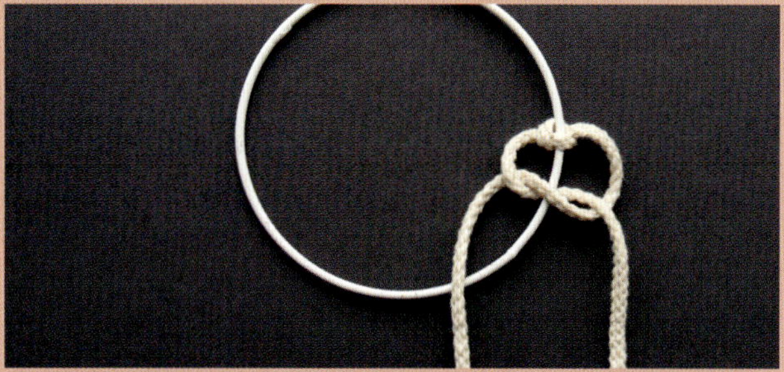

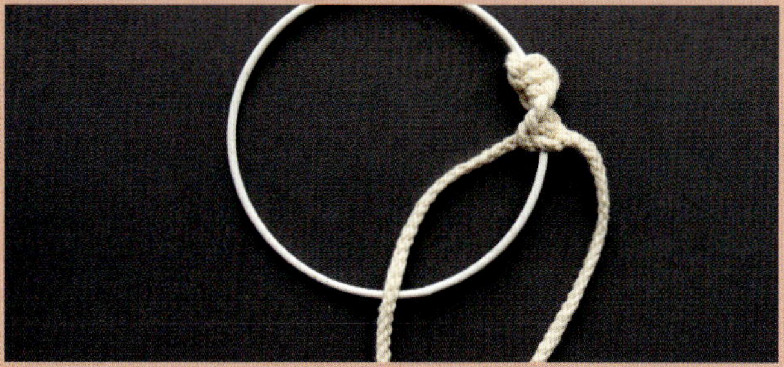

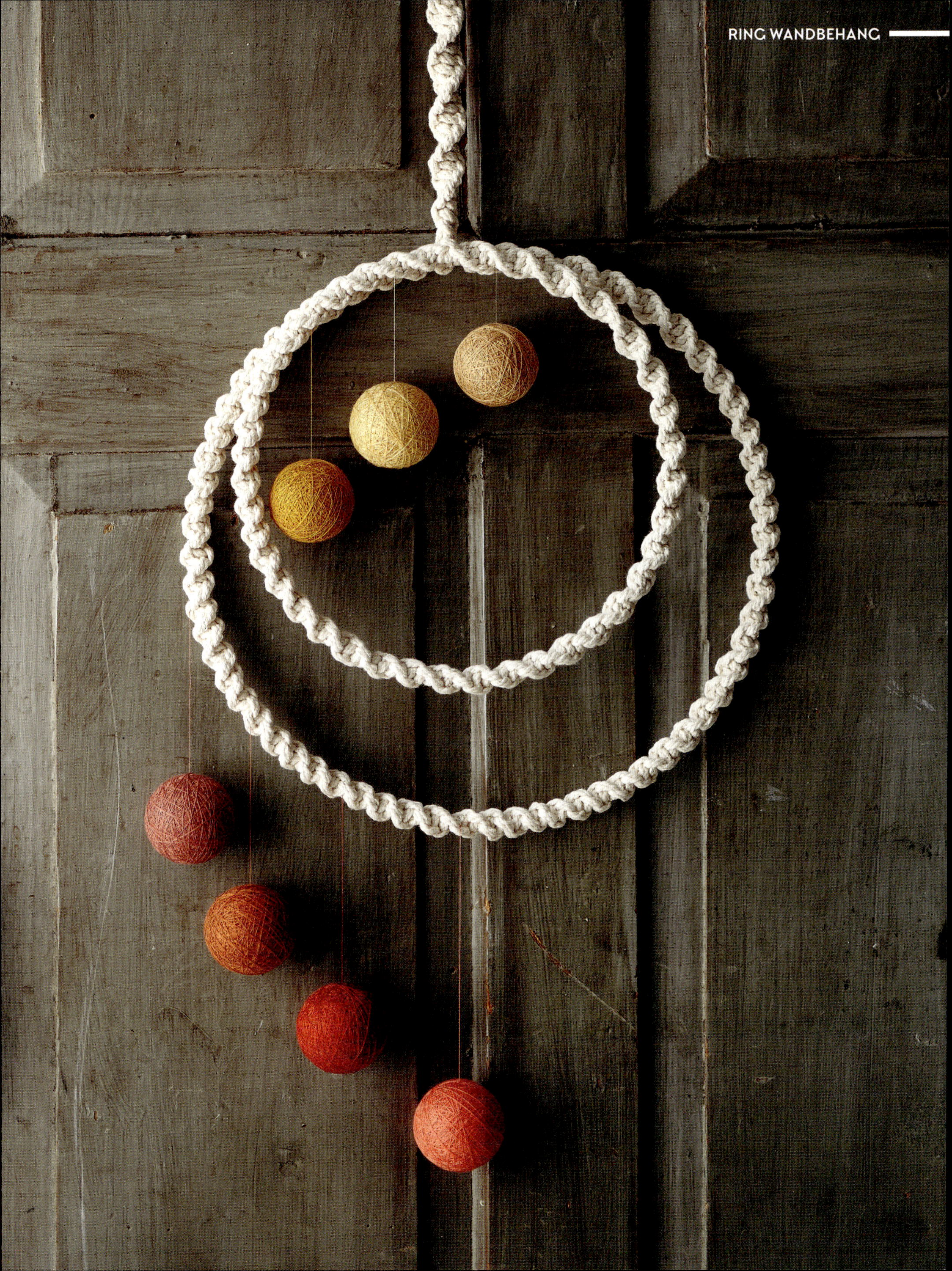

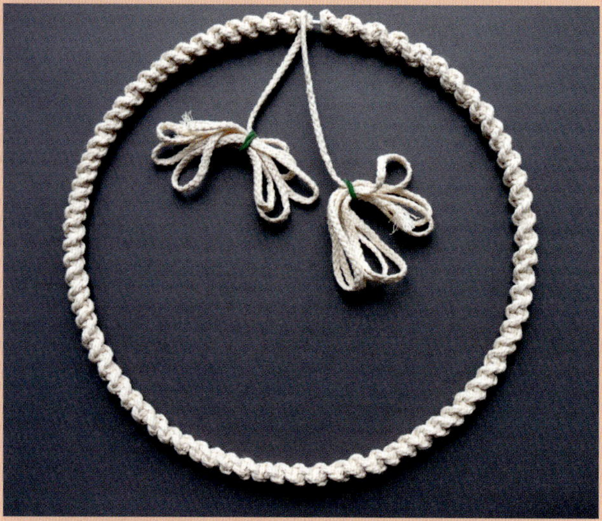

2 Mit einer Häkelnadel jeweils ein Fadenende durch den 1. Wellenknoten ziehen, sodass Beginn und Ende der Knüpfarbeit verbunden sind.

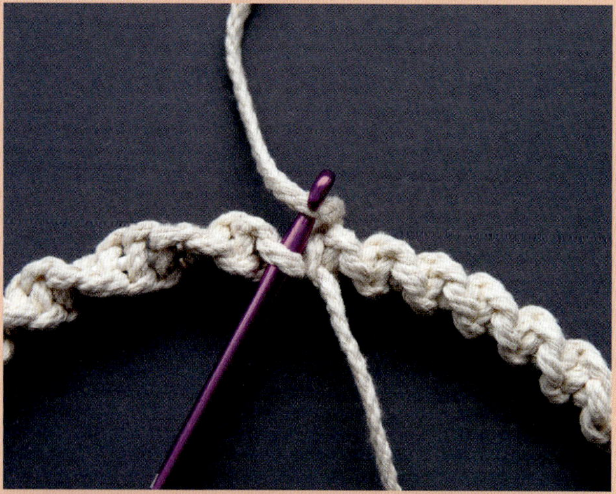

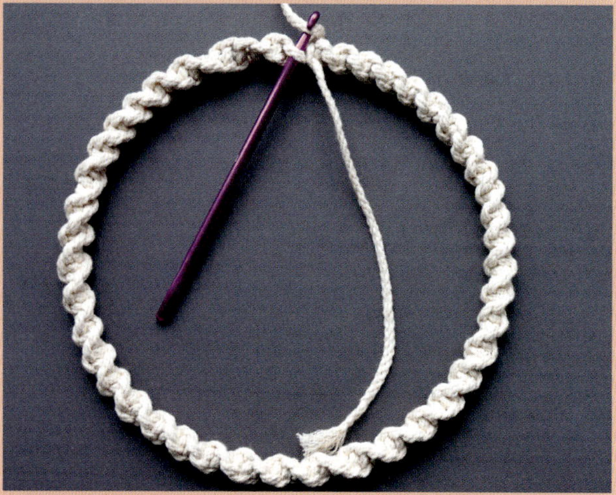

3 Den kleinen Ring mit dem 7 m langen Faden genauso umknüpfen und mit der Häkelnadel die Enden durch den Anfangsknoten ziehen.

4 Beide Ringe so aufeinander legen, dass alle 4 Fadenenden an der gleichen Stelle sind.

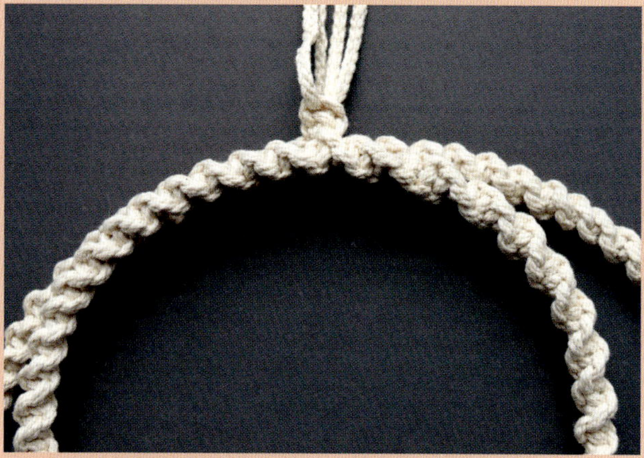

5 Ein ca. 23 cm langes Wellenknotenband aus den längsten Fäden als Knüpffäden fertigen. Dabei die ersten 2 Knoten straff anspannen, damit beide Ringe fest miteinander verbunden sind. Alle 4 Fäden ca. 1,5 cm spannen, und dann mit ca. 2,5 cm Abstand einen Erbsknoten aus 10 Kreuzknoten fertigen. Dabei müssen Sie evtl. Fäden wechseln, d. h. kurze Fäden in die Mitte und mit den langen Fäden als Knüpffäden weiter knüpfen. Der Erbsknoten endet mit einem Kreuzknoten.

6 Anschließend 2 weitere Kreuzknoten knüpfen. Die Fadenenden der Leitfäden mit einer Häkelnadel in die Knüpfarbeit einziehen. Die beiden Knüpffäden mit einem straffen Überhandknoten versehen und Fadenenden nach ca. 1 cm abschneiden.

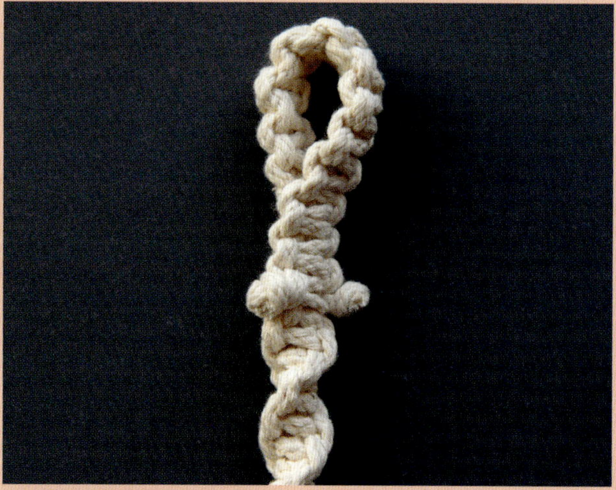

7 Die Styroporkugeln mit dem Nähgarn fest umwickeln, dabei während des Wickelns die Kugel laufend drehen, damit die aufgewickelten Fäden nicht nebeneinander liegen. Dabei darauf achten, dass die Kugel mit einer Hand zwischen Daumen und Zeigefinger gut festgehalten wird, sodass sie während des Wickelns nicht aus der Hand rutscht. Ist kein Styropor mehr sichtbar, ein Fadenende mit der Nadel am Rand durch die Kugel durchziehen (Zange verwenden). Die Kugeln mit diesem Fadenende anschließend am großen Ring nach Foto annähen.

Tipp

Sie können die Styroporkugeln in jeder Farbe gestalten – ganz nach Ihrem Geschmack und passend zu Ihrer Wohndeko.

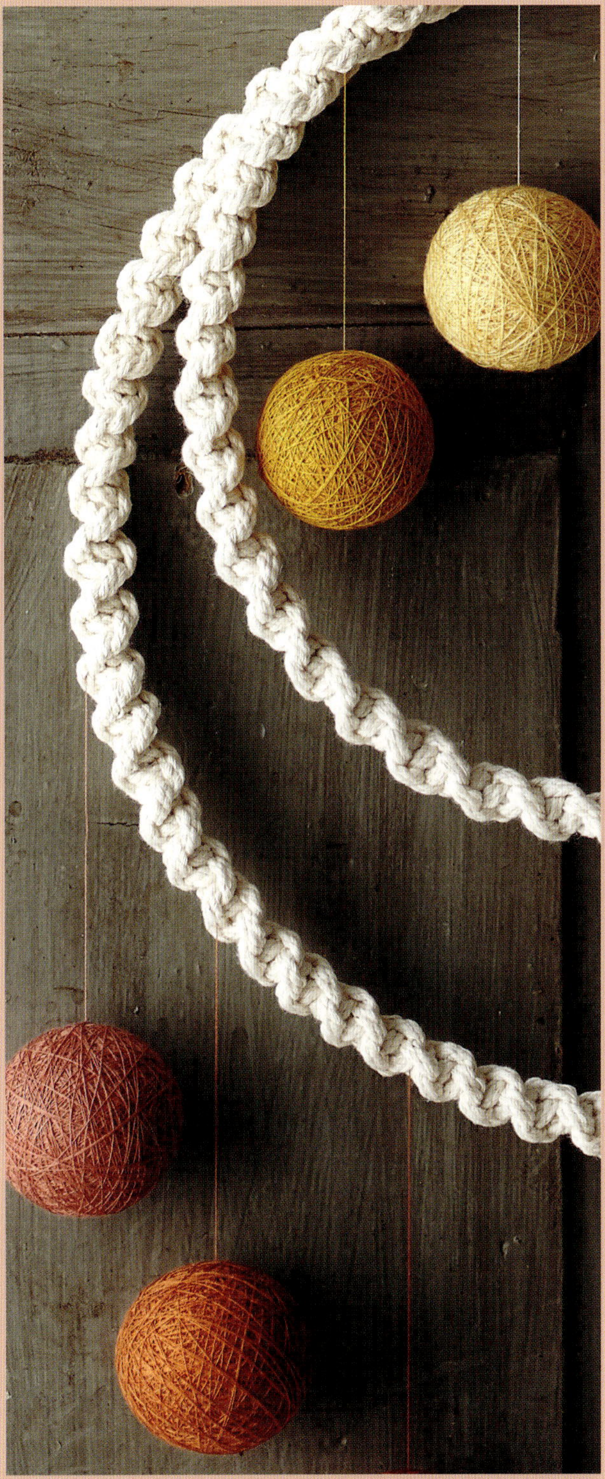

Buchempfehlungen für Sie

Noch mehr Kreativ-Bücher zum Thema Makramee gesucht?

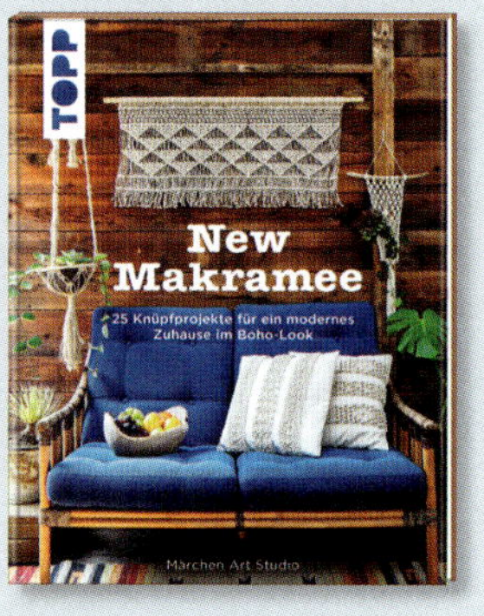

ISBN 978-3-7724-5097-6

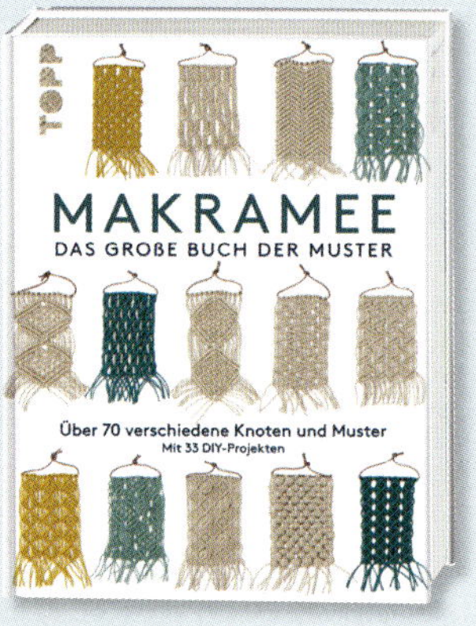

ISBN 978-3-7724-4494-4

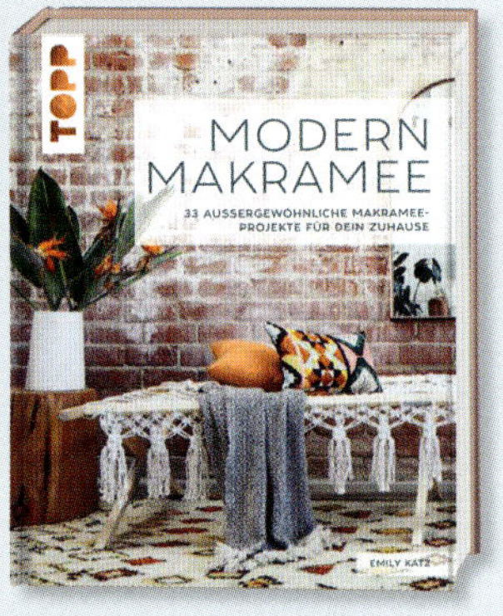

ISBN 978-3-7724-4552-1

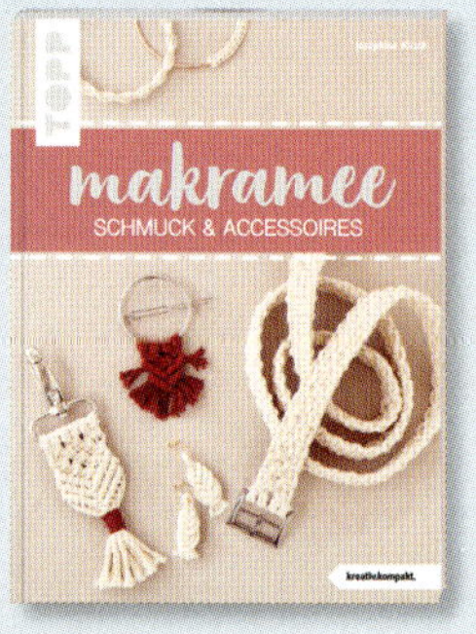

ISBN 978-3-77244384-8

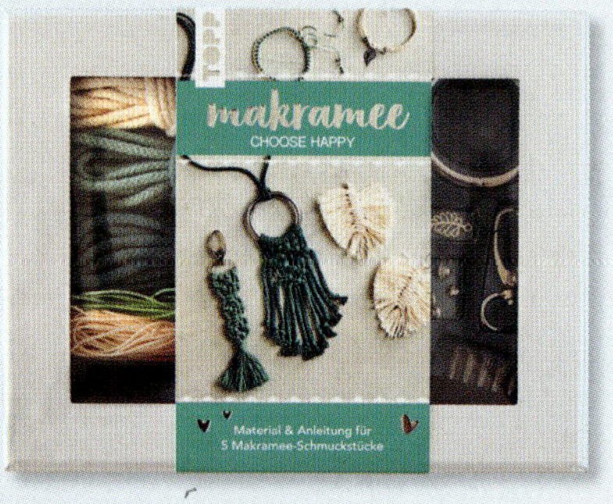

ISBN 978-3-7724-18170-3

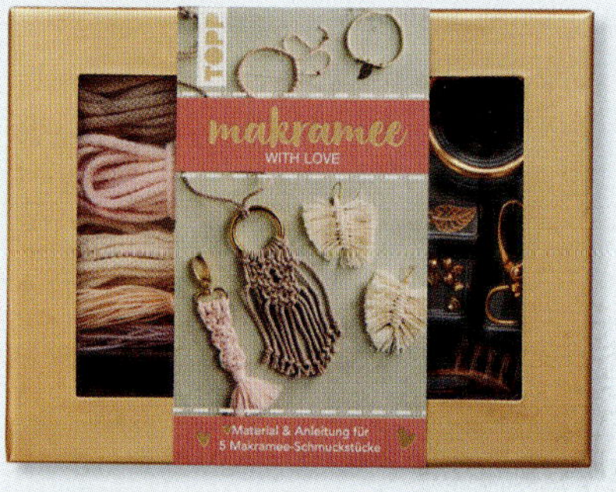

ISBN 978-3-7724-18171-0

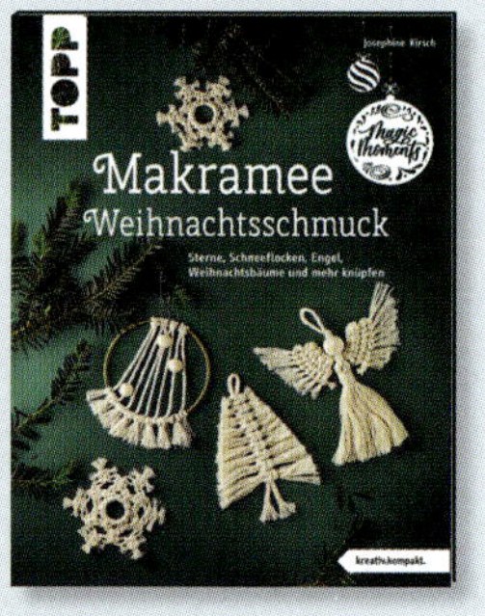

ISBN 978-3-7724-4382-4

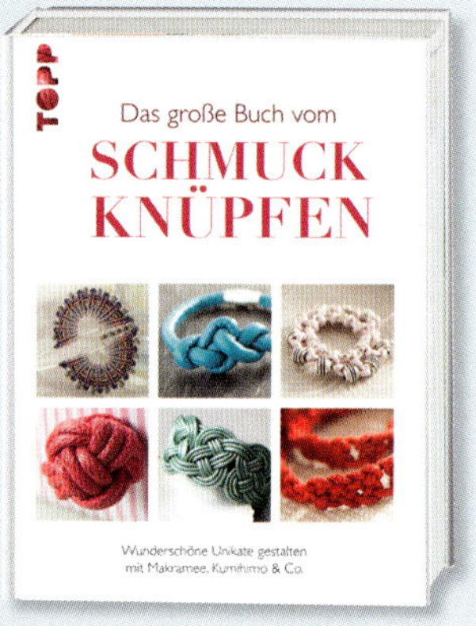

ISBN 978-3-7724-7197-1

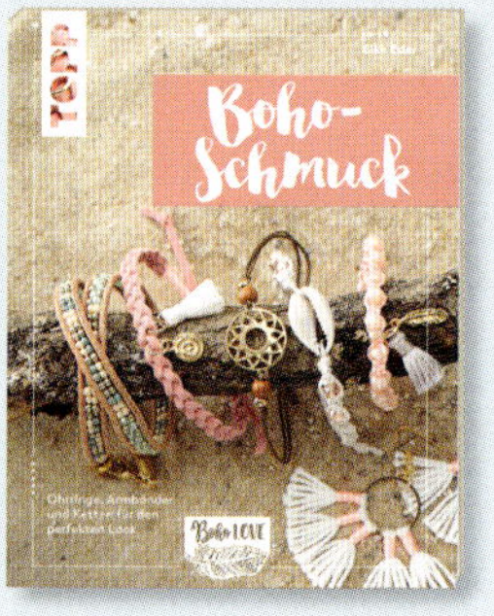

ISBN 978-3-7724-4368-8

Viele weitere Kreativ-Bücher finden Sie auf www.TOPP-kreativ.de

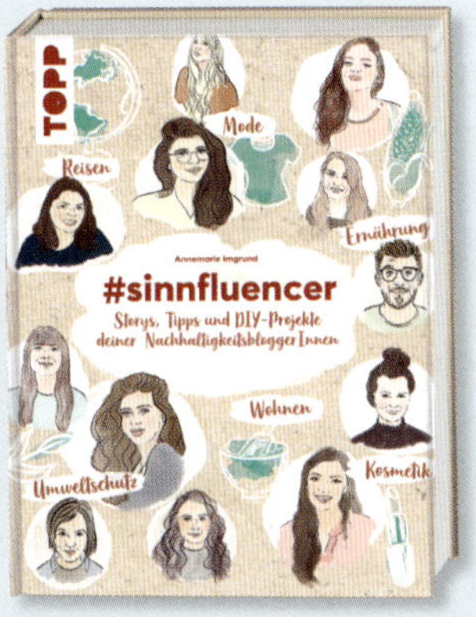

ISBN 978-3-7724-4537-8

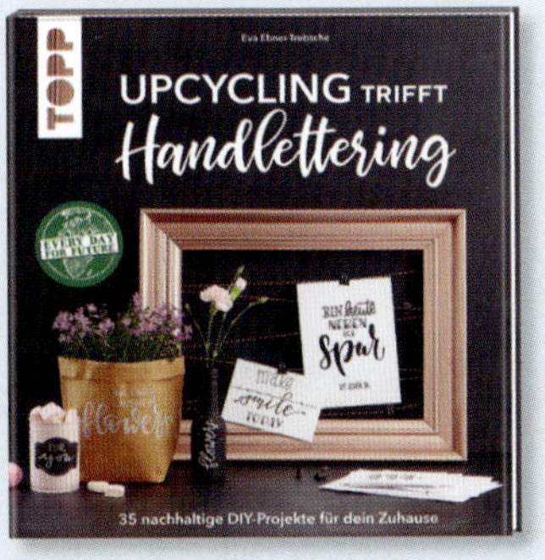

ISBN 978-3-7724-4524-8

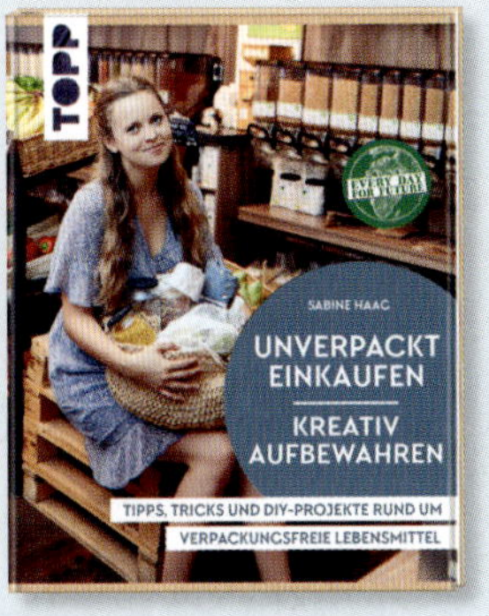

ISBN 978-3-7724-4523-1

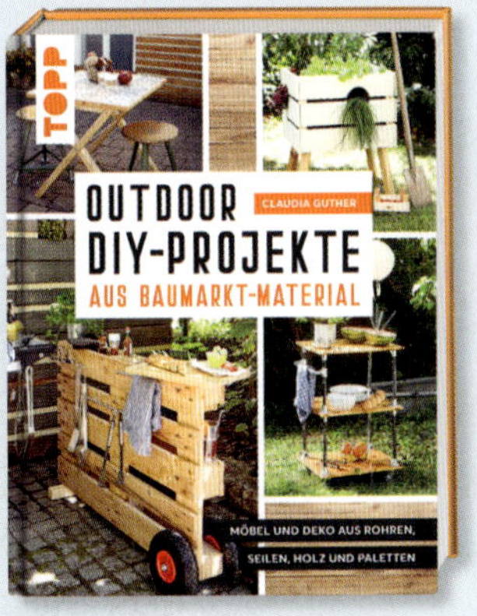

ISBN 978-3-7724-4520-0

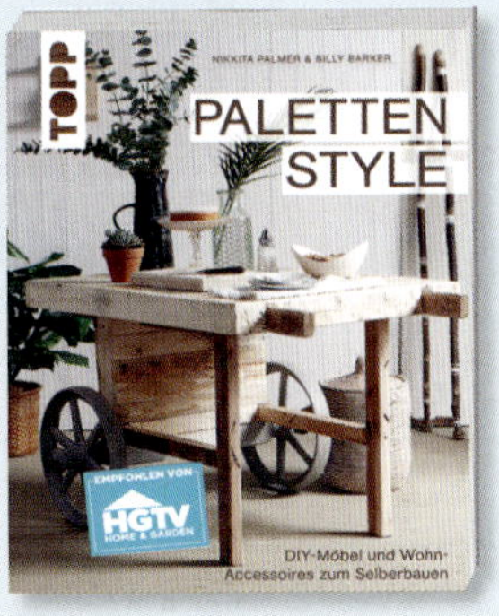

ISBN 978-3-7724-5342-7

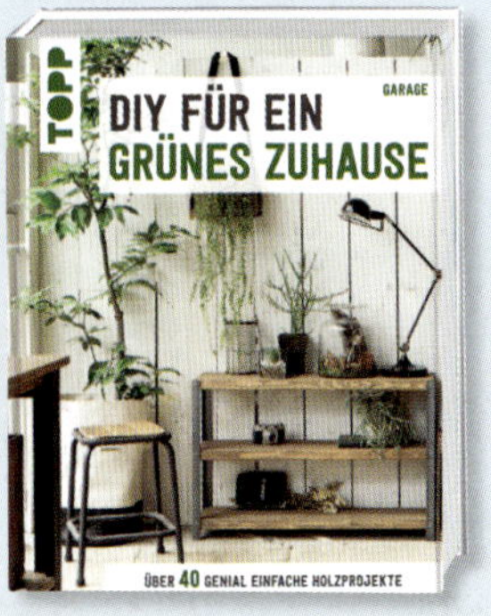

ISBN 978-3-7724-7597-9

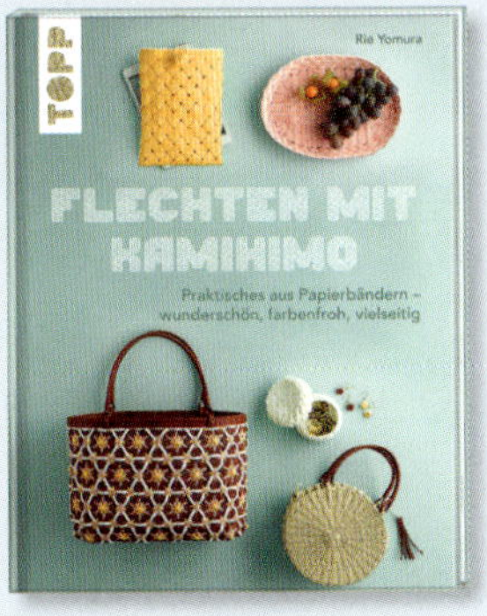

ISBN 978-3-7724-4527-9

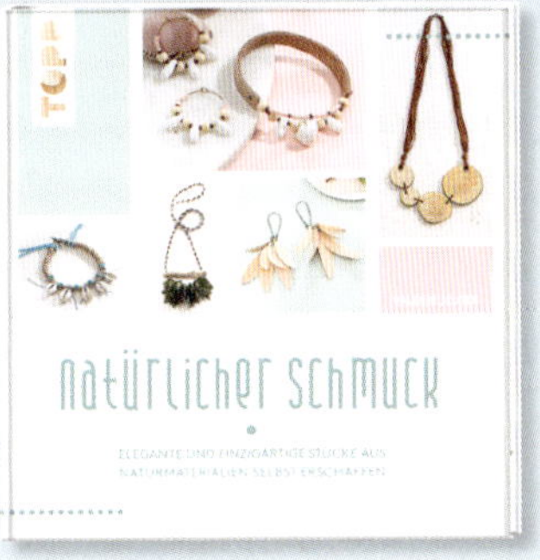

ISBN 978-3-7724-4510-1

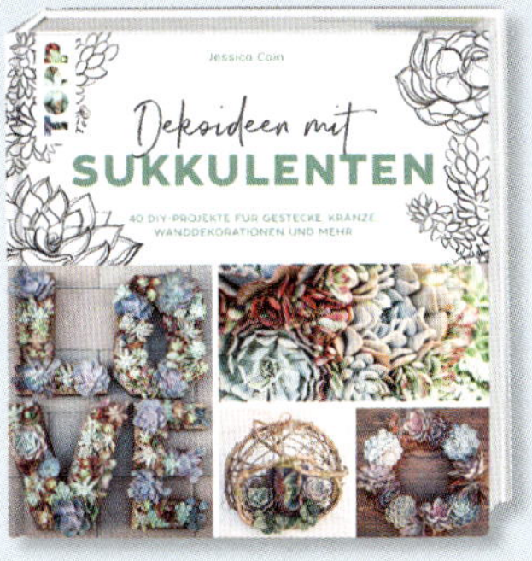

ISBN 978-3-7724-4492-0

#TOPPPROJEKT

Die eigene Kreativität zeigen: TOPPprojekt mit anderen Kreativen teilen und Teil der Gemeinschaft werden.

DIY-begeistert und auf Instagram? Dann unbedingt mitmachen! Hier gibt's Tipps und Feedback zu den eigenen Projekten. Außerdem verlosen wir jeden Monat ein Überraschungspaket. Um am Gewinnspiel teilzunehmen, einfach ein Bild vom Kreativ-Projekt aus unseren Büchern mit #TOPPprojekt posten und unserem Account @frechverlag folgen. Mehr Infos auf TOPP-kreativ.de/TOPPprojekt

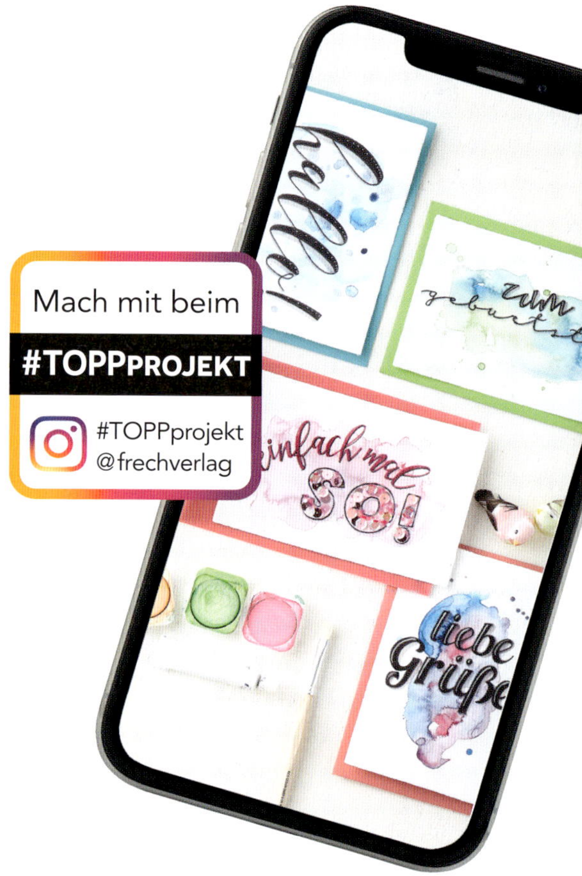

Website
Auf TOPP-kreativ.de können Sie ein riesiges Angebot von über 1.000 Kreativbüchern, Sets & mehr entdecken.

Newsletter
Gleich anmelden unter: TOPP-kreativ.de/newsletter und immer als Erstes von unseren Neuheiten und Sonderaktionen erfahren.

Instagram
@frechverlag

Pinterest
pinterest.com/frechverlag

Facebook
facebook.com/frechverlag

DigiBib
Hier finden Sie zusätzlich zu vielen unserer Bücher digitale Extras, wie Video-Tutorials, Plotter-Dateien, Vorlagen, Übungsblätter & vieles mehr. Einfach im Impressum Ihres TOPP-Buchs den Freischalte-Code nachschlagen und exklusive Inhalte freischalten. TOPP-kreativ.de/digibib

Youtube
youtube.com/frechverlag

Wer wir sind, wie wir arbeiten, was wir lieben ...

Auf Instagram, Facebook und Pinterest finden Sie mehr über uns und unsere Arbeit und werden immer schnell und einfach mit den neuesten Infos versorgt.

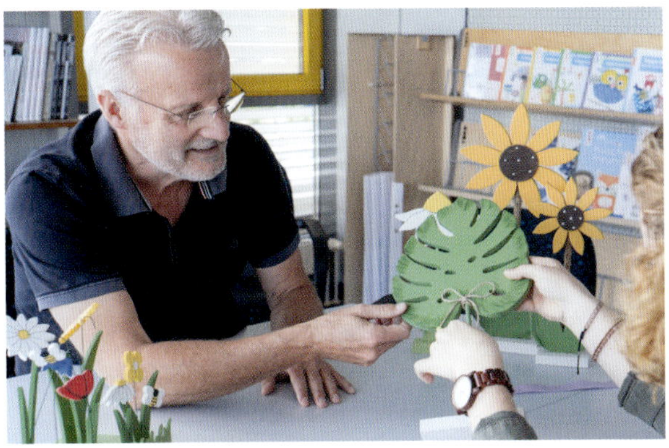

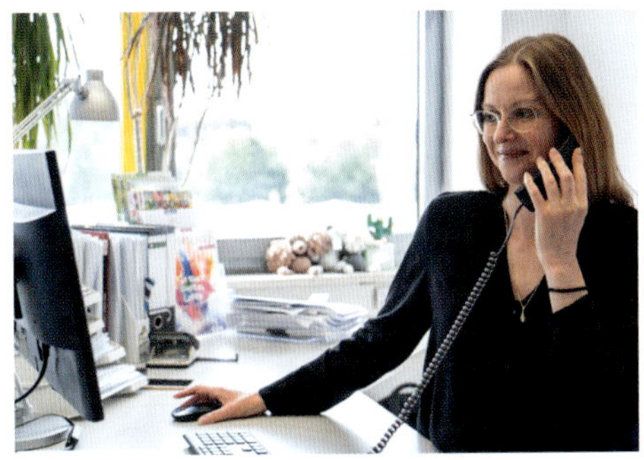

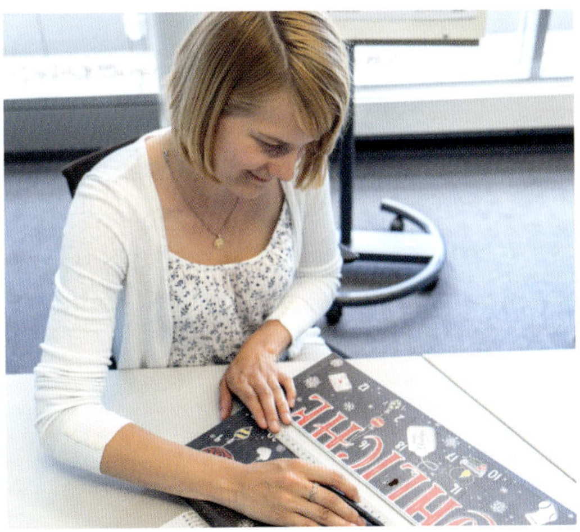

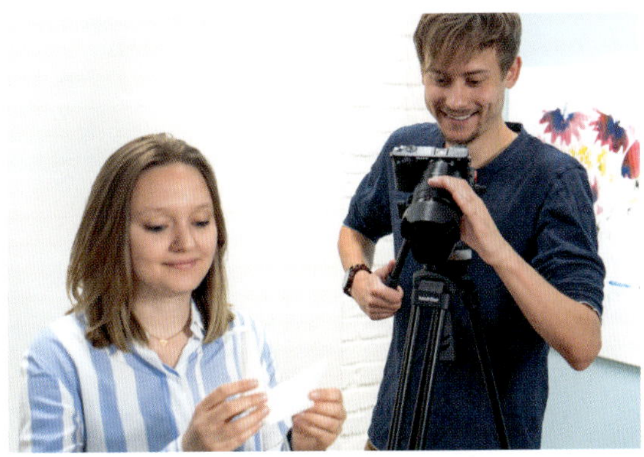

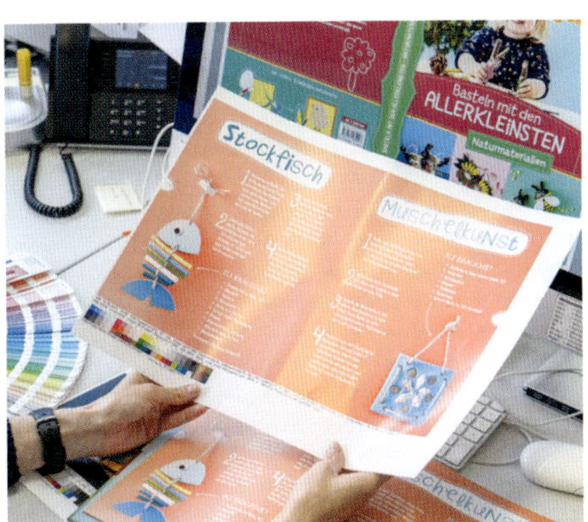

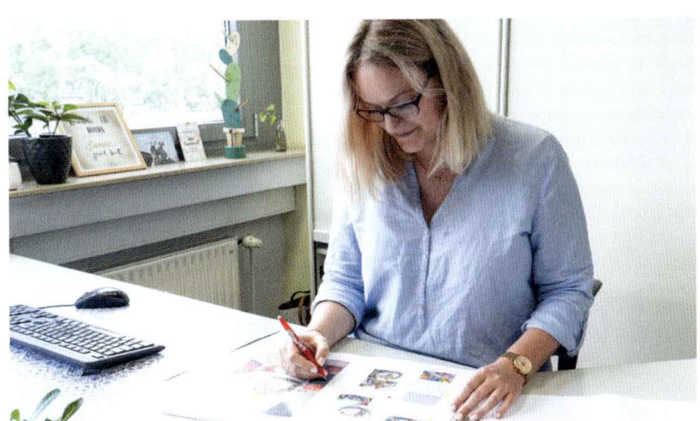

Alle News, alle Infos und alle Links finden Sie auf www.TOPP-kreativ.de

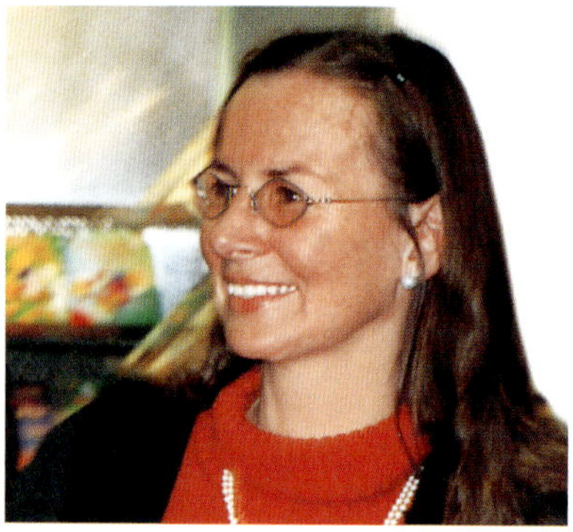

Inge Walz

Eigentlich wollte ich 1978 ein Buch über Strohsterne veröffentlichen. Aber dann kam die Frage, ob ich auch Makramee könne. „Ja", antwortete ich beherzt; immerhin hatte ich bereits eine Ampel gefertigt. Und schon bekam ich den Auftrag, die Modelle für ein Buch innerhalb einer Woche zum Fotografieren abzuliefern. Ich hatte schlaflose, knüpfreiche Tage und Nächte und bald hielt ich mein erstes Buch in Händen. Seit über vierzig Jahren bin ich nun als Autorin tätig. Und in der Zwischenzeit habe ich auch das eine oder andere Buch über Strohsterne veröffentlicht. Bei Fragen können Sie auch an inge.walz@online.de schreiben. Ich antworte Ihnen gerne!

Danke

Herzlichen Dank an die Firmen Seilwerk Paul Dittus GmbH (www.seilwerk.de) und Rayher für die freundliche Bereitstellung von Materialien.

Impressum

FOTOS: frechverlag GmbH, 70499 Stuttgart; lichtpunkt, Michael Ruder, Stuttgart; Alena Täubner (alle Schrittfotos)

PRODUKTMANAGEMENT UND LEKTORAT: Sonja Fakler

COVERGESTALTUNG: Eva Grimme

HERSTELLUNG UND LAYOUT: Jessica Siebert

SATZ: FSM Premedia GmbH & Co. KG, Münster

DRUCK UND BINDUNG: PNB Print Ltd, Lettland

2. Auflage 2021

ISBN 978-3-7724-4553-8 • Best.-Nr. 4553